Hilary Rendall Bates
mayo – '95

DIRIGIDA POR
JOSE N. ALCALA- ZAMORA

LA VIDA COTIDIANA EN LA ESPAÑA DE VELAZQUEZ

bolsiTEMAS • 21

Ediciones Temas de Hoy

ACERCA DE LOS AUTORES

Don José N. Alcalá-Zamora y Queipo de Llano, miembro de la Real Academia de la Historia y catedrático de Historia Moderna en la Universidad Complutense de Madrid, ha sido el encargado de coordinar el equipo de colaboradores de primer orden que participa en la presente obra:

Alfredo Alvar Ezquerra
Fernando Bouza Alvarez
Carlos Gómez-Centurión Jiménez
Juan Ignacio Gutiérrez Nieto
Juan Sánchez Belén
Matilde Santamaría Arnaiz
Carmen Sanz Ayán

Todos ellos, reconocidos especialistas en los siglos XVI y XVII, han realizado un exhaustivo trabajo para ofrecer una aproximación nueva, original y rigurosa a uno de los siglos más fascinantes de nuestra historia: el siglo XVII.

Colección: BOLSITEMAS
© José N. Alcalá-Zamora y Queipo de Llano, 1989
© Alfredo Alvar Ezquerra, 1989
© Fernando Bouza Alvarez, 1989
© Carlos Gómez-Centurión Jiménez, 1989
© Juan Ignacio Gutiérrez Nieto, 1989
© Juan Sánchez Belén, 1989
© Matilde Santamaría Arnaiz, 1989
© Carmen Sanz Ayán, 1989
© EDICIONES TEMAS DE HOY, S. A. (T. H.), 1994
Paseo de la Castellana, 93. 28046 Madrid
Diseño de colección: Rudesindo de la Fuente
Ilustración de cubierta: *Los borrachos* o *El triunfo de Baco,*
Velázquez, Museo del Prado, Madrid
Revisión técnica: José Manuel Calderón
Primera edición: enero de 1994
ISBN: 84-7880-348-3
Depósito legal: M. 36.544-1993
Compuesto en Efca, S. A.
Impreso en Grafiris Impresores, S. A.
Printed in Spain - Impreso en España

INDICE

APÉNDICE

PRESENTACION

Los autores que han escrito los capítulos que componen este libro sobre la España velazqueña se hallan vinculados, de uno u otro modo, al Departamento de Historia Moderna de la Universidad Complutense. Durante el tiempo transcurrido en la preparación del tomo, varios de ellos han consolidado o mejorado su situación académica, mediante los concursos u oposiciones donde demostraron su capacidad profesional. Todos los colaboradores son especialistas en los siglos XVI y XVII y con particularidad de los temas que cada uno desarrolla en las páginas que siguen, de manera que se han visto obligados a una considerable tarea de clarificación y síntesis, con el objeto de hacer más asequibles sus extensas noticias y conocimientos.

El profesor Gutiérrez Nieto, investigador del CSIC y catedrático universitario, buen conocedor del mundo rural y del Renacimiento hispano, trabajó, como el que estas líneas escribe, en la Cátedra del doctor Jover Zamora, allá por la década de 1960, cuando ambos éramos aún jóvenes... Matilde Santamaría es doctora en Farmacia, pero ha consagrado parte importante de su vida profesional, reflejada en una erudita tesis de cuatro gruesos volúmenes, al estudio de los hábitos gastronómicos en la España de los Austrias: ella y yo sabemos bien el enorme trabajo que se impuso para poner orden y amenidad en la miniatura que nos ofrece de sus saberes casi enciclopédicos sobre la materia.

Los otros cinco autores son jóvenes historiadores que al final de la tercera década de su vida, o poco más allá, han conseguido inscribir sus nombres, por mérito, vocación y constancia, en los escalafones de la docencia universitaria. Carmen Sanz y Juan Sánchez Belén son expertos en historia financiera de los Austrias; la primera investiga también la cultura y la sociedad del Barroco español, mientras el segundo se interesa, además, por la historia política y la literaria; ambos son profesores titulares de Historia Moderna, Carmen en la Complutense y Juan en la Universidad a Distancia (UNED). En cuanto a Carlos Gómez-Centurión, es igualmente profesor titular e historiador de polifacética vocación, con varios libros editados sobre asuntos de política exterior y comercio internacional. Como el anterior, Fernando Bouza ocupa una titularidad en la Complutense; especialista en historia de la cultura, es hombre de saberes históricos vastos y sólidos, y posee una erudición notabilísima para sus pocos años.

Por fin, Alfredo Alvar, colaborador científico del CSIC y profesor Asociado al referido Departamento de Historia Moderna complutense, es un bien conocido y apreciado estudioso del régimen urbano en la España de los primeros siglos modernos.

José Alcalá-Zamora y Queipo de Llano
Catedrático de Historia Moderna-Universidad Complutense
Académico de la Historia

PROLOGO

Velázquez nació al comenzar el verano de 1599 y falleció a mediados de otro verano, sesenta y un años después, en 1660, cuando concluía, con plenas facultades, su segunda madurez, pasados esos veinte primeros años que sólo la mitad de los nacidos superaba entonces y transcurridas su juventud, 20-34 años, y primera madurez, 35-49, sin que entrase en la etapa del declive, de los 65 a los 79, ni, naturalmente, en la posterior de la senilidad. Murió, pues, en la séptima década de su itinerario, como los más de los sobrevivientes infantiles de aquella época en que la medicina no había alcanzado los prodigiosos adelantos con los que hoy prolonga diez o veinte años la existencia de los ancianos, permitiéndoles disfrutar prolongadamente de sus achaques en un territorio periférico de las sociedades avanzadas de nuestros días.

Pero dejemos al autor de *Las Meninas* y de *Las Lanzas*, porque en este volumen no nos ocupamos de las personalidades, de los nombres sonoros, sino de los aspectos de la vida corriente, del horizonte cotidiano de los anónimos. Queden las fechas de Velázquez como una referencia cronológica para aproximarnos a algunas de las facetas de la España en que vivió el pintor.

Por supuesto, renuncio a abordar la difícil y fascinante pregunta de qué es España, en sus rasgos permanentes y

diferenciales, ni las más sencillas, aunque siempre intrinca-
das, acerca de la pluralidad de España en el tiempo o la
geografía. Me limitaré a bosquejar, o insinuar, algunas sencillas respuestas concernientes a los rasgos generales de dos
temas principales: ¿cómo era la España de ese segundo y
mejor Siglo de Oro, el del pleno Barroco, en que vivió
Diego Velázquez?, y ¿qué horizontes históricos sucesivos
contemplaron los españoles contemporáneos del gran pintor?

Ante todo, hemos de pensar en una España integrada en
un Estado de dimensiones e intereses europeos y mundiales, la Monarquía hispánica, ese «Imperio de Imperios» del
que ha hablado recientemente un historiador anglosajón. Y
al decir Estado, lo he hecho conscientemente, sin olvidar
que una cierta corriente de la historiografía actual niega la
existencia de éste hasta mucho más tarde, con lo que con-
fundiendo géneros y especies, produce, en aras de un du-
doso prurito de originalidad, más contradicciones e incohe-
rencias que provechos se deducen de los rasgos subrayados.

Una España de pueblos y reinos, sentida con certeza y
hondura desde toda la Península Ibérica hasta las revoluciones periféricas de 1640, y delineada con nitidez desde la
óptica extranjera, que se integraba, con sus ocho reinos,
Portugal, Castilla, Navarra, Aragón, Cataluña, Valencia,
Mallorca y Cerdeña, en un Estado europeo multinacional,
de dibujo triangular, cuyo segundo vértice formaban los
tres territorios italianos, Milán, Nápoles y Sicilia, mientras
las tierras borgoñonas, el Franco Condado y los Países Bajos, constituían el tercero. Y sus grandes capitales: Lisboa
y Sevilla, metrópolis de las Indias de Oriente y Occidente;
Madrid; Nápoles, señora del Mediterráneo y puerta de Italia; Milán, encrucijada de las rutas hispánicas en Europa;
Bruselas, capital septentrional de la monarquía, en medio
de un mundo dinámico y en proceso incontenible de ascenso, amén de Viena, la otra ciudad cortesana de la augusta
dinastía habsburguesa. Y luego, las Iberias ultramarinas del
Africa y del Indico y Pacífico y el descubrimiento, desde-
ñado, por inabarcable ya, de Australia y las inmensas Indias

de Occidente, cincuenta veces mayores que el solar ibérico. Y las costas españolas, asomadas a todos los océanos en cuatro continentes, con su cuarto de millón de kilómetros de desarrollo y tan vulnerables por ello mismo, a pesar de las formidables fortalezas y cañones que las protegían de las hostilidades regionales y de las escuadras y expediciones navales europeas.

A finales del reinado de Felipe II, antes de la gran peste atlántica y peninsular que duró hasta 1602, este Imperio donde el sol no se ponía estaba habitado por unos treinta y cinco o cuarenta millones de personas, en cálculo más bien generoso, cifra de la que al menos dieciséis eran súbditos europeos, porcentaje importante de la población continental, e ibéricos algo más de nueve. Hacia 1652, las enfermedades, crisis, emigraciones, guerras y otros factores habían reducido este último número a unos seis millones, considerando, desde luego, la separación de Portugal.

En la Península Ibérica, la sociedad, muy influida y dominada, aunque se advirtieran disidencias, críticas y matices significativos, por la ideología católica contrarreformista, se estructuraba según criterios estamentales de funcionalidad y privilegio, pero también operaban todavía, con fuerza variable, pruritos de casta y pureza de sangre, con rechazo de lo judaico o morisco, y no eran desdeñables las consideraciones económicas de clase, sino un factor, a menudo y más de cuanto se supone, de efectivo impacto en la estratificación social e influjo.

La Monarquía hispánica, expresión estatal del heterogéneo conglomerado de pueblos que articulaba, constituía una forma política original y compleja, que, más allá de la mera unión personal determinada por la figura del rey común, adelantaba peculiaridades del sistema confederal y hasta del federal. Además de los abigarrados dominios ultramarinos, vertebraba en una trama institucional centralizada y periférica, de cierta densidad para la época, a esos trece reinos o Estados que componían sus territorios europeos. En cada Estado, sus instituciones propias, legislación, aduanas, autoridades particulares, régimen fiscal, organización judicial, moneda, reclutamiento, etc. En Madrid, los órganos del Poder Central, o «Consejos», territoriales los unos, como los de Castilla, Aragón, Italia, Portugal o Indias, temáticos otros, así el de Hacienda o el de Inquisición, y por encima de todos, el de Estado, a cuyo cargo corría, entre otras materias, la política exterior.

Al frente de la gran Monarquía aparecía el rey —Felipe III, de 1598 a 1621, y Felipe IV, 1621 a 1665—, con el valido o primer ministro, Lerma, Uceda, Zúñiga, Olivares —el más famoso—, Haro, pero la realidad del ejercicio del poder y de la toma de decisiones constituía algo bastante más complejo que la reducción a esas dos figuras, a las que, por otra parte, habría que incorporar sus respectivos círculos de íntimos, familiares, colaboradores e informantes de toda laya, con sus intereses e ideología; recordemos tan sólo el papel y peso de los confesores. Porque, junto al diagrama de los nombres establecidos en la Administración Central de la Monarquía, hay que tener muy en cuenta la extensa y no siempre coherente sociología de los grupos dominantes o influyentes, es decir, mandos militares, aristocracia, financieros, altos burócratas, eclesiásticos, etc., en donde no dejan de advertirse posiciones y banderías. Desde otro punto de vista, el sistema polisinodal o de Consejos producía frecuentes discrepancias y hasta enfrentamientos entre los más prominentes por razones de jurisdicción o competencia.

Pero, además, existían otros centros de poder claramente perceptibles. En primer término, las oligarquías locales o municipales, que en Castilla y desde las ciudades con voto en Cortes estaban ensanchando su protagonismo y exigencias, a partir, muy en concreto, del fracaso de la Armada contra Inglaterra en 1588. En segundo lugar, los poderes regnícolas, que tanto expresaban los intereses de cada Estado de la monarquía como las fuerzas de disgregación latentes en ella y que brotarían con fuerza terrible en la década de 1640. Por fin, los poderes periféricos, representados por virreyes, gobernadores, generales y almirantes, embajadores y otros altos cargos de la Administración ultrapirenaica y del extranjero, cuyo protagonismo y exigencias alteró más de una vez el rumbo de la historia española en el período que nos ocupa.

* * *

En los tiempos de Velázquez, la historia de España nos ofrece dos vertientes bien distintas: alternante y convulsa en su proyección internacional, pasando de la supremacía europea y planetaria al apocalipsis de la quinta década del siglo y a la decadencia famosa con la derrota militar definitiva en 1658, pero relativamente tranquila y estable en el orden interno, si prescindimos de las guerras intestinas, bastante localizadas, de Cataluña y Portugal, a partir de 1640.

Se puede decir que el genial pintor sevillano vivió ante tres horizontes políticos europeos o en el marco de tres atmósferas históricas sucesivas, que, para simplificar, definiré como la España del Quijote, la de Olivares y la de la crisis, o el cortocircuito, imperial, aplicando rúbricas no del todo exactas pero sí ampliamente difundidas. A diferencia de su longevo amigo Pedro Calderón de la Barca, don Diego no presenció el giro radical de la historia española, durante las décadas que siguieron, hacia la mejor integración en el nuevo orden internacional que se impuso tras el desplome de Castilla, ni el comienzo del largo camino hacia el necesario reformismo, que concluiría, bajo otra dinastía, en una tremenda catástrofe a finales del siguiente siglo. Añadamos, entre paréntesis, que en ese prolongado proceso, el esplendor creativo de la España de Felipe IV entró en rápido colapso, transformándose en pobreza y decadencia, según parecía exigir la posición geográfica marginal del país en el continente.

La niñez y mocedad de Velázquez, al igual que la de Gracián o la de Calderón, otros de los grandes genios del período, transcurrieron durante el reinado de Felipe III. Fueron los años en que se publicaron las dos partes del Quijote, cuando el Greco realizaba sus obras postreras, Martínez Montañés consagraba su magisterio de escultor en Santiponce, Góngora escribía su Fábula de *Polifemo* y *Las So-*

ledades, se expulsaba a los moriscos y el teatro nacional creado por Lope de Vega triunfaba sobre sus adversarios académicos y moralistas. También fue la época dorada de los arbitristas, con sus múltiples propuestas de remedios sociales, políticos y económicos para los males de España, cuyos diagnósticos y consejos, insensatos unos, otros interesantes y algunos no carentes de valor científico, hallarían un eco mayor del que se les atribuye en la política olivarense.

Hipotecadas peligrosamente las posiciones exteriores e intereses europeos de España, en parte por los fracasos últimos y frecuentes intransigencias de Felipe II, sin embargo el agotamiento fiscal y humano de los beligerantes forzó las paces de 1598, Francia, 1604, Inglaterra y 1609, Holanda. Con aquellas dos potencias mediatizadas por la diplomacia española —y la muerte de Enrique IV— y las Provincias Unidas en tregua, la Monarquía hispánica disfrutó de cierta paz y seguridad, como no se habían conocido desde hacía más de un siglo, pero Lerma sin embargo se mostró incapaz de aprovechar la coyuntura para reforzar las bases económicas y militares del país, prefiriendo la política de la paz a ultranza, incluso a costa de claudicaciones, que provocaron, desde la indignación de los poderes periféricos y en largo y sigiloso golpe de Estado, la caída del ministro y prepararon, entre otros muchos candidatos, el camino a don Gaspar de Guzmán, futuro conde-duque.

Así, en 1618, antes de la muerte de Felipe II, el destino de la monarquía, dominada por los hombres partidarios de una política de reputación o prestigio, estaba ya decidido en dos direcciones: apoyo al aliado dinástico en la batalla institucional e ideológica de Alemania —guerra de los Treinta Años— y continuación de la lucha contra Holanda hasta el sometimiento de aquellas provincias «reveldes».

De modo que cuando Olivares, desaparecidos o anulados otros rivales y muerto el indiscutible Baltasar de Zúñiga, se hizo cargo de la «dirección» de la Monarquía hispánica, su capacidad de maniobra no excedía de procurar los mejores medios administrativos y estratégicos para resolver en los términos más favorables y con el menor coste humano y financiero posible la situación bélica que se había encontrado. El plan que propuso al joven monarca, donde se recogían algunas viejas recetas arbitrísticas, era sencillo sobre el papel en sus líneas generales y complicadísimo en su ejecución, a causa de las múltiples oposiciones e inercias, las más de índole conservadora, que habría de generar en determinados medios políticos, sociales o ideológicos, como sucedió, valga por ejemplo, con su proyecto, en parte frustrado por esas resistencias, de incorporar a los judíos sefarditas en el engranaje de las operaciones financieras de la Corona. El objetivo principal del conde-duque consistía en preservar la independencia política y económica de la monarquía, así como su integridad territorial, de las injerencias de las burguesías septentrionales y para ello trató de edificar un Estado más eficiente y una sociedad más justa y fuerte, estimulando las actividades productivas y mercantiles y combatiendo los privilegios de individuos, grupos y reinos. Su idea constitucional de la monarquía, tal vez ingenua, aunque hermosa, apuntaba hacia una unión de pueblos «iguales» y «hermanados».

En su comienzo, la política de Olivares cosechó importantes éxitos en el exterior y éstos alcanzaron un techo espectacular en 1625, cuando los ejércitos y escuadras de Felipe el Grande arrollaron en todos los frentes y mares a holandeses, ingleses y franceses. En la euforia del triunfo se forjaron ambiciosos planes, pero los costos financieros y las reticencias —o traición suicida— del «aliado» vienés, temeroso de un excesivo auge español, deshicieron la viabilidad de aquéllos. En seguida, una serie de sucesos adversos y fracasos se tradujeron en seis años angustiosos para España, de 1628 a mediados de 1634, cuando el ejército hispano-austriaco, victorioso en Nördlingen, frenó el hasta entonces incontenible avance protestante, estableciendo definitivamente las fronteras confesionales de Europa, y quizá salvó a Viena y a España e Italia de calamidades mayores. Sin embargo, un lustro después, la Armada española fue destruida en aguas de Inglaterra por los holandeses, tras lo cual no quedaron esperanzas de salvaguardar los objetivos

pretendidos veinte años antes. El mundo de los septentrionales ganaba y se hacía dueño y protagonista de la historia
hasta nuestros días.

La catástrofe naval suscitó las fuerzas disgregadoras de
la gran Monarquía. Madrid, sin escuadras oceánicas capaces, no pudo impedir que Portugal mantuviera su separación con relativa facilidad, apoyado por su fachada atlántica
desde el norte. Con alzamientos o conjuras en Vascongadas, Andalucía, Aragón, Cataluña, Sicilia y Nápoles y una
guerra implacable contra Francia en Italia y Bélgica, la monarquía parecía a punto de desintegrarse en múltiples pequeños Estados, que las potencias europeas hubieran explotado ventajosamente, como hizo Inglaterra a costa de Portugal y sus posesiones. La Península Ibérica, igual que en
otras épocas, se hubiera «taifalizado» o «balcanizado». Sin
embargo, fue más fuerte la desesperada voluntad de supervivencia que todavía pudo exhibir Castilla y que libró a
España de semejante destino. Hasta lograron reaccionar con
brillantez las armas de Felipe IV contra las de Francia, una
vez firmada la paz con Holanda en Münster. Pero la alianza
de la resurgida Inglaterra de Cromwell con Luis XIV condujo a la derrota de Dunkerque, en junio de 1658, y el rey
Felipe hubo de capitular, en la ilusoria esperanza de que se
le dejasen las manos libres para recuperar el reino lusitano
y restablecer la unidad ibérica. En las fiestas y encuentros
que se produjeron con motivo de la paz hispanofrancesa de
los Pirineos, Velázquez desempeñó un papel importante
como organizador: sería su último servicio a Felipe IV, su
señor, y compañero y amigo, durante casi cuarenta años.
Muchas grandes figuras de aquel reinado prodigioso para la
cultura habían desaparecido ya sin dejar herederos de su
estatura; con Velázquez se iba una de las mayores. El poder
de España había caducado y su esplendor artístico y literario estaba concluyendo.

José Alcalá-Zamora

CAPITULO I

EL TIEMPO. COMO PASAN LAS HORAS, LOS DIAS Y LOS AÑOS. LA CULTURA DEL RELOJ

por Fernando Jesús Bouza Alvarez

CUANDO don Diego, duque de Estrada, llegó a la ciudad bosnia de Banjaluka en 1627, se encontró con la sorpresa de que el gobernador que le recibía era un fraile español que había renegado del cristianismo por el amor de una morisca. En su entrevista, y comiendo el sabroso gigote que le había preparado la antigua cristiana, que no olvidaba las recetas de su tierra, el bajá renegado se quejó de la barbarie de los otomanos, diciendo:

¡Quién pudiera irse con vos y dejar cuanto tengo, que al fin vivo entre bárbaros, sin medida, concierto ni reloj, ni el mediodía se sabe cuándo es, y las horas de ir a su mezquita por un hombre asalariado que sube a la torre de la iglesia, que fue católica, y a grandes y gruesas voces está un cuarto de hora gritando! [1]

A comienzos del año 1639, quizá para que no los confundieran con esos incivilizados turcos que no tenían relojes, los frailes del convento madrileño de San Martín enviaron un memorial a Felipe IV en el que le pedían que les hiciera cesión de las ruedas del reloj del Alcázar, que acababa de ser desmontado y que, en principio, se pensaba destinar al palacio de la Zarzuela; para abundar en su petición, alegaban los benedictinos que, desde donde estaban, no alcanzaban a oír los relojes de la villa (instalados en San Salvador y en la Santa Cruz), y que lo necesitaban para acudir con la puntualidad debida a los oficios divinos.

El hecho es sorprendente, porque hasta no hacía mucho tiempo eran los toques de las campanas de iglesias o conventos, como el de San Martín, los que marcaban el ritmo de la vida urbana; parecía ahora que los civilizados mecanismos de la relojería serían los llamados a garantizar incluso la puntualidad en los servicios religiosos [2].

Pese a esto, a las campanas de las iglesias —ya fueran tiples o tenores de voz, contraltos o contrabajos— les quedaban todavía muchas horas por cantar y mucha vida que regir. Asimismo, a pesar de la intromisión del cómputo de horas civiles, que es el que seguían los relojes, también se mantenía la vigencia de la división eclesiástica de la jornada en las llamadas horas canónicas: maitines y laudes (aurora), prima (siete), tercia (nueve), sexta (mediodía), nona (tres), vísperas (seis) y completas (anochecer).

El origen de esta división estaba en la obligación de los clérigos, beneficiados, frailes y monjas de realizar una serie de rezos en determinados momentos del día; de ahí que las horas canónicas también fueran conocidas como las «preces horarias». Se trataba, en realidad, de un ejercicio de reflexión piadosa sobre la pasión de Cristo dispuesto en siete paradas a lo largo de una jornada, cada una de las cuales se identificaba con un episodio de la Pasión; así, cuando se rezaban maitines y laudes se quería recordar el prendimiento, y cuando se alcanzaban las completas se conmemoraba el depósito de Cristo muerto en el sepulcro, pasando por la crítica hora nona, que coincidía con el momento de la muerte en la cruz a las tres de la tarde [3].

Eran, por tanto, horas convencionales que habían tomado su nombre de la antigua medida romana del día, que sí era un cómputo de horas naturales, puesto que las doce horas del día y las doce de la noche sólo duraban lo mismo en los equinoccios, siendo de desigual duración el resto del año. Francisco Cascales explica así el cómo y el porqué de las horas naturales en sus *Cartas filológicas*:

En fin, la consideración del día natural se hacía de esta suerte: que desde que amanecía hasta que anochecía se computaban doce horas. En el estío suele amanecer a las cuatro y anochecer a las ocho; que, a la cuenta del día civil, que nosotros seguimos, son diez y seis horas; estas diez y seis las repartían los romanos en doce, y así venían a ser largas las horas estivas. Y de noche las horas estivas eran breves, porque desde las ocho de la tarde hasta las cuatro de la mañana, que a nuestra cuenta hay ocho horas, las partían ellos en doce; y así las horas estivas del día eran largas, y las de la noche breves; y al contrario, en el invierno, las horas del día eran breves, y las de la noche largas [4].

Este tipo de días solares, cuya relación noche-día variaba según las estaciones, era el que seguían de forma mayoritaria los campesinos, vinculados directamente al ritmo cíclico anual de las labores agrarias. En las ciudades, por el contrario, el alejamiento del día natural siempre era mayor y podía llegar incluso a ser absoluto, como en el caso del protagonista de *Don Diego de Noche*, de Alonso Jerónimo de Salas Barbadillo, un «caballero murciélago» que se acostaba al alba y se levantaba al ocaso para lanzarse a recorrer, entonces, las oscuras calles de la Corte, donde, héroe de la vigilia, había elegido para vivir el barrio más retirado y la casa más sombría, cuyas paredes había cubierto de lutos y decorado únicamente con cuadros de asunto nocherniego [5].

La nocturnidad de don Diego es calificada por todos de peregrina, porque es el único que prefiere el sueño a la actividad, y según el principio de la Naturaleza, ésta se aviva con la luz y se adormece con las sombras. No es extraño, por tanto, que la noche fuera equiparada con el caos por Francisco de Santos en su novela *Día y noche de Madrid*; por excelencia, es ella el tiempo de las tinieblas, de la ofensa y de los peligros; el día, por el contrario, es la ocasión para el bien, el amparo y el orden [6].

Y a lo largo del día se van distribuyendo las actividades de una forma ordenada, de acuerdo a un horario que fija un tiempo para cada acción. Veamos, por ejemplo, la jornada de los alumnos del colegio inglés de Valladolid.

Deben levantarse muy temprano, a las cuatro y media en verano y a las cinco y media en invierno; en el espacio de treinta minutos han de vestirse y hacer sus camas; después de media hora de oración mental, asisten a una misa;

acabada ésta, dedican al estudio toda la mañana hasta la comida, las diez y media en verano y las once en invierno. Empieza ahora el tiempo de la tarde; después de comer descansan una hora mientras hablan de las Sagradas Escrituras o aprenden música; empiezan otra vez los rezos y las lecciones hasta las siete o las ocho, hora de la cena, según la estación. Se acuestan a las nueve en verano y a las diez en invierno, después de haber leído los puntos de la meditación que se les propondrá al día siguiente [7].

Sí, estos colegiales llevan una vida por reloj, como otros tienen una vida por oficio. El Barroco estima el orden por encima de todas las cosas y, por ello, hará de los relojes sus héroes custodios; «habla con propiedad —escribe Matías de Aguirre del Pozo y Felizes, mediado el siglo XVII—, pues por el reloj se rigen los hombres, dividiendo el tiempo con las horas para diferentes empleos y así él tiene imperio y gobierno sobre nosotros, pues le obedecemos puntuales» [8].

En una academia literaria que recrea en su *Navidad de Zaragoza*, el autor de este acertado juicio hace que una dama proponga el siguiente acertijo cuya solución se hallará sin dificultad al leer la letra inicial de cada uno de sus ocho versos:

> *Rijo a los hombres velando.*
> *En una prisión cautivo,*
> *Llamo sin voz muerto vivo,*
> *Ordeno y ando rodando;*
> *Jarcias de yerros me alientan;*
> *Soy galante sin pensar,*
> *Oficio tengo de dar*
> *Y aun lo que doy me lo cuentan.*

Uno de los participantes en la academia responde, lleno de incipiente razón burguesa, que es el dinero el poderoso rector de las acciones de los hombres; sin embargo, se equivoca porque también el hombre de negocios necesita la ayuda de los relojes, en especial de los despertadores, que ya existían, porque «cuando un hombre trae negocios de peso, si le importa despertar a tal hora, suele poner a la cabecera un reloj que sirve de eso, de tal manera que el ruido y el disparar de ruedecillas le despierte» [9].

«RELOJ SOY» es la verdadera respuesta del enigma, y ese instrumento mecánico llegará a ser un punto central para la vida barroca que no le ahorra elogios. Así, es comparado con un monarca justo porque nunca descansa y está siempre «desvelado», como los que gobiernan la república, él, que es rey de los días y de las horas. Llega, incluso, a ser analogía del corazón, «reloj más vivo en tus respiraciones, / más vivo, sí, más vivo, / pues con trémulas pausas sucesivo / a tus intercadencias semejante, / el corazón pulsa por volante» [10].

Ya sea el corazón un reloj vivo o el reloj un corazón metálico, lo cierto es que hacer y entender estos símiles es un buen ejemplo de la presencia cada vez más generalizada de los relojes mecánicos en la vida del siglo XVII. Presencia que puede comprobarse en la abundancia de alusiones y representaciones de relojes en la literatura y en la pintura españolas del Siglo de Oro [11].

Así, Diego Velázquez pinta varios retratos en los que se pueden ver hermosos relojes en forma de torrecilla, por ejemplo, el de la reina Mariana de Austria (Museo del Prado), fechado hacia 1652; por otra parte, al hacer el inventario de los bienes que deja el pintor a su muerte, en 1660, se hace relación de que él mismo poseía:

— Un relox pequeñito con vnos diamantillos en la caja.
— Otro relox de porcelana de color turquesa.
— Otro relox con caja de plata lisa, mediano [12].

Tres relojes que parecen auténticas joyas. De la misma forma que al reloj se le presentaban estos honores como a señor de las horas de la vida diaria, el hombre barroco tenía el calendario por rector de los meses del año, coloreando de rojo las fiestas y condenando a la tristeza del negro los días de labor [13].

La primera sorpresa ante uno de estos calendarios es

que el número de días en que había prohibición estricta de trabajar era mucho más elevado en el siglo XVII de lo que es creencia general, alcanzándose una cifra que, según las diócesis, ronda en torno a los noventa días, sin contar el tiempo en que el trabajo se aminora en consonancia con el ritmo estacional de las labores agrícolas.

Por ejemplo, en el arzobispado de Sevilla eran festivos los 52 domingos del año, Navidad, san Esteban, san Juan Evangelista, Pascua de Resurrección, la Ascensión, Pascua de Pentecostés y el Corpus Christi, como fiestas movibles, y, además, con fecha fija, 33 conmemoraciones que tenían que ver con el culto mariano, los doce apóstoles u otros santos de relevancia católica.

A lo largo de estos casi tres meses discontinuos del año era precepto que todos se abstuvieran «de obra servil y no hagan cosas de oficio ni artificio ni labren las tierras, ni cojan pan, paja o vino, ni los herradores hierren bestias salvo a forasteros y con necesidad... ni lleven trigo ni otro pan a los molinos ni a otras partes, si no en caso de necesidad o piedad» [14].

El Concilio de Trento había reconocido la necesidad de celebrar días de fiesta en su sesión XXV, y última, de diciembre de 1563, insistiendo en que tales conmemoraciones aumentaban la piedad y la devoción popular [15]. Pese a la intención tridentina, lo cierto es que los días de fiesta no eran aprovechados tanto para dar gracias a Dios como para divertirse, dando lugar, por ejemplo, a la condena de Juan de Zabaleta, que se vio en la obligación de publicar *El día de fiesta por la mañana* (1654) y *El día de fiesta por la tarde* (1660), obras en las que nos ha dejado dos soberbios retratos de las aficiones a las que dedicaban los españoles del Siglo de Oro sus entretenimientos y descansos festivos.

También había partido del Concilio de Trento la iniciativa de reformar el antiguo cómputo romano del año juliano, para conseguir que la celebración de las cuatro pascuas se ajustara al año solar. La llamada reforma gregoriana del calendario, en honor de su promotor el pontífice Gregorio XIII, fue reconocida por Felipe II en 1582, el mismo año de su promulgación; por una disposición dada en Lisboa (29-ix), se ordenaba que en todos los reinos de la Monarquía hispánica se le restaran diez días a octubre, de forma que al 4 le debería seguir el día 14 de octubre, y a partir de ahí, se debería seguir contando hasta el 31, final de dicho mes [16].

A lo largo de los capítulos de este libro se irán llenando de actividades las horas y los días de los hombres del Siglo de Oro, individuos que comerán, irán a las comedias o al auto de fe, leerán, negociarán, lucharán o harán cualquier otra cosa guiados por calendarios y en presencia de relojes, al ritmo que marcan sus ruedas dentadas y sus hojas negras y coloradas. Válganos como ejemplo del orden común de un día el que nos presenta Lope de Vega en *La villana de Getafe*, por boca de un criado que recuerda la vida que llevaba con su señor en Sevilla:

> *Nuestra vida pasa ansí:*
> *levantarnos a las ocho,*
> *tomar en vino un bizcocho,*
> *oír misa y desde allí,*
> *a Gradas a negociar;*
> *y en tocando a mediodía,*
> *comer con poca alegría,*
> *dar gracias y levantar.*
> *A la tarde a la Tahona,*
> *y luego, en mil estaciones,*
> *rosarios y devociones* [17].

El Barroco es ya una cultura de reloj, forma parte de la vida cotidiana y de su repertorio de imágenes, como veíamos antes. Pero como cada cultura, tiñe con su especial imagen del mundo todo aquello que toca y por lo que se interesa. Así, el reloj, cuyo paso mecánico nos habla de un tiempo neutro, se convierte poco a poco en un signo de la mentalidad barroca, de su capacidad para trascender de lo humano a lo divino.

De este modo, el padre jesuita José de Tamayo escribió

un tratado moral cuyo título, pese a su prolijidad, merece ser transcrito: *El mostrador de la vida humana por el curso de las edades, dividido en tres libros. Primero. De la infancia y adolescencia. Horas de la mañana. Segundo. De la edad viril. Horas del mediodía. Tercero. De la senectud. Horas del ocaso de la vida* [18]. Del mecánico reloj que marca las horas del día, se pasa a las edades en que se divide orgánicamente la vida humana.

Las ruedecillas del reloj se barroquizan, apuntando lo que más tarde llamaremos «el tiempo con vanidad» y que ya se presiente cuando Francisco de Santos, en su *Día y noche de Madrid,* anuncia que las campanadas oídas en las calles son «avisos [que] daban los relojes a la vida humana de su velocidad y carrera... Mira que tienes una hora menos» [19].

CAPITULO II

LOS HORIZONTES GEOGRAFICOS DE LOS ESPAÑOLES

por Carlos Gómez-Centurión Jiménez

C ASTILLA y Portugal, juntas, abrieron durante el Renacimiento al resto del mundo las puertas del Globo. Imaginar los horizontes geográficos de los españoles —vasallos de una monarquía, la católica, en la que «nunca se ponía el sol»— durante los primeros siglos modernos, parece que implica obligatoriamente hacerlo en términos de dimensiones mundiales. Y sin embargo, pese a la indudable revolución mundial que supuso el descubrimiento y colonización de continentes y territorios antes inexplorados, pese al impacto que esto pudo tener en la vida de los europeos, en general, y en la de los habitantes de la Península, más en particular, la amplitud de horizontes geográficos —hay que reconocerlo— fue sólo el mundo de unos pocos. Para la mayoría de los hombres «modernos» —y los españoles no serían una excepción— las posibilidades de rebasar, alguna vez en la vida, el angosto marco de la geografía local fueron muy reducidas.

Un espacio vital: aldeas, pueblos y comarcas

No nos engañemos; el español del siglo XVII era, ante todo, un nativo de su pueblo —al que solía referirse llamándolo «mi patria»—, que constituía la fuente primaria de

identidad para sus habitantes, tanto si nos referimos a la
aldea vasca, con sus modestos propietarios independientes
repartidos en caseríos diseminados en unos cuantos kilómetros a la redonda, como si nos fijamos en un pequeño pueblo andaluz habitado por jornaleros que trabajan de sol a
sol en las tierras del señor. El hogar, primero, y la comunidad de habitantes, después, constituían los dos círculos
primarios de sociabilidad en los que se desarrollaba la mayor parte de la vida del español de la época. Esta comunidad de habitantes cubría un espacio reducido, aunque con
diferencias regionales: unos cuarenta kilómetros cuadrados
en las regiones septentrionales y aproximadamente unos diez
en las meridionales [1].

A pesar de su pequeño tamaño, en el pueblo o la aldea
tenían lugar prácticamente todos los aspectos de la vida social, dada la variedad de sus actividades y la peculiar naturaleza de los lazos que lo unían con el mundo exterior.
Constituía un reducido microcosmos en el que, a pequeña
escala, se reproducía en su vida cotidiana la mayoría de las
facetas fundamentales de la existencia, con las únicas limitaciones que imponían las propias estructuras económicas y
sociales de cada región.

Todo lo que contribuía a la vida humana dependía muy
estrechamente de la Naturaleza y del suelo, y más del 90
por 100 de lo que consumía un campesino estaba disponible
en un círculo de unos cinco kilómetros de radio, cuyo centro era la aldea. Entre el 80 y el 90 por 100 de los intercambios y de las comunicaciones que tenían lugar se establecía precisamente en el interior de este círculo, que abarcaba a una comunidad de habitantes y las aldeas circunvecinas, puesto que el elevado nivel de autoconsumo local
continuó siendo durante los siglos modernos uno de los
rasgos más acusados de las sociedades tradicionales, sólo
parcialmente superado en los grandes núcleos urbanos [2].

La vida religiosa encontraba también sobrado ámbito de
manifestación en la comunidad aldeana, coronada por el
campanario del templo local. En él tenían lugar todos los
ritos en los que, desde el nacimiento hasta la muerte, par-

ticipaban los fieles. Y en él se veneraban las imágenes de los santos patronos de la localidad, cuyo culto se ocupaban de mantener las hermandades y cofradías. Las procesiones se celebraban los días festivos, y a veces se dirigían a los pueblos vecinos para asociarse a sus festividades, aunque la rivalidad entre parroquianos acabase provocando riñas y alborotos por la defensa de los respectivos méritos de sus santos y cofradías [3].

Se ha insistido muchas veces en que España, en algunos aspectos, daba la impresión de ser poco más que una heterogénea colección de aldeas que, con frecuencia, persistían tozudamente independientes unas de otras, despreciando no sólo la ciudad, sino también las aldeas circunvecinas. Esta antipatía entre pueblos y aldeas próximas solía dar lugar a pleitos interminables, prejuicios resistentes y a todo un cúmulo —aún rastreable— de dichos y refranes maliciosos que testimonian lo enconado de algunas rivalidades. En este acusado sociocentrismo, Caro Baroja ha creído ver la fuente de buena parte de la violencia fratricida que jalona la historia de España [4].

El profundo localismo, agravado en ocasiones por el aislamiento geográfico, llevó a determinadas comunidades no sólo a la más estricta endogamia, sino incluso a la ausencia de contactos sociales con otras comunidades, creándose así grupos condenados a la marginalidad, como los agotes de Navarra, los pasiegos santanderinos, los vaqueiros de Asturias o los maragatos de León.

Pero a pesar del individualismo de aldeanos y familias, la solidaridad comunal existía, a menudo propiciada por las exigencias de la supervivencia: la cosecha, el riego, el uso de pastos y caminos eran facetas de la vida que tendían a involucrar a la mayoría de los individuos que componían la comunidad o, incluso, a varias comunidades vecinas.

El universo superior en que pensaban y vivían los aldeanos era la comarca. En ella los hombres se dedicaban a las mismas o parecidas actividades, vivían un mismo paisaje y un mismo clima, vestían de forma semejante y hablaban la misma lengua. El tamaño de la comarca posibilitaba, ade-

Ecija. *De la obra* Civitates Orbis Terrarum, *de Braun, ilustrada por Hofnagel (finales del siglo XVI), Servicio de Documentación Geográfico del Ejército, Madrid.* Historia 16.

más, el matrimonio fuera del pueblo sin tener que salir de la propia área cultural, por lo que dentro de ella «existía una solidaridad de intereses de un tipo y en un grado inalcanzables en zonas extensas y más complejas» [5]. Con frecuencia, la comarca se estructuraba en torno a un núcleo urbano que cumplía, a la vez, dos funciones importantísimas como centro administrativo y como mercado. De nuevo la distancia jugaba un papel protagonista, puesto que a esta ciudad-mercado se debía llegar en una jornada de viaje sin demasiado cansancio: entre treinta y cuarenta kilómetros, poco más o menos, solía ser el radio máximo abarcado por la comarca; casi, casi las siete leguas de las botas del ogro de Pulgarcito [6].

Ahora bien, las relaciones entre la aldea y la ciudad distaban mucho de ser idílicas, ya que la interdependencia que existía entre ambas solía inclinarse favorablemente hacia el lado de la ciudad. Centro de poder económico, social y administrativo, la ciudad era el punto de destino de los excedentes de renta campesina que absorbían los señores, la Iglesia y la Corona, convirtiéndose en símbolo de dominio y explotación para un campesinado que, de paso, acostumbraba a rechazar, como respuesta refleja, las formas de vida y cultura urbanas.

La monarquía de los reinos

Con anterioridad al siglo XVIII —es decir, a los tratados de Utrecht y el establecimiento del nuevo Estado borbónico—, el término España era fundamentalmente una expresión geográfica, sin apenas contenido político. Se trataba de un término culto, de raigambre clásica y divulgado por los historiadores renacentistas. De acuerdo con su origen etimológico —que recordaba la presencia y la dominación romanas en el solar ibérico—, España servía para designar la Península Ibérica entera, de manera que tanto portugueses y aragoneses como castellanos se identificaban a sí mismos como españoles. Pero llamarse español era sólo un sistema cómodo para identificarse, y poco más. Una identificación que, además, se empleaba predominantemente frente al exterior, de cara al extranjero, por lo que, en realidad, los pueblos peninsulares no se sentían tanto españoles entre sí como frente a otros pueblos [7].

España era en el siglo XVII una comunidad política compuesta por diversas unidades menores, vinculadas entre sí por la común dependencia a un mismo monarca. En difícil equilibrio coexistían un Estado central y unitario —de cuna y sede castellanas—, y una diversidad de entidades políticas integradas en él, sin que por ello éstas perdieran ni sus instituciones jurídicas ni el sentimiento de su personalidad colectiva. Por eso, los hombres de aquella época hablaban de la monarquía española y de la monarquía católica, de España como nación, pero también de las naciones de España, de los reinos de España, de la Corona y de las coronas, y utilizaban estos términos para referirse a menudo a las mismas realidades, aunque desde ópticas diferentes. Una pluralidad —acaso también una imprecisión— de términos que reflejaba no sólo una palpable falta de unidad jurídico-política entre las distintas entidades que componían la monarquía de los Felipes, sino también una pluralidad de conciencias nacionales y, por ende, también una pluralidad en las formas de concebir el significado y los destinos de dicha monarquía [8].

En la terminología oficial de la Europa de la época, para referirse a los Habsburgos madrileños se utilizaba el término de «el Rey Católico». Esto simplificaba enormemente la complicada y pomposa autotitulación utilizada por los monarcas españoles, que —ya desde la época de Isabel y Fernando— habían renunciado al título de Reyes de España —por considerarlo inadecuado para describir la pluralidad de reinos, señoríos y territorios que permanecían sometidos a su autoridad real— y conservado, en cambio, la totalidad de los títulos originales correspondientes a cada una de las primitivas unidades políticas que componían la monarquía, añadiéndolos uno detrás de otro, ordenados de acuerdo con su rango. Entre 1580 y hasta 1668 —en que se reconoce la independencia de Portugal—, los monarcas españoles de la Casa de Austria encabezaban así los despachos oficiales salidos de su cancillería:

Don Felipe, por la gracia de Dios, rey de Castilla, de León, de Aragón, de las Dos Sicilias, de Jerusalén, de Portugal, de Navarra, de Granada, de Toledo, de Valencia, de Galicia, de Mallorca, de Sevilla, de Cerdeña, de Córdoba, de Córcega, de Murcia, de Jaén, de los Algarves, de Algeciras, de Gibraltar, de las islas de Canarias, de las Indias orientales y occidentales, islas y Tierra Firme del Mar Océano, archiduque de Austria, duque de Borgoña, de Brabante y de Milán, conde de Habsburgo, de Flandes, de Tirol y Barcelona, señor de Vizcaya y de Molina, etc.

Lo que no impedía que, en reconocimiento de esa misma pluralidad, al rey se le denominase a veces, de forma más coloquial, «Rey de las Españas».

Unidad y pluralidad. En el siglo XVII existió un vivo hispanismo, un nacionalismo español, una vivencia de España como nación a la que fueron especialmente sensibles las minorías cultas y la élite gobernante. Pero hubo también otra realidad: en España convivían varias naciones, la catalana, la castellana, la aragonesa, la valenciana, la portuguesa, la vizcaína... Entendiendo nación como entidad natural e histórica: como conjunto de individuos o de familias con claros vínculos de comunidad de origen o estirpe, de patria o localización geográfica, de historia, de lengua, de Derecho, de costumbres y aun de indumentaria.

Pero el grado de cohesión nacional era muy diferente en cada caso y no siempre implicaba un mismo grado de independencia política. En Castilla, por ejemplo, existían diversas colectividades nacionales —asturianos, extremeños, andaluces— que, sin embargo, carecían de personalidad jurídica y política dentro de la corona castellana. Otras naciones, en cambio, sí habían conservado instituciones políticas, administrativas y de Derecho privado propias y diferentes, como era el caso de vizcaínos, guipuzcoanos, alaveses y navarros. De igual forma, los cuatro componentes de la Corona de Aragón —los reinos de Aragón, Valencia, Mallorca y el Principado de Cataluña— constituían entidades dotadas de diverso grado de conciencia nacional, pero desde luego con instituciones políticas, administrativas y jurídico-privadas peculiares. En el mismo caso se encontraba Portugal[9].

Testimonio y reflejo de esta contextura nacional plural y de la conciencia de la propia diversidad, eran los juicios vertidos por los propios españoles acerca de los rasgos distintivos de cada «nación». Juicios —y, a menudo, tópicos— sobre los diversos temperamentos, costumbres, virtudes y defectos que caracterizaban a los hombres y los pueblos que habitaban la Península, y que la literatura y el refranero popular se han ocupado de transmitirnos. Así, los castellanos eran gente austera, hospitalaria y generosa, pero altiva; los portugueses, arrogantes, corteses y valerosos; los andaluces, locuaces, ingeniosos, liberales y fogosos en el amor; gente tosca, pero valiente y brava, los manchegos y extremeños; los gallegos, primitivos, tacaños e indiscretos; los montañeses y asturianos destacaban, pese a su pobreza, por el orgullo de su estirpe hidalga y su apego a los blasones; también los vizcaínos eran de noble linaje, aunque sencillos y discretos —lo que les hacía ideales para desempeñar un cargo de secretario—; los aragoneses, testarudos, celosos y violentos; a los catalanes les distinguía su amor por las libertades del Principado, su laboriosidad y su firmeza en la amistad —aunque también su violencia en la venganza—; los valencianos eran amantes del placer, ligeros y volubles... Tópicos y estereotipos la mayoría de las veces, es cierto, pero que en muchos casos han persistido hasta nuestros días como símbolos de ese reconocimiento de la pluralidad nacional que los españoles han tenido desde hace muchísimos siglos [10].

La altivez y arrogancia castellanas era algo que coincidían en señalar tanto el resto de los españoles como los extranjeros. Consecuencia, sin duda, del papel preponderante que dentro de la monarquía le había correspondido desempeñar a Castilla. Gracias a su propia prosperidad y a la mítica riqueza que le llegaba de las Indias, la corona castellana había sido durante mucho tiempo plataforma y centro neurálgico de la monarquía. Para lo bueno y para lo malo. La Corte y el gobierno central residían en ella, y sus nobles ocupaban un papel privilegiado en el aparato institucional del Estado central. Pero también sobre los campesinos y ciudadanos castellanos recaía la mayor parte de la carga fiscal. Y cuando Castilla quedó agotada, víctima de su protagonismo, incapaz ya de seguir sosteniendo sobre sus solas espaldas el principal peso de la política exterior y de la defensa de la monarquía, se puso de manifiesto cuán débiles eran los lazos que unían en apariencia aquel fabuloso tinglado. Quedó bien patente cómo el sentimiento unitario entre todas aquellas gentes que poblaban la Península no era inquebrantable y estaba, en cualquier caso, sometido al necesario reconocimiento por parte del Estado de las peculiaridades constitutivas de la personalidad colectiva de cada nación [11]. Y los gravísimos levantamientos nacionales de 1640 —fruto de la política «unitarista» del conde-duque de Olivares— así lo atestiguan. Pocas fechas tienen una significación tan profunda en la historia española como la de ese año, ni son tan reveladoras de la diversidad de sentires y de proyectos que permanecían en letargo bajo la aparente unidad de una misma autoridad real. Con incuestionable sabiduría política, advertiría Baltasar Gracián acerca de los peligros que entrañaba ignorar aquella realidad plural de España, donde los privilegiados vivían fuertemente parapetados tras sus fueros y libertades, y donde la mayoría del estado llano se sentía más distinto que semejante al resto de sus vecinos peninsulares:

en la Monarquía de España, donde las provincias son muchas, las naciones diferentes, las lenguas varias, las inclinaciones opuestas, los climas encontrados, así como es menester gran capacidad para conservar, así mucha para unir [12].

El peso de todo el mundo

Nunca estuvo España tan abierta —y en algunos aspectos, tan cerrada— al resto de Europa y del mundo como a lo largo de los siglos XVI y XVII. La apertura de nuevos horizontes geográficos había despertado entre los pueblos una curiosidad apasionada por la historia y la geografía de las demás naciones, que en el caso de España estaba doblemente justificada por la importancia que en su trayectoria histórica tuvieron la colonización americana y la presencia española en Europa. Los relatos de peregrinos y viajeros, las mezclas de población originadas por las migraciones de mano de obra, el desarrollo del gran comercio, el cosmopolitismo de una parte de la nobleza y de algunas órdenes religiosas, los desplazamientos de tropas, las experiencias de los funcionarios..., todo ello contribuyó a intensificar, completar y renovar el conocimiento que los españoles tenían de sus vecinos europeos, o de los habitantes de aquellas tierras lejanas y maravillosas recién descubiertas, al tiempo que la imagen que, con respecto a España, se forjaba en el

Vélez-Málaga. *De la obra* Civitates Orbis Terrarum, *de Braun, ilustrada por Hofnagel (finales del siglo XVI), Servicio de Documentación Geográfico del Ejército, Madrid.* Historia 16.

exterior, contribuiría a afirmar la conciencia de una identidad propia por parte de los españoles.

Y aunque las noticias sobre las riquezas y el exotismo de las Indias y el Oriente desataban la fantasía de muchos —y algunos, incluso, se decidían a emigrar en busca de nuevas formas de vida y nuevas oportunidades—, para la mayoría, anclada en el angosto marco de su geografía vital, contaban antes que nada los espacios conocidos. La vieja Europa continuaba siendo el principal polo de atracción: pero «una Europa más de pueblos que de Estados», en la que con frecuencia los caracteres de sus habitantes y el paisaje se confundían [13]. Una Europa, en definitiva, habitada por hombres que traspasaban fronteras, comerciaban y navegaban sus mares circundantes.

Más que los lazos políticos, era la intensidad de los contactos comerciales y humanos lo que determinaba el mayor o menor grado de conocimiento que los españoles podían tener de las demás naciones europeas —a pesar de que, en gran medida, unos y otros se establecieran en función de unos mismos y recíprocos intereses. A cada nación solía corresponderle unas determinadas cualidades y defectos que eran atributos «naturales» de sus habitantes: los italianos, poco fiables; los franceses, frívolos y codiciosos; los alemanes, bebedores y glotones... Tales caracteres, por supuesto, obedecían a tópicos y estereotipos que se habían ido consolidando con el paso del tiempo y que, como tales prejuicios, obstaculizaban más que ayudaban al conocimiento real de los pueblos. A menudo, eran mejor conocidos los productos oriundos de cada región que las regiones mismas o sus pobladores. Así, los paños de Londres, las sedas de Italia, la quincallería alemana, los lienzos de Flandes, Holanda y Ruán constituían, sin duda, una realidad mucho más palpable y cotidiana para el español del siglo XVII que los hombres que fabricaban o trajinaban aquellas mercancías.

Los súbditos no peninsulares del monarca católico tenían, claro está, ventaja. Los contactos con Italia habían sido muy estrechos durante toda la Edad Media, y la incorporación a la corona aragonesa de Nápoles, Cerdeña y Sicilia hacía del sur italiano un territorio fuertemente hispanizado, muy familiar para levantinos y andaluces. También los genoveses —cuyas colonias mercantiles en el sur de la Península databan del siglo XV— eran mejor conocidos por los españoles que el resto de los italianos, aunque su prosperidad económica acabara siendo muy mal vista y les granjeara buenas dosis de antipatía popular. Los genoveses —y en cierta medida, también los venecianos— representaban para el español del siglo XVII la genuina encarnación de los peores defectos morales que, tradicionalmente, se atribuían al mercader, acusándolos de avarientos y usureros, de aprovecharse de la hacienda ajena y de sacar los metales preciosos de España [14]. Un retrato robot en cuya elaboración jugó un papel muy importante la propia involución económica de Castilla.

La forma en que los españoles contemplaron y juzgaron al resto de las naciones europeas no fue, entonces, ajena al curso de la historia. La afirmación política de los estados y la consolidación de la reforma protestante habían sacudido

a Europa con una fuerza desconocida hasta entonces, trans-
formando las relaciones entre los pueblos y haciendo tam-
balearse hasta las alianzas más sólidas y tradicionales. Y si
durante el Renacimiento el enemigo común seguía aún siendo el Islam —afincado en el Mediterráneo y el norte de
Africa—, desde las últimas décadas del siglo XVI, y por espacio de cien años, el hereje, el cismático, pasaría a ocupar
su lugar, convirtiéndose en el adversario por excelencia. Se
acuñaba así una visión maniquea del continente típica del
Barroco, en la que el catolicismo meridional quedaba irre-
mediablemente contrapuesto con la heterodoxia del norte [15].

Un claro exponente de esta evolución fue el caso de los
holandeses y flamencos. La tradición y la intensidad de los
intercambios comerciales entre Castilla y los Países Bajos
había hecho que, desde el Renacimiento, sus provincias se
ofrecieran a los ojos de los españoles como un emporio de
fabulosas riquezas, tierra de refinamiento, lujo y placer que
contrastaba abiertamente con la sobriedad castellana. Llamaban la atención sus habitantes, altos, corpulentos, rubios
y de tez blanca —prototipo racial del hombre nórdico—,
alegres, laboriosos y sencillos. Una imagen que los acontecimientos políticos se encargarían sobradamente de trasto-
car, convirtiendo un país antes idílico en una región fría y
brumosa, señoreada por las nieves y el hielo, y habitada por
herejes y corsarios. Lo mismo sucedería con el inglés, que
identificado tradicionalmente en la Península con «el mercader», pasó en pocos años a representar inequívocamente
las figuras de «el pirata» y «el hereje» [16].

En pocas ocasiones, quizá, la oposición de intereses entre estados vecinos llevó a un enfrentamiento tan polarizado
como el que protagonizaran Francia y España durante el
siglo XVII. Poco importaron los contactos seculares, el que
Cataluña hubiera sido repoblada durante décadas por campesinos procedentes de más allá de los Pirineos o que, desde
antiguo, Castilla hubiera sido recorrida de extremo a extremo por buhoneros, aguadores u otros modestos inmigrantes franceses. La enemistad franco-española contaba igualmente con una larga tradición de enfrentamientos, injeren-

cias mutuas y rivalidades que hubieron de prevalecer no sólo en el curso de los acontecimientos políticos y militares —y en la disputa por la hegemonía—, sino también en la elaboración de la imagen del otro que, con respecto a su vecino, hicieran ambas naciones:

> Está ya tan naturalizado el odio de los franceses contra los españoles y de éstos contra los franceses, que en los niños colgados de los pechos de sus madres parece que se anticipa el destino natural para conocer un español de una legua y dar voces tan desmesuradas en viéndolos como si alguna visión o fantasma se le presentase delante... ya un francés no parece un hombre en los ojos de un español, así como un español parece un diablo en los ojos de un francés [17].

De esta forma describía, en 1617, Carlos García, un médico español afincado en París, lo que él calificaba de «natural antipatía» entre españoles y franceses, proponiendo en sus escritos la imagen estereotipada de un español que en todo se correspondía con la de un «francés al revés». Oposición de caracteres, valores y formas de comportamiento que, no por irreales, habrían de ejercer menor influencia en las turbulentas relaciones que ambos estados mantuvieron durante la centuria. Pocas emociones como esta «natural antipatía» ilustran con mayor fidelidad determinados sentimientos xenófobos que irían progresivamente instalándose entre los españoles del «siglo de la decadencia», a medida que su hegemonía en Europa era contestada por las demás potencias, fueran éstas católicas o protestantes.

CAPITULO III

EL CAMPESINADO

por Juan Ignacio Gutiérrez Nieto

D ESCONOCEMOS el volumen de la población
rural y su proporción con la urbana en los siglos
XVI y XVII. Hecho que se explica en parte porque un buen
número de villas tenía una significación mercantil y artesana
importante, en tanto que otras muchas de gran población,
sin embargo, eran predominantemente rurales, por lo que
todo intento de fijar porcentajes tiene un carácter precario.
Por otra parte, no hay que olvidar que si el siglo XVI se
caracterizó por la expansión demográfica y económica de
los centros urbanos, también de forma paralela alcanzó un
notable desarrollo la población rural. Por el contrario, a
partir de la última década del siglo XVI, en virtud del doble
proceso de contracción de la producción agraria y de crisis
demográfica que se abre con motivo de la difusión de la
peste bubónica a partir de 1596, se opera un hundimiento
de la demografía rural. Pero como a la vez la crisis económica y epidémica afecta de lleno la población urbana y los
centros mercantiles en general, se opera un proceso de hundimiento de la demografía urbana que da lugar, paradójicamente, al fenómeno de la «ruralización» relativa de la
sociedad española del seiscientos. Cabe pensar, cón todas
las reservas pertinentes, que en torno a 1600 la población
rural alcanzaba nada menos que un 90 por 100 del total de
la nación. No olvidemos, por otra parte, que hasta fechas

recientes en algunas provincias españolas el 80 por 100 de la población activa estaba vinculada a actividades agropecuarias.

El campesinado de la primera mitad del siglo XVI (Felipe IV empieza su reinado en 1621) va a vivir bajo el horizonte de fondo de la «decadencia». Prácticamente, por los años ochenta del siglo XVI se agudiza el constante desequilibrio entre producción cerealista y consumo. Ya los primeros años de esa centuria se caracterizaron por un desequilibrio profundo entre las exigencias del consumo de una población urbana en expansión y la producción cerealista. Ello dio lugar a la aparición de la tasa de los cereales en origen, a la generalización de pósitos en las ciudades y villas, y a la creación de los mismos en algunos pueblos que no los tenían. A pesar de la tasa (cuyo precio sufrió algunas modificaciones a lo largo del siglo), el cultivo de los cereales panificables, especialmente el del trigo, era rentable. Se beneficiaron en particular de dicha subida, por una parte, los diferentes sectores sociales con rentas en la producción agraria (nobleza señorial y clero fundamentalmente), y de otra, un grupo social al cual podemos denominar como burguesía agraria que obtuvo excedentes para comercializar [1]. Por añadidura, la demanda de productos agrarios incentivó un fenómeno base de la agricultura del siglo XVI, como fue el «proceso roturador», y el desarrollo de formas diversas de crédito agrario, especialmente los censos, pagaderos en una primera etapa en especie. Con dificultades, sin duda, en momentos determinados (las famosas crisis cerealistas, en razón de causas múltiples, las más de las veces climatológicas, así como comerciales y fiscales) el campesinado español, mal que bien, pasará el siglo XVI. Arrabales urbanos, aldeas y villas crecen paralelamente a toda esta coyuntura agraria, y se ponen en cultivo gran número de tierras baldías.

En los años ochenta de este siglo hay indicios varios de cambio en la tendencia secular. La imposibilidad de dar satisfacción a la demanda cerealista se hace permanente. Es preciso importar trigo del norte de Europa, el denominado «pan de mar», para abastecer los mercados mediterráneos.

Bilbao. *De la obra* Civitates Orbis Terrarum, *de Braun, ilustrada por Hofnagel (finales del siglo XVI), Servicio de Documentación Geográfico del Ejército, Madrid.* Historia 16.

Felipe II ordena, por una parte, que en todas las comunidades campesinas se implanten pósitos, y por otra dicta disposiciones sobre la reestructuración de estas instituciones de crédito cerealista. En varias comarcas de la submeseta norte hay síntomas claros de despoblación rural a partir de esta década [2].

Existe, pues, una pérdida de población debida fundamentalmente a factores económicos y fiscales. Entre los primeros hay que señalar, entre otros, el inicio de un ciclo de aridez; la ley de rendimientos decrecientes, que inexorablemente afectó las tierras marginales; el endeudamiento campesino —entre cuyas causas estuvo la exigencia de contar con capitales para adquirir las tierras de baldío perpetuadas y la puesta en explotación de nuevas tierras—, que irá dando paso a las ejecuciones de embargo de bienes; el aumento de los costes de producción (jornales, aperos, mulas...), y la continuidad de la tasa de los granos. Entre los de carácter fiscal es preciso contar con la subida de las alcabalas y la creación del servicio de Millones, que tendrán ambas una repercusión nefasta en el mundo rural. Unos y otros factores provocaron la desaparición de muchas pequeñas y medianas explotaciones agrarias, como sabemos por diversos medios, y dieron lugar a la correspondiente proletarización y a una intensa emigración. Paralelamente, disminuyeron las rentas señoriales, así como los diezmos que percibía la Iglesia. Finalmente, la Corona se sintió asimismo perjudicada, dado que quedó debilitada la capacidad fiscal del campesinado, a la vez que disminuyeron los ingresos derivados de la tierra: maestrazgos, tercias, gracia del excusado...

El proceso de crisis, mejor dicho, de contracción agraria, se consuma con la aparición de la peste bubónica, que desde Santander se extenderá por toda la meseta norte. El período 1596-1604 constituye un mazazo para la demografía rural, del que tardará muchas décadas en recuperarse[3].

Lógicamente, la mala situación de la agricultura no pasó desapercibida a los contemporáneos. A partir del *Despertador...* (1578) de Juan de Arrieta, que denunció el retroceso de los cultivos de cereales y la expansión, entonces incipiente, del viñedo, fueron muchos los testimonios de los contemporáneos sobre la disminución de la producción cerealista y el abandono de la actividad agraria por muchos españoles. Igualmente, las Cortes, los consejos y los ayuntamientos se hicieron eco del problema. El propio Felipe II ordenó que se recopilasen informaciones sobre la situación del agro y que se señalasen las causas del mal, así como que se propusiesen remedios. Por otra parte, de la monarquía emanará una serie de disposiciones encaminadas a incentivar la actividad agraria, como son el permitir a los campesinos panadear el trigo de la propia cosecha e impedir que puedan ser hechos presos por deudas o que se embarguen sus medios de producción.

El breve reinado de Felipe III va a marcar una etapa en la historia del campesinado español caracterizada por la agudización de la decadencia agraria. La literatura agrarista alcanza durante este reinado una importancia semejante —aunque de menor duración— a la que tuvo con Carlos III. El tema agrario no solamente se lleva a los escenarios de nuestro teatro nacional, sino que es tratado con profundidad en las diferentes instancias de gobierno, llegándose entonces a dictar disposiciones de gran trascendencia económica y social, entre las cuales, y no la menos importante, estuvo la supresión de la tasa para los productores, que se conservó sin embargo para el trigo de rentas. Durante este reinado se escribe la obra clásica del agrarismo español: *Gobierno político de Agricultura* (1618), de Lope de Deza, en la cual queda sintetizada toda la problemática en torno al tema agrario y las medidas que se propusieron al respecto [4].

El problema agrario se vinculó de forma directa con el de la despoblación. De forma tal, que en la famosa Consulta de 1618-1619 la causa fundamental de la pérdida de población se atribuyó a la situación agraria. Unos pocos años después, sin embargo, en los proyectos reformistas de Olivares encaminados asimismo a la revitalización demográfica, el tema agrario quedó postergado ante la importancia que se dio al comercio y la industria. En realidad, lo que había pasado es que se había llegado a un equilibrio frágil entre producción y demanda de productos agrarios. Cuando a partir de 1626 se inicie una nueva etapa de dificultades económicas y de abastecimiento de pan en los mercados urbanos, Olivares volverá a imponer con carácter general la tasa de cereales.

De todas formas, los posibles beneficios que pudieran reportar a la agricultura española la caída de la renta de la tierra —como mínimo, de un 50 por 100 con respecto al siglo XVI— y el cultivo sólo de los «ruedos» y de las tierras de gran calidad, van a ser contrarrestados por la tasa mencionada, el hundimiento de los mercados urbanos y el comienzo de una fiscalidad de guerra que va a dominar, en adelante, todo el reinado de Felipe IV. Se volvía en gran manera al sistema de trueque en muchas comarcas españolas, y el campesinado viviría en una economía de subsistencia.

La comunidad campesina

La vida campesina se desarrolla en la unidad económica, social y política constituida por la aldea y la villa. En tanto que las ordenanzas medievales son escasas, en el siglo XVI y en especial en el siglo XVII son abundantísimas. Con mayor o menor amplitud, estas ordenanzas —que precisaban de la confirmación del Consejo de Castilla y de los señores en el caso de ser localidades de señorío— regulaban tanto la vida política como económica de las comunidades campesinas. Desde el sistema de elección de los cargos municipales hasta el importe de los jornales o las formas de aprovechar baldíos y comunales, pasando por disposiciones sobre la actividad mercantil, todo ello quedaba regulado en tales reglamentos. La importancia de las ordenanzas para la vida de los campesinos se refleja en el hecho del gran número de protestas y pleitos a que dieron lugar entre los vecinos, reflejo de intereses encontrados, en especial entre agricultores y ganaderos por el destino, sobre todo, de los bienes comunales. Pero esos antagonismos, cuando los había, quedaban relegados ante la defensa común de los términos frente a las comunidades campesinas vecinas o frente a las villas y ciudades, en el caso de las aldeas dependientes de éstas.

Si las ordenanzas creaban fuertes vínculos de solidaridad, no menor conciencia de pertenecer a una colectividad creaban los elementos religiosos, especialmente el culto a los patronos del pueblo, cuya protección se hacía más necesaria en un siglo marcado por el hambre, la peste, la guerra y las dificultades de todo tipo.

La comunidad campesina, por otra parte, constituía un pequeño centro de servicio, un microcosmos socioeconómico de relaciones múltiples, que era visto por un personaje rural de nuestro teatro como formado por el cura, el alcalde y los alguaciles, sastre y barbero, tabernero, escribano, sacristán y el conjunto del campesinado:

FAQUIN

Quiero que en breve sepáis
las cosas de nuestra aldea.
Primeramente hay un cura
con su poco de poeta,
gran hombre de villancicos
de éstos de la Noche Buena:
que los tuviera mejores
si de esto menos supiera.
Hay su alcalde y su alguacil,
aunque no hay gente que prendan,
sino al sastre y al barbero,
que uno cose y otro amuela.
Al que cose no se atreven,
porque si ha de menester media,
pedirá cuarenta varas,
que en él es costumbre vieja.
Pues al barbero, ya veis
que el gaznate se le entrega,
y que un villano enojado
ninguna barba respeta.
Hay tabernero: es buen hombre,
porque con arroba y media
enjuaga todos los cueros,
y cuando el vino les echa,
por flaqueza de memoria
el agua dentro se deja,
con que nos quita el cuidado
de aguar el vino en la mesa.
Teníamos escribano,
y fuese de una esquilencia
sólo a dar fe de que hay muerte,
para que algunos lo crean.
Hay un sacristán casado
que tiene la boca tuerta,
y que canta un «Parce mihi»,
que parece que reniega.

> Hay zagalas y zagales
> con su tamboril en las fiestas,
> y entre ellas Flora, casada
> con Bato, y mujer de prendas,
> que a cuatro meses y medio
> parió como unas candelas
> un muchacho, que parece
> notablemente a su suegra [5].

En esta relación faltan, sin embargo, algunas figuras sociales claves en la vida rural; el médico (cuando no el curandero), cuyos servicios en los ámbitos rurales se generalizaron a partir del siglo XVI, y que era pagado con cargo a los propios de los ayuntamientos, y el maestro de vezar muchachos, también gratificado con fondos municipales.

Evidentemente, de todas estas figuras sociales la de mayor trascendencia era la de los alcaldes de aldea, que junto a los regidores tenían decisiva influencia en el destino dado a las diferentes formas de propiedad colectiva. Por ello, la elección cada año de la representación municipal constituía un acontecimiento relevante en la vida del campesinado. No hay que olvidar que en el siglo XVII se consagra el principio de que en los ámbitos rurales menores de quinientos vecinos debía imperar el carácter electivo de la representación popular, en tanto que en las ciudades y villas grandes se consolida el principio de la perpetuidad de los cargos. El nombramiento de los cargos municipales —en principio «cadaneros», esto es, anuales— dio lugar a banderías locales, aunque la elección hubiese de ser hecha en determinado sector campesino. Por otra parte, el uso, convertido en ley, de asignar la mitad de los cargos a la hidalguía rural, fue también fuente de conflictos y creó solidaridades intraestamentales muy fuertes.

En las localidades de señorío, a su vez, la elección presentaba modalidades especiales, pues el señor, en unos casos, designaba a los alcaldes y regidores de entre los propuestos por la comunidad; en otros los confirmaba y, finalmente, había localidades en que los nombraba directamente. En este último caso, los ediles actuaban al dictado del señor.

Aunque los señores, en algunas ocasiones, propiciaron la escisión de la comunidad campesina —como ocurrió cuando se aliaron en provecho propio con los labradores y facilitaron la roturación de baldíos, en perjuicio de los ganaderos—, sin embargo, directa o indirectamente el régimen señorial normalmente impulsó la cohesión del mundo campesino, tanto a nivel comarcal como local. En el primer caso, cuando se daba, por ejemplo, la existencia de un señorío constituido por un cierto número de aldeas presididas por una villa como cabeza, tal como ocurría con frecuencia, además de tener que pagar foros concejiles diversos, podía existir un aprovechamiento común de pastos que afectaba el conjunto comarcal, e incluso haber elecciones de representantes del conjunto del partido. Unido todo ello a obligaciones comunes a todos los vasallos— acarreos, diversos monopolios, etc.—, indiscutiblemente se fomentaba así la solidaridad campesina. Sobre todo, en los casos de resistencia antiseñorial —que habitualmente conllevaban la constitución de hermandades o ligas — la solidaridad campesina fue muy intensa. Juan Pineda hace señalar a un interlocutor representante de los intereses señoriales respecto al comportamiento de los aldeanos a la hora de decidirse por el enfrentamiento abierto con el señor:

...Guárdeos Dios de su furia cuando se juntan a consejo sobre si moverán pleitos contra los señores; que el uno se ofrece a trotar los caminos y el otro que socorrerá con dineros para el pleito, y el otro que con trigo, y el otro que con vino echando en la cuba, y otros votan a sancto Viceto de vender sus hijos por ello, y aun otros, que son más acedos, se traban de las barbas, jurando que, aunque sepan comer mujer e hijos, no desampararán el pleito [6].

No olvidemos en esta misma línea la *Fuenteovejuna* de Lope de Vega, como canto a la solidaridad campesina frente a los señores.

Por otra parte, la política fiscal de la monarquía de Felipe IV iba a poner a prueba frecuentemente la coherencia y solidaridad de las comunidades campesinas, sobre todo con la concesión de villazgos, con la conversión de baldíos en bienes de propios y comunales, y, finalmente, con la señorialización de realengos. Si a menudo la «compra de la libertad», como se decía de la autocompra de la jurisdicción para evitar ser señorializados, dio ocasión a sentimientos profundos de solidaridad, no menos influencia tuvo la adquisición del privilegio de villazgo, que permitía a una aldea tener jurisdicción propia y no depender en lo judicial nada más que de la Chancillería, así como poder disponer de sus propios términos. En ocasiones, sin embargo, como los beneficiarios del derecho de villazgo iban a ser determinados grupos sociales, tales cambios provocaron la escisión social e incluso la emigración. Lo mismo podía ocurrir con los baldíos convertidos en propios o comunes, pues lo importante era el destino que se iba a dar a los mismos, y en ello los ediles tenían la última palabra.

El régimen señorial, por su parte, condicionó profundamente la vida campesina, y ello por múltiples razones que no es ahora el momento de señalar. Con Felipe IV no sólo se intensifica el afán de ennoblecimiento hasta el punto de crear nada menos que unos ciento veinte nuevos títulos, sino que en la primera mitad del reinado obtuvo la concesión de las Cortes para enajenar unos cuarenta mil vasallos, lo que afectó a unas trescientas localidades. De forma tal que si bien es verdad que varias de estas localidades se autocompraron bajo el sistema de tanteo, la mayor parte de ellas pasó en realidad a depender de un señor. Es decir, con Felipe IV aumentó el número de campesinos que vivían bajo dependencia señorial. Más de un 50 por 100 de la población eran vasallos de señorío, y desde el punto de vista de los núcleos de población el porcentaje era aún superior.

La familia campesina

Investigaciones recientes centradas en el mundo rural del siglo XVII han permitido, de una parte, profundizar en el conocimiento de la estructura social agraria a través de particiones testamentarias que proporcionan valiosos datos sobre niveles de propiedad de la tierra y de otros medios de producción, y de otra, aproximarnos a la realidad de la familia campesina como fenómeno demográfico aplicando el método de «reconstrucción de familias». Así, el aparcero gallego o santanderino se aproxima en gran manera al labrador de pollino de La Mancha, de la misma manera que el «don» rural montañés es afín al mediano propietario manchego o al agricultor de Castilla la Vieja, que goza de excedentes para ser comercializados.

En relación con la organización de la familia campesina, también las afinidades son notables, como veremos, por ejemplo, comparando la composición de las familias de la Liébana, de Medina del Campo, de la huerta murciana, Galicia y la región conquense. Si en Galicia, en diferentes comarcas, la media de hijos bautizados por matrimonio en el siglo XVII es de 4,6, 4,8 y 4,65 [7], en la Liébana era de 4,4 [8]. En la región murciana la fecundidad es de 3,5 a 4,1 [9]. Sabemos, por otra parte, a qué edad se casaban los campesinos; 23,5 años era la media de la edad de las mujeres, y 25 la de los varones [10].

Aspecto interesante es el tamaño de la familia y sus características. Predominaba, quizás en virtud del sistema hereditario, la familia nuclear compuesta de padres e hijos solteros. Pocos eran los casos de soltería en los hombres, de acuerdo con factores culturales y económicos. El número de miembros de la familia nuclear era en Liébana de 3,97 miembros normalmente, alcanzando un 5,75 sólo un tercio de las familias [11], lo que constituía un contraste respecto a lo que ocurría en la huerta murciana, donde la media era de 4,8 miembros por familia [12]. Por otra parte, estamos en condiciones de afirmar que las familias numerosas correspondían a los sectores más favorecidos, y que eran más numerosas en el campo que en la ciudad.

El expósito, triste fenómeno del siglo XVII, por lo que sabemos, era propio de los ámbitos urbanos, quizá porque la madre campesina soltera buscase la ocultación de su embarazo en la ciudad.

Nota también característica de la demografía rural y urbana es la frecuencia de las segundas nupcias, especialmente de viudos. Por otra parte, el número de viudas nunca fue inferior al 10 por 100 del vecindario.

Finalmente, y en relación con las concepciones, hay que señalar el elevado índice de mortalidad femenina con motivo del parto, especialmente en los ámbitos rurales, debido a las pésimas condiciones en que se llevaban a efecto los alumbramientos.

Asimismo se daba un ciclo anual de concepciones que tenía mucho que ver con las actividades agrícolas y aun con la cultura religiosa. El ritmo de concepciones bajaba en verano, para empezar a crecer desde diciembre hasta marzo. Con la Cuaresma desciende de nuevo el ritmo, recuperándose en abril o mayo. Quizá la más tardía recolección en Castilla la Vieja explique que en Medina del Campo el máximo de concepciones correspondiese al período mayo-julio [13].

La tarea diaria

El mundo social agrario no sólo se estructura en función de niveles de renta o de consumo, tanto alimentario como de vestido, sino también por su actitud respecto al trabajo. El agricultor acomodado, el «villano rico» de la comedia, responde a la idea de empresario, de director de la empresa agropecuaria, que explota mediante trabajo asalariado. En los otros sectores agrarios hay una escala social en función de la faena que desarrolla el agricultor o sus hijos, pues algunas labores se consideran específicas de asalariados

—tales como cavar o segar—, a la vez que las actividades desarrolladas en huertos son propias de agricultores disminuidos físicamente. De ahí que fijar una tarea diaria del agricultor sea difícil. El modesto agricultor, aunque pudiese en determinadas etapas de la vida familiar recurrir a gañanes, tenía como tarea fundamental la de arar las tierras junto a sus hijos. El arar va a ser considerada una actividad digna por toda la literatura agrarista que crea hombres «fuertes» y aptos para la empresa militar, si ello fuera preciso. La vida agrícola, pues, va a asociarse con la labor de arada, que de acuerdo con un viejo sistema agrario consistía en alzar, binar y terciar en diferentes períodos del año hasta dejar la tierra dispuesta para la sementera. A ello se añadía el abonado, de acuerdo con las rotaciones de los cultivos y con el volumen de ganado poseído por cada familia campesina.

En la España húmeda, dado que la superficie cultivada por el agricultor era pequeña, imperaba el sistema intensivo, con intenso abonado orgánico y rotaciones de cultivo, lo que hacía que tanto las labores de cava como de arado fueran casi continuas.

Paralelamente a la preparación de la tierra para el cultivo de cereales o leguminosas, el cultivo de las viñas, así como la vendimia y la elaboración del vino, acaparaba gran parte del trabajo campesino.

En las obras sobre avisos, repertorios o calendarios de faenas agrícolas, se fijan gran número de actividades que debían hacerse en determinados momentos, considerándose muy importante el que la luna estuviese en menguante o en creciente. En esos repertorios se indicaba cuándo debían ser plantados o podados los frutales, por ejemplo, así como el momento adecuado para sembrar y cosechar las diferentes plantas.

En el repertorio más conocido del período (aunque la primera edición fuese de la primera mitad del siglo XVI), el Libro VI de la *Agricultura General* de G. Alonso de Herrera, se señalaban los meses de noviembre y diciembre como poco aptos para el cultivo; en ellos el campesino debía aprovechar para hacer tareas artesanas y arreglos diversos:

> En estos meses de noviembre y diciembre, por ser trabajoso el campo para labrar, es bien procurar las obras dentro de casa, como hacer herramientas, adobar cubas, limpiar vasijas y bodegas. En el campo adobar vallados, limpiar acequias, cerrar portillos, estercolar donde es necesario, y si hay aparejo, ejercitar la caza, hacer rodrigones [14].

Por su parte los jornaleros, en estos meses de días cortos, hacían asimismo trabajos artesanos para conseguir unos modestos ingresos, pues en la sociedad campesina no era infrecuente encontrar, tanto en el trabajo femenino como en el masculino, a labradores que complementaban sus ingresos con actividades artesanas, especialmente las vinculadas al trabajo de la lana y el lino así como de la madera para aperos de labranza. De igual manera, la carretería permitía a los campesinos obtener ingresos adicionales en períodos del año en que no precisaban de sus mulas o bueyes para labrar la tierra. Ello era especialmente importante en las localidades de los bordes de las mesetas, donde existían pueblos con carreteros profesionales que tenían la agricultura en tales casos como labor secundaria.

No hay que olvidar que la vida laboral del agricultor quedaba determinada por las estaciones y las circunstancias atmosféricas. La tierra con excesiva humedad o demasiada sequedad hacía imposibles las labores, de ahí que hubiera que hacerlas con el «tempero» adecuado, de la misma forma que era muy importante la distancia de las tierras al pueblo y la duración de los días. Muchas crisis cerealistas y las correspondientes hambrunas tenían su origen en no haber podido hacer a tiempo las labores pertinentes. Tampoco debemos olvidar que la capacidad de trabajo de un agricultor con una pareja de mulas no iba más allá de unas veinticinco hectáreas al año, la mitad de las cuales debía dedicarse al descanso, al barbecho. De ahí que en períodos determinados, el campesino hiciese jornadas laborales muy lar-

Jerez de la Frontera *(detalle). De la obra* Civitates Orbis Terrarum, *de Braun, ilustrada por Hofnagel (finales del siglo XVI), Servicio de Documentación Geográfico del Ejército, Madrid.* Historia 16.

gas, bien para arar en el momento adecuado o durante el tiempo de la recolección, para almacenar los cereales en el granero antes de que pudiesen estropearse en las eras por la lluvia inoportuna. Por eso la jornada «de sol a sol», que era la que fijaban las ordenanzas municipales para los jornaleros, tenía su sentido. También era preciso segar cuanto antes las mieses, pues en el caso de la cebada, pasado cierto tiempo se tumbaba y dificultaba el trabajo de hoz. El trigo, a su vez, podía desgranarse. Por ello, hasta los agricultores modestos se veían obligados a recurrir a mano de obra asalariada foránea, en caso de que la familia campesina no tuviese suficientes brazos. En el siglo XVII eran frecuentes los contratos con cuadrillas de trabajo a destajo, en los que, junto al salario en dinero, se estipulaba la comida y la bebida que debían corresponder a cada trabajador.

Si el cultivo de la tierra implicaba tareas diversas en determinados períodos que podían imposibilitarse por circunstancias varias, y que, además, había meses en que era preciso quedarse bajo techado, el ganado, por el contrario, necesitaba de una atención diaria inexcusable y a lo largo de todo el año. Tanto el ganado de labor como el de renta obligaban a estar pendientes a toda la familia campesina. Especialmente el ganado de labor, en propiedad o en aparcería, era un bien fundamental en la economía campesina que había que mimar, proporcionándole el pienso necesario a la hora precisa y mudándole la cama. Por eso, en las casas campesinas, el pajar y la cuadra eran imprescindibles y prácticamente estaban incorporados a la vivienda.

El ganado vacuno en el siglo XVII era normalmente de labor, y las crías se destinaban igualmente a este fin, salvo las que debían servir para abasto de los centros urbanos. El ganado lanar constituía los «rebaños concejiles», que pasaban las noches del verano en los agostaderos y el resto del año en los corrales. Proporcionaba a los campesinos lana y leche, y se vendían las reses viejas y una pequeña parte de los corderos para obtener dinero y poder adquirir servicios o bienes agrícolas.

La referencia al ganado nos pone en contacto con la figura rural del pastor. Muy inferiores en número a los agricultores, el pastor era normalmente asalariado de particulares o de la comunidad de vecinos, y percibía su jornal en dinero, comida y calzado. Trabajo duro, poco tenía que ver con la imagen idealizada por la literatura pastoril de moda. Como misión diaria, no sólo tenía la de vigilancia y alimento de los rebaños, sino también, a menudo, el ordeño. Durante el verano el pastor pasaba largas temporadas fuera del hogar. Los pastores de ganado trashumante, perfectamente jerarquizados (compañero, sobrado, ayudador y rabadán) emprendían la marcha con los merinos a finales de marzo y hasta últimos de abril, desde los pastos donde pasaron el invierno. Cogían el camino de los puertos, y a menudo eran los rebaños trasquilados a mitad del camino. El viaje duraba unos cuarenta días, a razón de cinco a seis leguas diarias. Una vez llegados a los puertos permanecían allí hasta septiembre, para retornar en octubre. Pocos de ellos se acompañaban por sus mujeres. Este tipo de vida proporcionó al pastor trashumante una personalidad de perfiles muy marcados.

La alimentación

La patata y el maíz constituyeron parte sustancial de la dieta campesina en el norte de España sólo en épocas relativamente recientes. El maíz, parece, era cultivado a comienzos del siglo XVII en las Rías Bajas gallegas y Asturias [15], pero su expansión fue lenta. Así, en Mondoñedo no se cultivó hasta finales de la década de 1630 [16]. Igualmente, en la montaña santanderina su cultivo sería aún más tardío. Sólo en torno al período 1746-1749 tendrá interés económico y alimentario su laboreo en una zona santanderina tan significativa como es la Liébana [17].

Otro tanto ocurre con la patata. El maravilloso tubérculo entró a formar parte de la dieta campesina muy tardíamente. La primera noticia de su cultivo en Mondoñedo, por ejemplo, es de 1763, y se expande hacia 1760 por la provincia lucense [18] a causa de las malas cosechas de cereales, que impulsaron el consumo humano; de acuerdo con testimonios diversos, fueron los sectores sociales más humildes los primeros en iniciarlo. En Santander, en el valle de Toranzo, se comenzó su cultivo en 1803, y sólo empezó a tener importancia sensible hacia 1833 [19].

Así, pues, fueron otros los productos base en la alimentación campesina de la primera mitad del siglo XVII.

Entre los cereales, el trigo y el centeno eran sin duda los de mayor consumo. Pero si en el siglo XVI se distinguía claramente una España triguera de otra centenera, y lo que caracterizaba la alimentación era precisamente el consumo de pan de trigo en las dos mesetas y en Andalucía, así como en Levante y Aragón, el siglo XVII impulsa el cultivo del centeno al estrecharse los mercados urbanos y ser el centeno un cereal menos exigente. Además, podía perfectamente ser pastado en determinadas circunstancias por el ganado.

La importancia de los cereales panificables, en especial

la del trigo, dio lugar a una cultura del pan. La vida agrícola iba a girar en torno a su cultivo y su planificación, junto con el cultivo de la vid.

Si para Pedro de Valencia el precio del pan repercutía en los jornales hasta el punto de que éstos se acomodaban a aquél, sabemos que era práctica frecuente regular los jornales agrarios en trigo o en pan, y el que los campesinos pagasen al finalizar el año a los diferentes artesanos rurales por sus servicios en trigo o centeno. El mundo de las fiestas se acomodaba también a las fechas en que se iniciaba o terminaba la cosecha cerealista. Y si la panera o los silos subterráneos eran elementos primordiales de la economía campesina, también lo eran el horno familiar o el horno de poya, así como la masera. Por otro lado, el folklore testimonia la importancia de los molinos en la vida campesina, cuya renta se regulaba fundamentalmente en trigo. Incluso los campesinos que dedicaban la mayor parte de las tierras al cultivo del centeno, en algunas regiones debían reservar

Bodegón.
C. 1620. Velázquez.
Rijksmuseum,
Amsterdam.

unas cuantas fanegas al cultivo de trigo para pagar las rentas.

Para los economistas de la primera mitad del siglo XVII, una de las notas diferenciales de los usos alimentarios de las gentes acomodadas urbanas y del campesinado, era precisamente el alto índice de consumo de pan por éste (dos libras y media de pan por campesino). Especialmente, la comida campestre iba a tener como base el pan, los ajos o cebollas y la cecina o embutido, junto al queso y el bacalao. Añadamos que el pan endurecido se aprovechaba frito o en sopa.

Junto al pan, la olla (sólo en las grandes ocasiones se hacía la suculenta «olla podrida»). Era la que reparaba las fuerzas al terminar la jornada, y se consumía en los días de invierno junto al calor del hogar. La olla estaba constituida básicamente por legumbres (garbanzos), productos del cerdo, cebolla y ajos. Podía llevar también repollo en verano y nabos en invierno.

La olla se convirtió en el plato campesino por antonomasia, y también fue común a las clases populares urbanas. El imprescindible tocino era, por otra parte, prueba inequívoca de pertenecer a la casta de los cristianos viejos. El teatro de la época está lleno de insinuaciones en las que se asocia al campesino con la cultura del cerdo (crianza, matanza, ostentación de jamones y consumo de productos del cerdo) frente a sectores burgueses e hidalgos de aldea sobre los que no había mucha seguridad sobre su limpieza de sangre. En tanto que la cría de otros animales (cabras, ovejas, vacas) se encaminaba a obtener en alguna manera esquilmos comerciables o fuerza de tracción, el cerdo se criaba fundamentalmente para el consumo familiar. Su crianza se hacía por las familias campesinas en piaras concejiles que aprovechaban la montanera y los pastos. En las relaciones de bienes de los campesinos siempre encontramos unos cuantos cerdos, y en las representaciones gráficas de las estaciones, las escenas de matanza sirven para caracterizar el invierno.

El consumo de pescado en la España interior era casi siempre en salazón, y los puertos de montaña que permitían el paso desde la España verde o mediterránea, constituían una de las más importantes partidas en concepto de aranceles: el comercio y tráfico de pescado. Pero su consumo por el campesinado era muy reducido, como escaso era el de la carne. Frecuentemente se hacía cecina con carne de oveja y de cabra, así como con la de vaca por san Martín. Normalmente, en la dieta campesina (quizás algo más en el siglo XVI que en el XVII), el uso de la carne era excepcional y más alto respecto al ganado lanar que la de vacuno. Por el contrario, en las familias acomodadas rurales y en localidades importantes parece que en la olla podía entrar carne de vaca o carnero, y en ocasiones gallina o caza.

En tanto que en la literatura agrarista de género teatral a menudo se presenta la vida campesina como holgada y con un nivel alimentario alto y relativamente variado, en el que siempre había carne, otras descripciones, por el contrario, ofrecían con rasgos muy pesimistas el tipo de alimentación campesina. Ejemplo de lo primero lo tenemos en las palabras de Laurencia, personaje de Lope en *Fuenteovejuna*. En una conversación con una vecina en la plaza del pueblo, dice Laurencia:

> *Pardiez, más precio poner,*
> *Pascuala, de madrugada,*
> *un pedazo de lunada*
> *al huevo para comer,*
> *con tanto zalacatón*
> *de una rosca que yo amaso,*
> *y hurtar a mi madre un vaso*
> *del pegado canjilón;*
> *y más precio al mediodía*
> *ver la vaca entre las coles,*
> *haciendo mil caracoles*
> *con espumosa armonía;*
> *y concertar, si el camino*
> *me ha llegado a causar pena,*
> *casar una berenjena*
> *con otro tanto tocino;*

> *y después un pasa-tarde*
> *mientras la cena se aliña,*
> *de una cuerda de mi viña,*
> *que Dios de pedrisco guarde;*
> *y cenar un salpicón*
> *con su aceite y su pimienta,*
> *y irme a la cama contenta,*
> *y al «inducas tentación»*
> *rezalle mis devociones,*
> *que cuántas raposerías,*
> *con su amor y su porfía,*
> *tienen estos bellacones...* [20].

Los hidalgos rurales y los villanos ricos quizá tuviesen un tipo de alimentación semejante al régimen de comidas de don Quijote:

Una olla de largo más vaca que carnero, salpicón las más noches, duelos y quebrantos los sábados, lentejas los viernes, algún palomino de añadidura los domingos...

Ejemplo del segundo caso lo tenemos en la descripción de un fraile de tiempos del reinado de Felipe IV, que señala el tipo habitual de comida, especialmente en la olla, en la que los garbanzos se sustituían por berzas o nabos:

Los labradores se sustentan almorzando unas migas o sopas con un poco de tocino. A mediodía comen un pedazo de pan con cebollas, ajos o queso, y así pasan hasta la noche, en que tienen olla de berzas o nabos, o cuando más un poco de cecina, con alguna res mortecina [21].

Sigler, por su parte, describe así la vida de un campesino en una jornada normal, en la que ha de labrar unas tierras un poco alejadas del pueblo:

Levántase dos horas antes del día. Cómese unos ajos y llévase un pedazo de pan, y llega el amanecer. Unce sus mulas a las cinco de la mañana; labra hasta las once. Torna a la una hasta las cinco, que se pone de camino para su casa..., a do halla su mujer e hijos a la puerta con mucho contento, la mesa puesta y la olla hecha, con que olvida todo el trabajo pasado y queda con fuerzas para volver a él y continuarlo [22].

Sigler se olvida de hacer referencia a un producto sin el cual no se puede concebir ni el trabajo ni la misma vida campesina: el vino. Parte de los salarios de los jornaleros se paga en vino, y para pagar a éstos y a los segadores muchos campesinos debían tener viñedos y la correspondiente bodega, sobre todo si nos referimos a la España interior. Era una fuente de calorías imprescindible. Su consumo en expansión fue una de las notas características de la agricultura española en la primera mitad del siglo XVII.

Productos del cerdo, cecina y huevos eran los alimentos, junto con el vino y en ocasiones la leche de oveja o cabra, de los que podía un campesino echar mano en cualquier ocasión. Cuando el paje de la duquesa da nuevas de Sancho a Teresa Panza, ésta ordena a su hija que saque unos huevos para freírlos y tocino para hacer un torrezno y dar de comer al paje, que era lo que se denominaba «la merced de Dios».

La gallina, sin duda, iba a ser elemento importante en la economía campesina. Los derechos señoriales se pagan en parte en gallinas, y a los dueños de las tierras los renteros les hacían presentes por las fiestas de Navidad con este tipo de aves. En tanto que en las familias campesinas acomodadas el frecuente consumo de aves era un signo de diferenciación social, el pequeño y mediano campesino sólo circunstancialmente podía hacerlas entrar en la dieta. Por el contrario, el consumo de huevos era bastante alto.

Por otra parte, cabe hacer referencia a las grasas que entraban a formar parte de la cocina campesina. Aunque el aceite de oliva dio lugar a un importante tráfico por toda la Península, pues se usaba también para el alumbrado, cabe hablar, sin embargo, de una España al sur del Guadarrama caracterizada por el consumo de este tipo de aceite, y una

España del norte en la que las grasas que se utilizaban eran la manteca y el tòcino.

Finalmente, es preciso aludir a las crisis cerealistas que salpicaron todo el siglo XVII, y que propiciaron las pequeñas y grandes hambrunas. Cuando eran de especial intensidad, afectaban profundamente la vida campesina, provocando desde la emigración rural hasta el consumo de raíces o de bellotas, e iban casi siempre acompañadas de pandemias. Crisis de natalidad, aumento de la mortalidad, cambios en la propiedad de la tierra, crecimiento de la amortización eclesiástica, manifestaciones colectivas de fe junto a actos de insolidaridad y salvajismo, etc., acompañaron a esos períodos de hambre y epidemia. Muchas conmemoraciones religiosas, y el culto a determinados santos, tienen su origen asimismo en esas crisis. El culto a san Roque se popularizó precisamente en el XVII por la incidencia que la peste bubónica tuvo en los ámbitos rurales desde 1596.

Vivienda y vestido

La vivienda campesina de la España del siglo XVII va a ser diferente según corresponda al tipo de hábitat disperso o concentrado. Predomina el primero en la España húmeda, y el segundo en la España seca. En la primera zona, la vivienda junto con las dependencias (incorporadas éstas o separadas) llevaban sistemáticamente añadido un pequeño huerto. En la España del interior ese huerto era el corral, en torno al cual se hallan las diversas dependencias. En el caso de labradores humildes, bajo el mismo tejado se encontraba la vivienda y la cuadra, a la vez que el pajar y el granero. En el siglo XVII, en muchos pueblos, la vivienda poseerá también bodega.

La vivienda campesina en las aldeas constaba normalmente de una sola planta, y una segunda abuhardillada que sólo de forma excepcional se utilizaba como habitación. El centro de la vivienda era el hogar, constituido por una amplia chimenea que servía para cocinar los alimentos, en especial para cocer la olla y freír, y como foco de calor. Al hogar daban el dormitorio o dormitorios. En el caso de las casas de agricultores acomodados, el número de habitaciones aumentaba, y solían tener una sala con sargas pintadas o bordadas. En las villas era frecuente que en las calles principales las casas fuesen de dos plantas.

En lo que se refiere al tipo de material de construcción, se adecuaba a los condicionamientos regionales, desde los sillares de piedra y las lajas superpuestas de piedra o pizarra, al adobe, ladrillo o, finalmente, tapial.

Además de las descripciones literarias de la época, tenemos representación gráfica de la vivienda rural hispana en las colecciones de «vistas» de la segunda mitad del siglo XVI de Joris Hofnagel y Wyngaerde, y en las de Cosme de Médicis para la primera mitad del siglo XVII.

El mobiliario era paupérrimo, a base de mesas, escaños, alacenas, arcones y lechos de madera con jergones de paja. Poseían algunas mantas y aperos de labranza, así como utensilios de cocina (artesas, platos, etc.). En la casa de los campesinos acomodados, la novedad estribaba en algunos armarios, cobertores de cama y ropa de cama y colchones de lana. Además podían tener, incluso, algunos libros de devoción.

Como corresponde al tipo de estructura nuclear de la familia campesina, antes de contraer matrimonio, o inmediatamente después, el agricultor se construía su casa independiente de la de los padres, aunque haya podido utilizar solares de éstos. Así, por ejemplo, sabemos de campesinos manchegos que se servían de pollinos para la labranza, o que no tenían ganado de labor ni de renta, y que poseían, sin embargo, vivienda propia [23].

En cuanto al vestido, en muchas zonas rurales en las que predominaba una economía de autoconsumo el hilado corría a cargo de la mujer campesina. Por otra parte, tanto las telas como los paños eran bastos. En el caso especial de los paños predominaba el color pardo, diferenciándose los paños de ciudad por el mayor número de hilos en la urdimbre y por los colores. Las telas, a su vez, estaban elaboradas con cáñamo, con la parte basta del lino.

La preocupación por la moda, que tan frecuentemente denunciaron los contemporáneos, se refería obviamente al vestido urbano. En el campo se dieron pocos cambios. La vestimenta del varón estaba constituida básicamente por el capotillo de dos «haldas», es decir, una casaca corta y hueca, abierta por los costados, y mangas que se podían echar a la espalda; «zaragüelles», es decir, calzones anchos; medias de paño pardo; camisa de estopa, alpargatas o abarcas. Y de abrigo, un capote con capucha denominado «gallaruza».

Las mujeres llevaban la saya parda, faldas no muy largas, corpezuelo también pardo y camisa de pechos. En el caso de las labradoras acomodadas, los paños eran finos (palmilla verde de Cuenca, por ejemplo) con gran profusión de patenas (medallones) y sartas (collares).

Junto a ello se encontraba el traje campesino de los días de fiesta, del agricultor rico, del que poseemos descripciones literarias y representación gráfica (como la serie de Enea Vico de 1572, por ejemplo). Esta es la descripción que hacía Cervantes del traje de los serranos toledanos:

Traía camisa alta del cuello plegado, almilla de frisa, sayo verde escotado, zaragüelles de delgado lienzo, antiparras azules, zapato redondo, cinto tachonado, y de la color del sayo una cuarteada caperuza. No menos salió bien aderezada su esposa Silveria, porque venía con saya y cuerpos leonados guarnecidos de raso blanco, camisa de pechos labrada de azul y verde, gorguera de hilo amarillo sembrada de argentería..., garbín turquesado con flecos de encarnada seda, alcorque dorado, zapatillas justas, corales ricos y sortija de oro [24].

Por su parte, el hidalgo rural, además de utilizar paños finos, solía usar calzas en los días de fiesta y ciertas prendas como el sayo.

Lope de Vega describía bellamente el vestido de fiesta de las burgalesas. Un personaje suyo, Leonarda, dirá:

Traté con esa criada,
bien entendida y secreta,
ir a las fiestas vestida
de villana burgalesa.

Tomé basquiña de paño,
tomé sayuelo de seda,
delantal bien guarnecido,
cadena y sarta de perlas,
listón con cabos de plata,
sombrero con borlas negras,
rebozo de argentería... [25].

No menos interesante es la descripción que Lope nos ha dejado del vestido campesino en un día tan señalado como es el de la boda. En *Isidro* de Madrid, el personaje llevará jubón de lino, capote de dos haldas con capilla a la espalda, zaragüelles o gregüescos de «paño abierto» (y con cordones), capa parda de capilla redonda, polainas, zapatos delgados, sombrero de ala ancha y cordón con borlas negras y camisa [26].

De la rutina a la fiesta. El alojamiento de soldados

La dura rutina diaria quedaba frecuentemente rota por la fiesta. Celebraciones religiosas variadas (desde las dedicadas al patrón de la localidad, o la conmemoración de un voto hecho a algún santo, que daba lugar a una romería, hasta las de carácter eclesiástico como el Corpus o la Navidad) eran pretexto para la fiesta. Por añadidura estaban las paganas, tanto de primavera como de verano.

Entre ellas, las fiestas de mayo y san Juan, así como las del comienzo de la recolección y el final de la misma, eran las más importantes. En todas ellas se cantaba y se danzaba al son de instrumentos musicales como las chirimías, los sacabuches, dulzainas, flautas y gaitas, y de percusión como tambores y panderetas [27].

Las danzas más solemnes, normalmente de espadas, se hacían en las celebraciones religiosas y en las fiestas de homenaje y bienvenida. Los diferentes tipos de canciones tradicionales tenían entonces el carácter de expresión colectiva.

Paralelamente, la fiesta se acompañaba también de juegos y manifestaciones atléticas muy variadas, como eran el juego de la espada negra, el tiro de barra, los saltos, la lucha, las carreras y el tiro con ballesta. Además se corrían los toros en sus diversas modalidades: el acoso a pie o a caballo, y el toro enmaromado especialmente.

Son los momentos en que se favorece el contacto entre mozos y mozas, y en los que el varón puede hacerse valer por sus cualidades físicas o musicales. Un personaje femenino del teatro de Lope ensalzará a un mozo no sólo por su forma de vestir casi urbana, sino también por sus éxitos en los días de fiesta:

> *¿Quién hay que pueda llevar a Hernando ventaja*
> *en saltar, correr, danzar,*
> *llevar un carro enramado*
> *por Santiago Verde al Prado?* [28]

Finalmente, los fastos familiares (bautizos, bodas, etc.) se celebran también con diversas expresiones lúdicas donde la comida cobra una importancia sustancial. El campesino, según su nivel social, agasaja espléndidamente a los invitados, en ocasiones de forma espectacular, como ocurrió con las bodas del rico Camacho que contaba Cervantes. Y se bailan y cantan composiciones adecuadas a las celebraciones, como son las de parabienes.

Las representaciones teatrales y los espectáculos circenses eran otra forma de romper con la monotonía de la vida campesina. Las primeras corrían a cargo de compañías de cómicos, cuando no eran los propios aldeanos los que escenificaban escenas religiosas o autos sacramentales. Los segundos eran protagonizados por cuadrillas de gitanos, especializados en ejercicios de fuerza y habilidad así como en el baile y la danza.

La normalidad de la vida cotidiana era también perturbada, pero ahora fatídicamente, cuando aparecían los militares haciendo leva, o cuando se asentaba un grupo de soldados en el pueblo y había que darles alojamiento. Los testimonios más diversos indican las nefastas consecuencias de la presencia de los soldados en una aldea, hasta el punto de que en ciertas rutas militares era sensible la falta de pueblos, y en los existentes la pérdida de población era patente precisamente por ser rutas frecuentadas por la soldadesca. Sigler hace un curioso cálculo de las repercusiones en la economía campesina de los mencionados alojamientos:

Viene la compañía a su pueblo, danle un soldado [a un campesino tipo]. Lo que tenía para comer él y todos sus hijos y casa un mes, lo come el soldado solo en ocho días. El labrador, receloso del huésped, sale a su labor salido el sol, dejando a su gente levantada. Llega a uncir las mulas a las ocho, desunce a la tarde a las cuatro, por llegar de día a su casa. Ha perdido cuatro horas de su hacienda [sobre el horario normal señalado páginas antes], que son el tercio del día, que vale, por lo menos, cuatro reales cada día de daño por huésped... [29].

CAPITULO IV

LAS CIUDADES ESPAÑOLAS

por Alfredo Alvar E.

A Tomás y Cayita.
«Las alamedas se van,
pero dejan su reflejo.»

Lorca, *Preludio.*

AL escribir sobre las ciudades, salta en seguida una duda teórica: ¿qué es una ciudad, precisamente, en la época preindustrial? El problema no es baladí, porque por los sistemas de producción, las infraestructuras viales, la concentración de población o la abundancia de trabajadores del sector servicios, pocos lugares podrían ser tenidos como ciudades. Localidades hay, qué duda cabe, que son pioneras en la posesión de alguna de esas variables, incluso de muchas, pero que les faltan otras trascendentales. Pese a esto, aventurémonos y ofrezcamos una definición: tal vez por ciudad de la época preindustrial podamos entender aquella aglomeración humana en la que la población sea abundante (para J. de Vries, «abundante» serían más de diez mil habitantes), exista densidad en el asentamiento (y por ello casas de varias plantas para más de una familia, o tendencia a la desaparición de las huertas y jardines salvo en las edificaciones suntuarias), proliferen las labores no campesinas (aunque no tenga por qué ser excluyente) y se conozca una diversidad de especializaciones artesanales, todo ello culminando con el control del territorio inmediato. Aunque, sin duda, no ha de extrañarnos el hallar una evidente ruralización de las actividades humanas. Por otro lado, Domínguez Ortiz ha anotado que la «población urbana» es, por excelencia, la clase media de los funcionarios, profesionales, comerciantes, artesanos especializados y rentistas; que todos ellos hacen que exista una economía monetaria (en contraste con el campo, más dedicado al autoconsumo), lo cual permite al poder recaudar, en momentos extraordinarios, con mucha más rapidez en el mundo urbano que en el de las destartaladas aldeas del XVII.

La historia de las ciudades españolas en la primera mitad de esa centuria es —tal vez sea— la historia de la decadencia social, económica, acaso política. Mientras que en el XVI las de Castilla —o algunos de sus grupos urbanos— habían alzado la voz y llegado a levantarse en armas contra el rey en más de una ocasión, por diferentes motivos, pero sobre todo por defender el poder que habían tenido hasta el fortalecimiento del Estado en el Renacimiento, en el nuevo siglo aparecen aletargadas. La década de los años noventa, con las innovaciones de orden fiscal (los Millones y sus inmensas repercusiones, incluso institucionales) o las catástrofes naturales (la peste y la sucesión de malas cosechas), permite atisbar un cambio de la coyuntura (mucho más notable en la meseta norte que en la sur), que afecta a todo el reino, y por ende al mundo urbano también.

Pero si nos remontamos dos décadas, podremos entender perfectamente las raíces económicas del descalabro urbano. Desde los años setenta del XVI, y como consecuencia directa e indirecta de la guerra del norte (cese de las exportaciones de lana hacia los Países Bajos, alarmante desde 1572; pérdida de una gran flota mercantil en Midelburgo en 1574, bancarrota de 1575), las ciudades de Castilla la Vieja van a ir resintiéndose de este trascendental conflicto. El caso de Burgos puede adoptarse como modelo de esta decadencia, pero desde luego no le iban muy a la zaga los problemas de Segovia, Santander, Medina y tantas ciudades más, ligadas enteramente a la manufactura de la lana y su comercio, de cuyas peculiaridades ahora no es momento de hablar.

Iniciada la guerra de los Países Bajos en 1566, las exportaciones de lana van a sufrir todos los problemas derivados de los momentos de inestabilidad. Ello movía a que más de un barco partiera (habría que recordar la desastrosa

flota lanera de julio de 1570) de los puertos del Cantábrico
a la desesperada, intentando llegar a los territorios aún leales al rey de España para descargar las mercancías. Claro
está que lo habitual era que fueran interceptados por los
corsarios holandeses. Las comunicaciones marítimas, pues,
estaban cerrándose desde la década de los setenta. No es de
extrañar que en 1582, en las Cortes, Burgos pidiese al rey
que pusiera «muy de veras el remedio que fuere posible»,
sobre todo en lo concerniente a la seguridad de esos transportes. En 1587, también en Cortes, se advertirá a Felipe II
(poco antes de desatarse la cruzada contra Isabel I), en clara
alusión antifiscal, que el Reino de Castilla estaba tan «llagado de tanta carga» y económicamente agotado, entre otras
cosas, por «la disminución y pérdida de los tratos y comercios de estos Reynos con los de Flandes e Inglaterra...».
Hacía más de una década que ante las alborotadas sesiones
de 1575, la ciudad había retirado a sus procuradores el poder absoluto de representación, por lo que para aprobar
cualquier propuesta habrían de acudir a la consulta directa
de sus conciudadanos, todo ello en unas Cortes en las que
el rey iba a pedir más dinero. Por tanto, la conciencia de
decaimiento y el miedo a que éste se agravase por la presión
fiscal, se tuvieron desde muy pronto.

Estas tensiones quedaron de manifiesto cuando en 1594
Felipe II quiere hacer una leva para la guerra contra Francia, y en Burgos nadie acude al alistamiento. En este año,
al rehacerse el repartimiento de los Millones, después de
confeccionado el «Censo» de 1590-1591 que permitía conocer la población de Castilla con más exactitud (aunque
no extrema) de lo que se disponía hasta entonces, la única
ciudad que aparece beneficiada por la corrección en las cuotas es Burgos.

Los mercaderes burgaleses acudirán, en busca de su supervivencia, a la apertura de nuevos mercados. Y es en la
década de los ochenta cuando se encuentra ese nuevo lugar
en el que colocar las lanas que ya no pueden ir hacia el
norte: Italia. Pero, paradójicamente, en el momento en que
la economía está dejando el Mediterráneo para irse hacia el

Atlántico (un fenómeno similar al de hoy en día entre el Atlántico y las costas del Pacífico californiano), Castilla ha de abandonar el Atlántico y refugiarse en el Mediterráneo. A los pocos años las exportaciones de lana al sur han disminuido enormemente si se comparan con las del norte, y no sólo eso, sino que además los mercaderes ya no son castellanos, como antaño, sino extranjeros. A principios del siglo XVII, una gran ciudad castellana estaba absolutamente arruinada, pero para su desgracia aún no había tocado fondo.

A pesar de las circunstancias adversas, Burgos no pierde sus ansias por sobrevivir, y es así como entre jadeo y jadeo, tiene aliento para elevar memoriales o solicitar informaciones sobre el porqué de su ruina, que era tan progresiva y veloz que lo que se había comprometido a pagar un año, no lo podía hacer en los siguientes. Ciertamente: en 1619 la ciudad se desdecía de sus compromisos fiscales aceptados en 1611 porque no podía hacerles frente. Y en aras de la verdad hay que anotar que se envió a un comisario regio, que levantó acta de la calamitosa situación en que estaba la ciudad: En 1560 eran 4.280 vecinos; en 1580, 3.270; en 1595, 2.347 (en el «Censo» de 1590-1591 se asienta a 2.665 vecinos, de los que 1.722 son hidalgos y 574 pecheros; el resto, hombres de la Iglesia); en 1611 había 1.528 «vecinos de caudales y trato», y en 1618 sólo 915 «de cortos caudales» a la par que 345 casas cerradas y 192 hundidas (ya en la *Jornada de Tarazona* de 1592, Cock escribió que «se ven muchas casas cerradas, sin moradores»), y en 1623 ya sólo quedaban 830.

No hay, por tanto, duda de que el empobrecimiento era notorio. Los que aún vivían en la ciudad de Rodrigo Díaz subsistían —como en tantas ciudades de España desde el siglo XVII— gracias a la administración urbana, como cabeza de su partido, y gracias también, en su caso, a la catedral que hubiera. Ambos factores permiten el salario de unos cuantos, que se puede gastar en la compra de servicios (alimentación, manufacturas, etc.) de otros más.

Y como decía antes, Burgos no se pliega a su ruina y se cuestiona el porqué. Uno de los grandes de la ciudad,

Retrato ecuestre de
Felipe III.
1634-1635. Velázquez,
Museo del Prado,
Madrid.

Pedro de Maluenda, de familia de mercaderes, expuso a Felipe III o Felipe IV cuál era la causa de la decadencia: la crisis comercial. Pero aún podía haber remedio a través de medidas proteccionistas, como el impedir las importaciones, fomentar las exportaciones, prohibir la salida de «dinero labrado» y apoyar el desarrollo de una clase mercantil (esto es trascendental socialmente, por proponerse en la España de la limpieza de sangre. Maluenda también indica la necesidad de que a los que trataren y contrataren «se declaren en su favor los estatutos de las órdenes militares, para que con esto se animen todos y se buelva a introduzir el comercio»). Además de ello, debería intentar centralizarse en Burgos —y no en los puertos cantábricos o en Madrid— el comercio septentrional, mostrando hospitalidad con los mercaderes extranjeros para colaborar en que hubiera cada vez más, y que se gravasen las mercancías de Amsterdam, porque «a los enemigos, la paz [la Tregua de los Doce Años, 1609-1621] les ha sido provechosa y dañosa a los nuestros». Finalmente, sería conveniente, en palabras de Maluenda, «que se aderezen donde fuere menester los caminos de los puertos del [Cantábrico] a Burgos, para que vengan las mercaderías en carros», aspecto éste que desarrollamos en otro capítulo del libro.

Igualmente, en 1618, Burgos volverá a pedir información de Santander, Laredo, Castro Urdiales y San Vicente del porqué de la situación, lugares todos ellos que iniciaron el siglo XVII en un estado tan lamentable como el de Burgos o Laredo (y no hemos hecho referencia a la peste finisecular). En 1594 se escribió de Laredo: «Este puerto es de los buenos que he visto, empero hay pocos o ningunos navíos y poca apariencia de poder fabricar otros, por cuanto hay falta de mantenimientos (...). Es lástima que tan gentil puerto se estime tan poco.» Dramático testimonio, más grave aún en un país con un imperio ultramarino.

En contestación a esa información solicitada en 1618, Bilbao, que a lo largo del XVII pasará de unos ochocientos a mil vecinos, aporta sus peculiares puntos de vista, plagados de desmoralización. Volvía a incidir en que la cuestión del comercio era capital, y que había que vigilar más de cerca a los extranjeros, impidiéndoles, como antaño, estar más de sesenta días en puerto, tiempo en el que debían vender todo, o bajar los precios el último día, o dejar los productos en almacenes de Bilbao. Y sin embargo la realidad era otra: tenían profundas y eficaces redes de información en toda Castilla, con lo que «tiranizan las ventas». Estas facilidades que tienen los extranjeros de asentarse, amén de una menor presión fiscal que el natural, posibilitan el que dominen absolutamente la ciudad, ya que son los intermediarios y los vendedores: «más del tercio de tiendas deste lugar, ansí de lencería [tiendas de lienzos] como de otros tratos, son dellos», y al no existir la competencia, el natural ha de plegarse a los deseos del forastero, que además solía ser espía. Y si esto era malo, no lo era menos los obstáculos al establecimiento de castellanos al norte de los Pirineos, con la repercusión negativa que ello tenía en las exportaciones. Aunque es posible que lo que se quisiera preservar fuera otra cosa más allá de la riqueza comercial: los extranjeros «pierden el respeto en muchas casas honradas echándose con las amas que crían y con las criadas (...) y embían a sus tierras los hijos (...) para que se críen en su mala y perbersa ley, y otros muchos hijos e hijas quedan aquí y se casan y mezclan nación de luteranos y otros estrangeros y con christianos (...) en que pierde Vizcaya mucho de su nobleza, ensuziando su noble sangre».

Característico de la primera mitad del siglo XVII son las alteraciones de la moneda. Este fenómeno económico afectaba gravemente las transacciones comerciales, y en mayor medida cuanto más importantes fueran. Téngase en cuenta que era un sistema económico basado en el valor intrínseco de la moneda, es decir, *grosso modo,* el del peso (más el coste de su «hechura») de la pieza, no como ahora, que el billete de banco tiene curso legal. En 1617, Felipe III pidió a las Cortes autorización para labrar 800.000 ducados en vellón, abriéndose así un dañino capítulo para la economía castellana. Entre 1621 y 1626, Felipe IV había llegado a acuñar casi veinte millones de una moneda que nadie quería y que todos rechazaban, ofreciéndose «premios» a los pagos hechos en plata. Igualmente, los extranjeros introducían más y más cobre en la Península —deficitaria de este metal— y sacaban cuanta más plata mejor.

Domínguez Ortiz ha recabado información sobre la situación mercantil ante los rumores de una nueva emisión de vellón en 1643: «Alborotóse la gente, de suerte que muchos iban a comprar a las tiendas, llenándose de gente, y compraban; otros no querían vender. Unos pagaban y admitían deudas, otros no las admitían. El pan no se alcanzaba sino muy caro, y el precio, doblado de lo que el día antecedente.» De sobra es sabido que si el dinero pierde su poder adquisitivo, hay tendencia a gastarlo rápidamente para deshacerse de él, siendo esto causa de inflación, de subida de precios, que degenera en la necesidad de comprar hoy porque mañana estará más caro y el dinero valdrá menos, y así sucesivamente. Tales situaciones de incertidumbre, por no decir de terror, se suceden constantemente, sobre todo con Felipe IV. Con esta permanente inestabilidad, era imposible desarrollarse económicamente.

Pero a estos males generales a toda Castilla fundamentalmente, que recaían sobre todo en la clase mercantil, es decir, en la gran mantenedora de las ciudades, había que añadir otros más.

Y si con guerras que yugulaban el comercio y las exportaciones, o alteraciones de la moneda que provocaban incesante inflación y dramáticas inestabilidades, no había bastante contra la clase mercantil, ésta aún tendría que sufrir los abusos de la Corona sobre las llegadas de metales preciosos, además de la baja estimación social de sus actividades.

Fue práctica bastante habitual desde tiempos del emperador, que el rey se quedara con los tesoros de los particulares de Indias cuando arribaban a España. Tal manera de actuar usada con mesura por Carlos V, que compensaba a los damnificados por medio de juros, fue usada con excesiva asiduidad por Felipe IV. La consecuencia era evidente: retracción del comercio, porque las deudas no se podían liberar. Por tanto, no es de extrañar que las flotas llegaran cada vez con menos plata a Sevilla, aunque sepamos que las cantidades que tocaban en la Península eran siempre similares: lo que ocurría es que se descargaban los buques antes de remontar el Guadalquivir, y la plata, sencillamente, no se registraba. Pero el mundo financiero no podía resistir año tras año esta zozobra. Cuando varias de estas calamidades, que pudiéramos denominar «macroeconómicas», se unían en una infausta temporada, las consecuencias eran calamitosas. Ese es, precisamente, el ambiente de 1650-1660: «Muchos hombres ricos de Sevilla y otros puertos se han metido a religiosos, desengañados del mundo, habiendo perdido sus haciendas», se escribió en 1654. De 1656 es otro testimonio: «Casi todos los hombres de negocios y tratantes de toda Andalucía han quebrado, estando llenas las iglesias de retraídos, y los pueblos y gente con tal desconsuelo, que andan por las calles como locos y embelesados.»

En cuanto a la poca estima que la dedicación a activi-

dades «viles y mecánicas» despertaba, anotemos que era tendencia común el intentar abandonar el comercio y en la
medida de lo posible ennoblecerse. Se aunaban así inquie-
tudes hidalguizantes y cerrazón social por medio de la limpieza de sangre, que arrasó en todas las actividades artesanales; son innumerables las cofradías, gremios y demás asociaciones en las que se solicita la limpieza para dedicarse a
cualquier actividad, menospreciándose la productividad y
alabándose la cuna. La situación, irresponsablemente fomen-
tada por el rey desde los tiempos de Felipe II, alcanza un
momento clave hacia 1600. Las riquezas van a estar tentadas
a dirigirse más hacia la especulación rural o a la compra de
deuda pública, que hacia las inversiones urbanas o industriales. Asimismo, la persecución social a que se llegaba en
momentos determinados, con carácter retroactivo, hacía que
quien tuviera dinero lo ennobleciera: Pedro López de San
Román, «hombre riquísimo, pero muy envidiado», fue llamado a capítulo por el Presidente del Consejo de Ordenes,
acusado de haber sido corredor de lonja y mercader, y que
lo había ocultado cuando se le hizo la probanza para con-
cederle el hábito de la orden. «Respondió que él era cristiano viejo, hijodalgo de todos cuatro costados, y que eso-
tro [sus profesiones] no le obstaba, siendo limpio de toda
raza [de judíos y moros], lo que a otros muchos que le
traían [a juicio] les faltaba.» Pedro López fue enviado preso
a Ocaña y perdió el título. ¿Quién en ese ambiente iba a
arriesgarse a poder ser humillado —y no sólo él, sino sus
descendientes— en cualquier momento porque sus actividades económicas pudieran ser motivo de sospecha?

En el primer cuarto del XVII asistimos a la hecatombe
de Sevilla; un ligero descenso de la población, un aumento
de la inmigración extranjera (la cual toma las riendas de la
economía que los naturales abandonan), una decadencia de
la industria y, sobre todo, la rivalidad con Cádiz, que ya
asoma imparable. Años después, en 1640, la guerra con Portugal provoca aciagas levas y derramas, irrisorias si se comparan con la peste de 1649, que en cierto sentido dará la
puntilla al aletargamiento sevillano. Años después, en 1682,

tendrá lugar una sequía, y sus parejas inundaciones dejarán exhausta a Sevilla y serán el preludio a la calamitosa decisión final para esa ciudad: el traslado de la Casa de Contratación a Cádiz, en 1717.

Las dificultades técnicas que había para remontar el Guadalquivir (más calado de los buques, sequías, avenidas, bancos de detritus en la barra de Sanlúcar, etc.), que en no pocas ocasiones se saldaron con la pérdida de barcos y tesoros al inicio de la remontada, hicieron que poco a poco Cádiz fuera relevando a Sevilla en una ardua batalla, de la que no están ausentes los intereses plutocráticos de los contrabandistas extranjeros, asentados con más tranquilidad en Cádiz, abierta al mar, que en Sevilla, adentrada en la tierra. Muchos buques con cargamento gaditano partían desde la bahía directamente hacia América, sin ir a Sevilla. Desde 1558 estaba autorizado que ciertos productos se descargasen en Cádiz, y en 1561 se permitió a los barcos averiados

Toledo y Valladolid. *De la obra* Civitates Orbis Terrarum, *de Braun, ilustrada por Hofnagel (finales del siglo XVI), Servicio de Documentación Geográfico del Ejército, Madrid. Historia 16.*

ser reparados aquí y que sólo su mercancía llegara a Sevilla.
Poco a poco, los buques más pesados salieron con media
carga desde Sevilla y la completaron en Cádiz o en Sanlúcar. Paulatinamente también, Cádiz se reservó un tercio de
las cargas de las flotas para sus propios productos. Todo
este desplazamiento económico fue acompañado con el traslado de los burócratas. La batalla final se desatará en el
reinado de Carlos II, siendo el de 1680 un año crucial, pues
Cádiz logra quedarse con las flotas y Sevilla sólo la administración. Si hubo que esperar a 1717, fue únicamente por
el estallido de la guerra.

Por su parte, otras tres grandes ciudades están viviendo
en esta primera mitad del siglo XVII profundas transforma-
ciones sustanciales: Madrid, Valladolid y Toledo, las tres
ciudades capitales por antonomasia de la Edad Moderna
española hasta 1561.

Cuando entre mayo y junio de ese año la Administración se traslada de Toledo a Madrid, para dar cuerpo al
anhelo de Felipe II de situar en el corazón peninsular (rin-
diendo culto a la sublimación renacentista del equilibrio central) una serie urbanística de recreo y poder que se exten-
dería desde Aranjuez a El Escorial (y sus palacetes adya-
centes), teniendo a la villa de Madrid como sede de la organización estatal, se está dando un paso más en el proceso
modernizador de la monarquía. El que el deseo cultural no
se pudiera llevar a cabo por el inmenso peso de la realidad
política, es una frustración más, de las tantas que hubo en
este reinado.

Pero en cualquier caso, con aquella decisión se sentaban
las bases de un casi inenarrable desarrollo de Madrid (que
desde 1560 a 1600 multiplica por nueve su población estable), mientras que se ponía en entredicho el poder de Toledo y Valladolid. De estas dos, tal vez la más afectada por
el nacimiento de una corte estable fuera Valladolid, porque
a Toledo le quedó para vivir toda la Sede Primada, con las
fabulosas rentas y riquezas que tenía, capaces de alimentar
a una ciudad: el arzobispo, desde Toledo, controlaba y tenía la jurisdicción eclesiástica de seis ciudades, 287 villas,

419 aldeas, 1.253 beneficios, 435 pensiones eclesiásticas, 164 monasterios y 600.000 personas.

Sin embargo, a comienzos del siglo XVII otra decisión real va a inferir en la vida urbana del interior peninsular: en 1601 Felipe III se traslada a Valladolid, cambio que sólo será efectivo por cinco años, ya que en enero de 1606 decide volver a Madrid. Las razones del traslado, inspirado en el pensamiento de Lerma, no son tanto producto de la corrupción —como se ha afirmado repetidas veces— como un intento de revitalizar el norte castellano, tan asolado desde las últimas décadas del XVI. Tomando como excusa, entre otras cosas, la gran inmigración indigente a Madrid desde 1590 —inmigración mendicante, y no productiva, que nutre en épocas de crisis las ciudades en busca de refugio—, y persiguiendo la restauración del septentrión, se opta por instalar en la ciudad del Pisuerga la Corte, para fomentar así el desarrollo económico a través del aumento demográfico y del consumo. Se pone en práctica, como tantas veces, un «arbitrio». Que a Lerma le pudiera venir bien el estar más cerca de sus estados, sería un motivo muy secundario frente a la medida populista que supondría establecer al norte del Guadarrama un gran centro urbano revitalizador que, a su vez, desplazaba la Chancillería de Medina, permitiendo así dar nueva vida a las antaño populosas y dinámicas ciudades. A cambio, al sur aún le quedaban la rica Toledo y la mercantil Sevilla como polos de una vida económica necesaria absolutamente. Recordemos que este traslado de Corte lo solicitó Toledo ya en 1583 a Felipe II: que «viniese —le dijeron los regidores— con su Corte por algunos años a la dicha ciudad para que pudiese volver a lo que solía y recuperar sus daños».

Durante cinco años, por lo tanto, la Corte pasa a ser castellano-vieja. Mas al cabo de ese lustro, las incomodidades de Valladolid, incapaz de soportar una corte de finales del XVI mucho más populosa que la de mediados de siglo, y además en momentos económicos dramáticamente inestables, así como con toda una serie de sobornos y «donativos» al rey, perfectamente apoyados en una orquesta pro-

pagandística que empieza a alzar sus voces contra el traslado desde 1600; todo ello, como digo, hace que la etapa
culmine con un segundo traslado a Madrid, cuando en muchos casos los cortesanos no habían acabado de instalarse
en Valladolid; no son pocos los que por el 1606 no han
recibido aún los gajes del viaje y mudanza, y han de empezar a solicitar ayudas para el segundo movimiento.

El efecto demográfico que produjeron los dos desplazamientos es sencillamente impresionante. Al comparar las
curvas que ofrecen las actas de bautismo que aún se conservan en las dos ciudades, vemos un espectacular descenso
en Madrid, que tiene su contrapartida en el aumento de
Valladolid: si hacia 1600 en Madrid hay unas 83.000 personas estables, en 1602 se queda con 40.000, 26.000 en 1605...,
y de nuevo, bruscamente, vuelve a recuperar los latidos con
sus 70.000 almas hacia 1607, logrando unas cotas que si bien
se superan en términos absolutos a lo largo del XVII, no van
a tener apenas importancia relativa. Y si todo este movimiento de ida y vuelta afecta en la misma proporción de
expulsión y recogida las dos ciudades, lo cierto es que tras
1606 la postración de Valladolid será ya multisecular, de la
que los contemporáneos mismos eran conscientes, hasta el
punto de haber platicado, hacia 1608, el que la Casa Real
residiera en Valladolid y los Consejos en Madrid. Tema
sobre el que se volvió en 1610 infructuosamente. La solución estuvo en liberar a Valladolid durante diez años del
pago de alcabalas.

No así Toledo, que con alivio vio cómo los cortesanos
la abandonaban en la primavera de 1561 y que pudo sub-
sistir holgadamente hasta entrado el siglo XVII. Tan es así,
que hasta 1575 no hay una coyuntura desfavorable para la
ciudad, y que a partir de 1590 da cobijo, como hemos visto
en Madrid, a los mendigos de su campo circundante. Igualmente, el traslado de la Corte a Valladolid supone una vuelta a su hogar de muchos toledanos, que sin embargo, desde
1610 volverán a irse a Madrid, ya de forma continua, a lo
largo del siglo. Como vemos, el traslado de la Corte a Valladolid y su regreso a Madrid, supuso para la mentalidad

castellana la definitiva toma de conciencia de que la Villa iba a convertirse para siempre en sede del rey. Las repercusiones que en el terreno económico jugó este planteamiento fueron dramáticas, ya que ello implicó el abandono de los lugares de origen en crisis, desperdigándose por los centros del consumo y el lujo.

¿Cuál era la situación de las ciudades en el resto de España? A lo largo de este siglo, en general, las ciudades cantábricas desde Galicia al Pirineo (por llamar de alguna forma a concentraciones de poder con un máximo de 10.000 personas, o como el San Sebastián de 1620, con 350 pasos de largo y 654 casas, eso sí, superpobladas) se prepararon para su pujanza venidera, siendo en cierto modo el contrapunto al resto de la Castilla interior: mientras que éstas se hunden, algunas de aquéllas van reforzando sus estructuras. Andalucía, por su parte, que era la zona más urbanizada de España, conocía grandes concentraciones de trabajadores que no eran propiamente urbanos; pocos comerciantes o artesanos, multitud de propietarios y pegujaleros. Algo similar ocurría en Extremadura, si bien en menor medida, que soportaba peor la crisis en esta primera mitad del siglo XVII. En la corona de Aragón se repite una y otra vez un modelo urbano determinado, pues no hay más que una ciudad por reino o principado claramente diferenciada de las demás concentraciones humanas: en el Reino de Valencia sólo la cabecera podía ser tenida como ciudad, con unos 50.000 habitantes en descenso; Barcelona superaba los 30.000 habitantes, muy afectados por la peste de 1629-1631, mientras que Lérida tal vez llegó a tener unos 15.000. En cuanto a Aragón, anduvo en franco retroceso en estos primeros años del XVII, con sus 30.000 a 35.000 habitantes. En Palma se rondaban los 20.000 habitantes. En Navarra, sólo Pamplona logró más de 10.000.

Como anotó Domínguez Ortiz, «el total de la población urbana española en 1700 es, sin duda alguna, inferior a lo que fue en 1600. En casi todos los centros hay casas vacías, derruidas, solares, huertas, y muchos edificios religiosos han reemplazado a antiguas viviendas». Este podría ser un balance general de la urbanización española del XVII.

Hasta tiempos muy recientes, el miedo a la propagación incontrolada de enfermedades con fuerte mortalidad era un convecino incómodo en todas las sociedades, tanto urbanas como rurales, al que se prestaba atención constantemente. Esta época que analizamos se abre, como es bien sabido, arrollada dramáticamente por un virulento azote de peste que siembra su destrucción de norte a sur. Por la importancia de esta peste en concreto, por sus mortíferos efectos y las fechas de su propagación, y usándola como modelo de los comportamientos ciudadanos en otros azotes similares del siglo del Barroco, debemos detenernos unos momentos y ver cómo actúan los concejos.

Ante la posibilidad de que una epidemia («pestilencia es —escribirá un médico a finales del XVI siguiendo las teorías «aeristas»— un calentura malina causada de putrefación y corrupción de ayre que a muchos da, y a los más mata») vaya a desolar sus estados, el rey enviará las pertinentes advertencias a sus delegados, los corregidores, con el fin de prevenirles y que adopten las medidas necesarias para aislarse, pues era la única forma posible o una de las pocas de mantener la salud.

Cuando el concejo decida actuar, podrá hacerlo bien directamente, bien indirectamente, es decir, tomará plenamente las riendas de la situación o se limitará a rubricar y dar el visto bueno a las medidas propuestas por organismos nombrados *ad hoc*, como en Toledo a finales del XVI. En cualquier caso, la tardanza en ponerse en marcha era una pauta bastante frecuente. Gracias al hallazgo que en su día hizo Bartolomé Bennassar, conocemos la correspondencia de los corregidores con el rey a propósito de esta peste. Por las investigaciones cuantitativas sabemos, a través de las gráficas de defunciones, la verdadera incidencia de las epidemias: no nos extrañe encontrarnos con que en éstas el número de difuntos sea mucho mayor que el referido por las autoridades. ¿Por qué?

El intentar ocultar el desarrollo de una epidemia tenía muchas ventajas, frente a las innumerables desventajas del ser declarada zona apestada. Es una realidad tan evidente, que no se escapa a nadie. Ni, por ejemplo, a un buque declarado en cuarentena.

Grandes intereses económicos se unían para mantener las puertas de la ciudad abiertas; si se cerraban, disminuirían el comercio y las contrataciones. La reducción del comercio repercutía negativamente en la recaudación por alcabalas... A tratantes y autoridades reales interesaba, por tanto, que la ciudad estuviera abierta. Además, declarar una ciudad apestada implicaba, indefectiblemente, el dotarla de una guardia —repartida por cuadrillas según los barrios en los que se hubiera dividido la ciudad, normalmente capitaneadas por los propios regidores— que día y noche había de rondarla apresando, incluso ejecutando, a quienes contravinieran las prohibiciones de los desplazamientos, y también a los saqueadores o a quienes intentaran revender objetos —normalmente la ropa— de los apestados. Pero esas guardias eran costosas económica y psicológicamente. Económicamente, porque cada soldado, infante o caballero tenía su sueldo (mayor cuanto más virulento era el azote) que aliviaba de peso diariamente las arcas municipales. Psicológicamente, porque los regidores tenían que enfrentarse día a día con la misma responsabilidad: encarar la Parca. El cansancio psíquico y material son, por tanto, las explicaciones a medidas inexplicables: relajamiento de las guardias, apertura de los postigos de la ciudad, etc., cuando la peste está en acción. La excusa para ello, cualquier mejoría apuntada o comentada por algún responsable local, como por ejemplo un cura párroco que opina que en este mes han muerto menos que en el anterior. La danza de guardias establecidas y retiradas al son de las estaciones es constante: alerta habitual desde primavera, relajación después del otoño. Así año a año. El cese de la epidemia, o su benignidad, poco o nada tenía que ver con las medidas humanas.

Igualmente hay unas cuestiones sociológicas importantes. Si una ciudad se cerraba, su prestigio se oscurecía. Igualmente, pensemos que por miedo al pavor de los conciudadanos, se retrasaba también el aislamiento. Pero esto no sería razón para levantar los cordones sanitarios.

A las puertas de las ciudades, conforme se reciban las órdenes regias, o las informaciones provenientes del «exterior», se irán poniendo tablas (o se imprimen listas) en las que se anotan los lugares apestados, o en otras palabras, a quiénes se les tiene vedada la entrada a la ciudad. Tablas en las que, claro está, día a día van aumentando los lugares a los que se hace mención, siendo verdaderamente angustiosas estas relaciones, en las que el cerco a la ciudad va cerrándose en un mortal goteo.

Cuando los regidores han decretado el aislamiento, tras arduas y penosas discusiones en las que el miedo a la enfermedad y a las reacciones de los ciudadanos marcan las pautas, se intentaba por todos los medios convertir la ciudad en un bastión inexpugnable a la *Yersinia pestis*. En Toledo, por ejemplo, en el Tajo se barrenaron las barcas que había en derredor de la ciudad. En no pocos casos, los acaudalados y nobles optarán por retirarse a sus residencias solariegas si son más salubres que la ciudad en la que están: «Lo más cierto es largarse, y huir con tiempo, lexos y tornar muy tarde.»

Por otro lado, se tiende a concentrar a los enfermos para que no propaguen la enfermedad. Los hospitales a las afueras de la ciudad (como en Madrid el Hospital General, erigido en la década de 1590, más tarde remodelado por Carlos III y finalmente convertido en centro cultural y museo de arte contemporáneo: Centro de Arte Reina Sofía) se transforman en las cárceles de los apestados, a las que sólo llegan abnegados médicos, cirujanos o barberos para preocuparse por su salud. En la literatura médica de la época se pide que a los enfermos «se les muden las camisas y sávanas siquiera cada ocho días, y esta ropa se lave cada día con lexía y jabón (...). En cada cama no aya más de un enfermo (...). Que no bevan todos en un cántaro o jarro».

Otras medidas que solían tomar todas las ciudades son, por supuesto, las procesiones y rogativas, o las promesas de erección de ermitas y demás a los santos protectores. Promesas que al llegar el invierno y el descenso en la mortalidad de la peste, era fácil olvidar..., para recordarlas de nuevo en las puertas del verano. Pero durante meses la ciudad iba a vivir presa en sí misma, y sus pobladores irían a convivir con las muertes continuas, interminables, de sus más allegados, en una ciudad en la que por todas partes el romero, el espliego, la salvia y tantas plantas aromáticas más, alimentan las hogueras con las que los inermes pobladores intentan purificar el aire, transmisor de la enfermedad.

Las ciudades que subsistieron a este espectáculo dantesco, pero real y cotidiano, durante un lustro entre los dos siglos XVI y XVII, aún tuvieron que enfrentarse, de 1629 a 1631 con la peste catalana, la valenciana de 1648 y la no menos virulenta de Andalucía, de 1649, sin citar tabardillos o difterias.

Y si en la peste, la mortalidad inexplicable era causa de preocupación para el gobierno de las ciudades, no lo era menos la cuestión del abastecimiento de productos alimenticios, que en el caso del pan degeneraba con bastante frecuencia en alborotos callejeros.

El sistema de los abastos era doble: monopolístico y de libre mercado. A grandes rasgos, monopolístico para prácticamente todos los productos (todos los de alimentación, y también por su importancia para la vida social, las velas y candelas) y libre (aunque con precios controlados por la tasa y la «postura», que regía siempre) para el pan y en ocasiones el vino.

Anualmente, los concejos sacaban a concurso el surtir a la ciudad de tal o cual producto. A esta convocatoria pública acudían los interesados, para ofrecer cantidades y precios a cambio de concesiones municipales —como en el caso de la carne disponer de las dehesas del concejo, o en cualquier otro producto poder usar los utensilios o almacenes de la ciudad, contar con dinero por adelantado o conseguir préstamos «blandos», etc. Los regidores estudiaban las propuestas y entregaban el monopolio del abastecimiento, comercialización y distribución de los productos a

quien consideraban oportuno, bien entendido que la ciudad
debía perseguir a los «regatones» o revendedores (en el pensar de la época, causantes de la escasez y carestía por sus
prácticas especulativas), y el monopolista tenía que cumplir
los puntos de lo pactado escrupulosamente, buscando ante
todo que en la ciudad no faltara nunca de nada de lo que
a él concernía.

Alimento aparte era el pan. Entregar su abasto a un
monopolio era imposible por varias causas: ¿habría alguien
que se quisiera responsabilizar ante una ciudad entera?; por
su importancia social, ¿no sería mejor que abundara, que
sobrara, que pudiera comerciar con harina todo el que quisiera, aunque la panificación estuviera más coordinada —o
controlada— para evitar estafas en la composición de la
masa, los precios y las calidades?

Los altibajos en el abastecimiento de pan se intentaron
paliar desde Felipe II por medio de la construcción de los
almacenes de los pósitos, instituciones que en las ciudades,
precisamente en el alborear del siglo XVII, se dedican a actividades más ciudadanas que piadosas, es decir, se preocupan más por el abastecimiento que por hacer préstamos a
los campesinos, que era su segundo gran cometido y quedó
relegado más a los silos rurales que a los urbanos.

La carencia de trigo, sustento de tantas alteraciones an-
daluzas, si no se podía paliar con lo almacenado en los
pósitos (que se gastaba o se pasaba), había que remediarla
con importaciones, que en muchas ocasiones se realizaron
desde Polonia o desde el norte de Africa, según el destino.

En el caso de Madrid, bajo la jurisdicción de los alcaldes
de Casa y Corte, se había marcado un «registro» de varias
leguas alrededor de la Corte (variable según épocas y según
marcaran las cosechas), en el que los pueblos señalados tenían que acudir obligatoriamente a la Villa, o bien con trigo, o harina, o pan cocido para su sustento.

En ocasiones, el vino, producto de primera necesidad,
va a ser también objeto de libre mercado (pero con los
precios dados por el municipio, intentando así controlarlos,
junto a la obligación de ser los vendedores los transportis-

tas, eliminándose un intermediario), si bien es frecuente una particularidad: se prohíbe la venta de caldos forasteros, y sólo se autorizan «importaciones» de vinos de calidad para gente exigente. La continua lucha entre taberneros y productores locales, buscando los unos romper esas protecciones que imposibilitan mejorar su negocio, y los otros reforzarlas, son una constante en la vida diaria de las ciudades castellanas de la época. En Madrid, hacia 1620-1630, esas barreras han saltado por los aires por la presión demográfica, que hace insuficiente la producción local [1].

CAPITULO V

ASPECTOS DE LA VIDA DIARIA EN LA CORTE DEL REY DE ESPAÑA

por Alfredo Alvar E.

E N 1548, Carlos V introduce un cambio formidable en la vida palatina española: la etiqueta castellana cede el paso a otra más compleja y fastuosa, la borgoñona. Con ella, crecerá de tal manera el número de criados y hombres al servicio de su real persona, que hará imposible la pervivencia de la Corte como institución trashumante, y se impondrá la necesidad de fijarla en un lugar estable. Lo cual se lleva a cabo en Madrid y en 1561.

Cuando en la primavera de ese año, Felipe II ordena al concejo de la Villa que atienda a sus aposentadores y que les facilite sus tareas, pues es mucha la ayuda que van a necesitar para alojar y acomodar a sus servidores y a toda la administración imperial (aliviando así a la ciudad de Toledo, harta ya de lidiar con la Corte, en clara muestra de descontento y enfrentamiento social entre los oriundos y los cortesanos, como ocurrirá a principios del XVII nuevamente con los vallisoletanos), extiende las correspondientes notificaciones de aposento —entre otras cuarenta y seis entradas— en favor de su Capilla y su Casa, de la Casa de la Reina y de la de don Carlos príncipe, de la princesa doña Juana (su hermana) y de don Juan de Austria. El resto de sus cortesanos sería alojado en casas de madrileños que se pudieran partir y hacer habitáculos independientes, separados de los de la familia oriunda. Ni que decir tiene que

muchas de las casas que se hicieron desde entonces buscaban que ese doble alojamiento fuera imposible; éstas eran
las «casas a la malicia» o de «incómoda repartición». Pero
claro está, las necesidades económicas invitaban a sacar dinero como fuera: el rey, a cambio de una cantidad, expen-
día la «licencia de exención de aposento», por la cual el
beneficiario, por algunos años, de por vida o excepcionalmente a perpetuidad, según lo abonado, conservaba su casa
para sí solo. La discusión sobre los problemas urbanísticos
que planteó la vigencia del aposento, en el sentido de que
se construyó mal y conscientemente buscando la exención,
queda rebatida con la política de embellecimiento urbano
planeada diversas veces desde la Corona, con el propio Felipe II a la cabeza. Probablemente el saldo fue que todo
Madrid quedará como un gran poblachón manchego ador-
nado por ilustres avenidas, como la actual calle Mayor en
sus diversos tramos.

Mas volvamos al Madrid de 1561. Esto es parte del texto
de aquella Cédula Real en la que de forma indirecta elevaba
a Madrid en sede de su monarquía, y que directamente
hacía saber a sus vasallos sus intenciones de establecerse en
la villa del Manzanares con su Corte, bien entendido que
la línea divisoria entre Casa Real y Administración Estatal
no está aún clara, como tampoco lo está entre la Hacienda
Real y la Pública:

> Concejo, Justicia, Regidores, Cavalleros, Escuderos, Officiales y
> Hombres Buenos de la noble Villa de Madrid. Porque haviendo deter-
> minado de yr con nuestra Corte a esa Villa, havemos mandado a Luys
> Venegas de Figueroa, nuestro marichal de logis, y a don Joan de Porto-
> carrero, apposentador mayor de la Reyna (...) que vayan a hazer en ella
> el apposento de nuestra Casa y Corte, os encargamos y mandamos que
> lo dexéis y consintáis hazer libremente...

Cédula que por otra parte se recibió en la sesión extraordinaria del Ayuntamiento del domingo 11 de mayo de
1561, dándosele lectura, y que «fue obedecida con el acatamiento devido. En cuanto el cumplimiento della, dixeron
los regidores questán prestos de la cumplir».

En la Real Casa no había menos de ciento cuarenta cargos, de los que uno de ellos sería el de soldado de cualquiera de las tres guardias —monteros de Espinosa, amarilla o alemana—, pero en cada una de estas guardias había más de cien hombres. Igualmente, el de gentilhombre de boca lo ostentaban 50 personas y 24 en la Casa del Príncipe, lo que hacía que en 1605 hubiera al tanto de la persona del rey, y no del gobierno de sus estados —que los miembros de los consejos son otra parte (¿tal vez medio millar?) de este interminable suma y sigue—, unas mil doscientas personas, aun cuando no es el momento en que hubiera más (en 1623, unas mil setecientas personas estaban empleadas en Palacio, según Elliott). Miles y miles de personas que pesadamente establecidas sus funciones, tiene cada una de ellas un papel que desempeñar, y que nunca osarán sobrepasar en la medida de lo posible, pues en ocasiones los límites son difusos.

El rey quedaba de esta manera alzado sobre sus súbditos, y en términos palaciegos, sólo por debajo de Dios, que igualmente tiene una corte, pero celestial y divina. Al rey se le instalaba, asimismo, en medio de un mundo de ceremonias que comparadas por Pfandl con ritos tribales antropológicos, le mantendrían lo convenientemente aislado como para ser tanto el hombre al que hay que venerar como el prisionero de las normas de su propio poder. Su papel en esta representación ha de jugarse lo más hieráticamente posible; cuanto más, mejor:

No hay príncipe que viva como el rey de España: todos sus actos y todas sus ocupaciones son siempre los mismos, y camina de un paso tan igual, que día por día sabe lo que hará toda su vida,

escribió absorto un noble francés, Brunel, en 1655. Continúa su relato:

Se diría que hay alguna ley que le obliga a no apartarse jamás de lo que está acostumbrado. De ese modo, las semanas, los meses, los años y todas las partes del día no aportan cambio ninguno al tren de su vida y no le hacen ver nada nuevo; porque al levantarse, según el día que es,

sabe qué asuntos debe tratar o de qué placeres gustar (...). Va acompañado de tanta gravedad, que obra y se mueve con el aire de una estatua
animada. Los que se le han aproximado, aseguran que cuando le han
hablado jamás le han visto cambiar de postura; que les recibía, les escuchaba y les respondía con una misma cara, no moviéndose en todo su
cuerpo más que los labios y la lengua...

Y si en estas apreciaciones puede que haya cierta exageración debida al subjetivismo del que escribe lo narrado
«de oídas», lo cierto es que todos los actos estaban envuel-
tos en un ritual que era extremo —y cotidiano— en el comer, por ejemplo, acción que diariamente hacía a solas, con
la única compañía de sus sirvientes, pero sin la reina.

Antes de que el rey entrara en la sala en la que fuera a
recibir el alimento, el tapicero había mandado extender una
gran alfombra en el lugar en el que se fuera a «poner la
mesa», que junto a la silla de Su Majestad y otras mesas
más que servían de aparadores para la panetería, cava y
frutería de lo que había de consumir don Felipe, la traían
los ayudantes del furriel de Palacio. Mientras, el ujier de
sala iba a avisar al correspondiente gentilhombre de boca
de la panetería de que todo estaba listo. En ella recibía el
gentilhombre de manos del sumiller el salero cubierto y
besado, y una servilleta que le ponían en el hombro izquier-
do. El *valet servant* iba a la pieza donde se estaba poniendo
la mesa, con el pan, otra servilleta y los cuchillos. El sumiller preparaba definitivamente la mesa con los manteles y
los trincheros, mientras que el palillero, el calentador y otros
útiles menores que se disponían en el aparador, los preparaba un ayudante de panetería. Pero claro está, de la panetería se salía en el orden necesario: todos descubiertos, pre-
cedidos por los soldados de las guardias española, alemana
y borgoñona; el ujier de sala con una varilla de ébano, re-
matada por una pequeña corona de oro, con la que llamaba
a la puerta de los distintos servidores avisando que debían
ir disponiéndose, y tras él el *valet servant*, el sumiller de la
panetería, sus ayudantes y el *fruitier*. Ya se habían extendido los manteles y dispuesto los cubiertos y utensilios de la
manera que dictaba la etiqueta. A continuación, se avisaba

al gentilhombre de boca que fuera a actuar de copero, para que sacara la botella de vino que le pareciera conveniente. En la cava le daba el sumiller encargado dos copas: una para el rey y otra de salva, es decir, de cata, para evitar males mayores. Nuevamente, infinidad de pasos, desfiles y ceremonias hasta que el vino y las jarras llegaban a la mesa. Cuando mesa y bebida estaban aparejados, a la voz: «A la vianda, caballeros», dada por el ujier de sala, se iba a por el alimento a la cocina, escoltados por los soldados, y se volvía en desfile a la sala. Cada cual en su puesto, se preparaban las salvas del pan, salsas y demás. Así, el mayordomo semanero comunicaba, al fin, al rey, que la comida estaba lista.

Lavadas sus manos con el mismo despliegue de ceremonias, se bendecía la mesa, y el rey escogía de lo que quería comer. Desde 1630, en que hay una (de las varias) reforma cortesana, se dispone que no se ofrezcan al monarca más de diez platos en la comida y ocho en la cena, permitiendo que sólo las raciones de capón, cocido y jigote fueran dobles, y las demás sencillas, bien entendido que en un plato de pollo no podía haber más de cuatro, ni en el de huevos más de quince.

Cuando el rey se había sentado a la mesa, a su alrededor, como un enjambre, todos estos servidores del comer se disponían a complacerle constantemente y reaccionando con un automatismo tal, que no había sitio para las dudas ni los errores, repitiéndose una y otra vez las idas y venidas a por la segunda vianda y los postres, frutas y dulces. Cuando el rey se había dado por satisfecho, lavadas las manos y cepilladas las migas que le hubieran caído, se retiraba a sus aposentos, mientras que se alzaban los manteles y se despejaba la sala. Al poco, del bullicio que había habido durante tanto tiempo, no quedaba sino el recuerdo. Y así, día tras día, año a año desde el reinado de Carlos V.

A la cabeza de los palaciegos estaba el mayordomo mayor (aunque había uno del rey y otro de la reina, aquél era el mayordomo mayor por antonomasia), que como todos, recibía su sueldo en dinero y en especie. En los papeles que eran de su incumbencia emanados del Consejo de Hacienda, su firma se anteponía a la del presidente de ese Consejo. Por ser mayordomo mayor, era de la Junta de Obras y Bosques (encargada *grosso modo* de la conservación y acrecentamiento de los cazaderos y edificaciones reales), en la que se sentaba sólo detrás del presidente del Consejo de Castilla. Entre sus privilegios estaba el de que en la capilla del rey tenía su silla por delante de la de los grandes, y aunque no fuera de su distinción, podía permanecer cubierto. En diversas ocasiones él iba inmediatamente detrás —o a un lado— del rey cuando salía de Palacio, y en las honras por personas reales iba inmediatamente detrás del cuerpo, en el mejor sitio. Tenía aposento en el propio Palacio. Era, por otro lado, el intermediario entre el potentado extranjero y el rey a la hora de pedir audiencias, y en las ordinarias, permanecía junto al monarca. Suya era, en fin, la custodia nocturna de las llaves de Palacio, y tomaba juramento al cerrajero real de forma que no diera a nadie llave o instrumento para abrir puerta alguna del lugar, so pena de su vida. A través suyo se canalizaban todas las peticiones de justicia (sin apelación ni revista) o de gracias y mercedes referentes a la Real Casa, y recibía juramento de los criados que había a sus órdenes. De la misma forma, al ser el mayordomo mayor responsable de la seguridad en Palacio, dentro de su recinto era superior a los alcaldes de Corte o sus alguaciles.

Inmediatamente por debajo del mayordomo mayor, estaban los mayordomos, que eran una decena, a los que cualitativamente se les requería ser «bien nacido, cavallero principal, hombre de buen entendimiento y severo», con paciencia y capacidad organizadora. Su servicio se lo turnaban por semanas, siendo el semanero el responsable de cuanto aconteciera en ausencia del mayor. Acompañantes de éste, solían permanecer de pie en las recepciones y demás exhibiciones públicas; tenían que «preparar» el terreno por donde pasara el rey: así, montar la capilla, supervisar las cocinas y demás. Los mayordomos en reunión, y en ausencia del mayor, gobernaban la Casa, y al semanero le tocaba la resolución de los asuntos más urgentes. Cada noche era el semanero, reunido con el cocinero, el que decidía qué comería al día siguiente el rey y registraba los gastos habidos. Su papel era, pues, el de controlador de Palacio.

Por debajo de ellos el medio centenar de gentileshombres de boca, que se colocaban en las solemnidades entre los mayordomos y los maceros. En las comidas en público, uno hacía de *panetier,* otro de copero y otro de trinchante, y los demás iban a por las viandas a la cocina.

Las comitivas se veían reforzadas por los gentileshombres de la casa y los costilleres; el aposento de la Casa Real recaía en manos del mariscal de logis, el aposentador mayor y los aposentadores ordinarios; para la conservación de Palacio se contaba con el tapicero mayor y su ayudante, el entallador, el relojero, el cerrajero y tantos y tantos más, ya citados, ya omitidos por no hacer interminable la relación.

Durante los reinados de Felipe III y Felipe IV, todo esto

El Alcázar de Madrid.
Guerard. Museo Municipal, Madrid.

se llevó a cabo en el Alcázar de Madrid, fortaleza árabe remozada por Carlos V y Felipe II, que fue objeto en tiempos de Felipe IV (en 1626, de manos de Gómez de Mora) de una modernización de su fachada, buscando darle un aire menos militar y más palaciego. Sobre sus cenizas de 1734 se erigió el actual Palacio de Oriente.

La planta del Alcázar era ligeramente rectangular, con un anejo en el que estaban las cocinas y la Casa del Tesoro. Dos patios interiores típicamente castellanos, es decir, bordeados de columnas y rodeados de habitáculos, el Patio del Rey y el Patio de la Reina, eran los núcleos en los que se distribuía, trabajaba o se alojaba, según los casos, el personal administrativo, el palaciego y la familia real. Varias habitaciones del Patio del Rey se entregaron en 1626 al cardenal-infante y a su hermana, a la condesa de Lemos, principal dama de ésta, y a los hijos del conde-duque. Las estancias del Patio de la Reina se destinaron a uso político-administrativo, es decir, de los consejos; sus semisótanos fueron las oficinas de los burócratas, los «covachuelistas». En la planta superior estaban separadas las salas del rey y de la reina, coronando lo más alto de la escalera, y entre medias de ambas estancias, la capilla. Cerca de los aposentos de Felipe IV, el conde-duque dispuso de una habitación para su uso personal.

Uno de los laterales de Palacio estaba dedicado enteramente a la meditación y al trabajo del rey: desde la Torre Dorada divisaba el bosque de la Casa de Campo, y en el extremo de este lateral disponía de su estudio y de un oratorio particular que daban sobre el hermoso Patio de los Emperadores, que recibía el nombre por las estatuas que lo decoraban, jalonado por las cuadras (galerías exentas y lógicamente remodeladas con fin lúdico) en las que ya desde tiempos de Felipe III al menos, pendían «pinturas de diferentes fábulas, de mano del gran Ticiano». En el otro extremo, la Torre de Francia, por la que pasó —además de por la de los Lujanes— Francisco I de Francia, y que en tiempos de Velázquez era biblioteca real. Junto a la Torre Dorada, las salas en las que se solía comer o cenar. De esta fachada salía en perpendicular el salón de comedias, alargada estancia en la que se representaban obritas teatrales y juegos de máscaras a los que tan aficionados fueron los cortesanos de Felipe IV. Allí también se expuso su cadáver después de practicada la autopsia. Entre esta sala y la fachada, había un corredor en el que Velázquez instaló la Sala de los Espejos, en la que se colgaron las más ricas colecciones de la monarquía, en invierno tapices, y en verano cuadros, buscando una mayor sensación de frescor. De su extremo y hacia Poniente había otra sala llena de pinturas, mesas de jaspe y otros objetos de colección, y otra más, la Galería del Cierzo (haciendo una U estas tres salas dedicadas a la pintura): en la del Cierzo se instaló Velázquez en 1646 tras la muerte del príncipe Baltasar Carlos. Esa pieza hasta entonces había albergado retratos de los reyes de Portugal y un sinfín de objetos propios del llamado «coleccionismo ecléctico», algunos procedentes del Lejano Oriente, y otras piezas de relicario en exquisitas tecas.

Los dos pisos que había por encima de estas estancias regias daban cobijo a las criadas de la reina y de las mujeres de la familia real; eran los alojamientos de las dueñas (o viudas) y meninas, unas cuatrocientas aproximadamente.

Y en tal *mare mágnum* de gentes, pretendientes de cargos y mercedes, tenderos (pues en la planta baja había varias tiendas), nobles y burócratas, por la noche, en su sosiego, no podía haber más que un hombre casado alojado permanentemente en el Alcázar: el rey. Otra cosa es que por necesidades políticas, Olivares dispusiera también de aposento.

El aspecto del Alcázar era, cuando menos, chocante. Aunque para muchos fuera feo, a otros les complacía descubrirlo:

Su estructura no es muy bella [dijo Bertaut]; pero esa gran cantidad de balcones de hierro produce un gran embellecimiento (...). Entramos en un gran número de habitaciones muy bien artesonadas y muy llenas de cuadros...,

si bien es cierto que por más reformas que se le hicieron,

sus salones y estancias nunca recibieron la suficiente luz. Bertaut, generoso en sus elogios al Alcázar, no pudo disimular su decepción, aunque lo que está claro es que no supo entender que el no tener ventanas era una manera de defenderse del calor:

> Todas estas habitaciones son muy obscuras; las hay incluso que no tienen ventanas, o que no hay más que una pequeña, y en donde la luz no llega más que por lo alto.

Por su parte, para darle un sentido unívoco a su monarca y evitarle los desplazamientos lúdicos fuera de Madrid, el conde-duque piensa en la conveniencia de hacer a Felipe IV un lugar de asueto en el propio Madrid, o sea, un palacio urbano mejor acondicionado a los tiempos del Barroco que el Alcázar, e incluso escenario de las representaciones de la teatralidad cortesana. Escogidos los alrededores de la iglesia de los Jerónimos por varias causas (fundamentalmente porque en ella, desde Felipe II, había un «cuarto» del rey para su retiro espiritual, que es lo que se empieza a ampliar y que queda desbordado a partir de 1632), desde esas fechas Madrid quedará convertida, en cierto modo, en una ciudad bipolarizada entre dos palacios, el Alcázar y la oficialmente llamada Casa Real del Buen Retiro, popularmente conocida como «el Gallinero», por una exótica y enorme jaula que hubo en principio a su entrada, estando cada edificación en un extremo de la Villa. En 1633 cuando se da por concluida la ampliación del «cuarto» de Felipe II, aparecen más de mil obreros que con su actuación remodelarán totalmente esta pieza, borrándose así el error inicial que indujo a que se le llamase «el Gallinero». Lo nuevo quedará inaugurado a finales de año, el día 1 de diciembre, con la imposición de un nuevo nombre, más rimbombante, Palacio del Buen Retiro, y en los días siguientes con varias fiestas cortesanas, preludio de las funciones que iba a desempeñar este todavía inacabado lugar, porque aún en 1637 se está construyendo el Casón, o salón de baile, y no es antes de 1640 cuando se dan por concluidas definitivamente las obras. A la vez, entre 1634 y 1640 se cuidan, incluso se miman, los jardines, llegándose a crear un impresionante vergel en medio de Castilla. Todo ello debido, no hay duda, a la obstinación del conde-duque, pero también (en palabras de Elliott) a las «enormes sumas de dinero, cruelmente extraídas a un pueblo empobrecido», aunque en términos relativos las cantidades fueran mucho menores de lo que costaba mantener cualquier cuerpo de ejército de los que entonces andaban por Europa.

Su exterior es pobre, producto de las prisas y de la falta de planificación arquitectónica, pues el edificio, que se va haciendo al gusto de Olivares contando con la aprobación de Felipe IV, recuerda a toda la arquitectura «austriaca», es decir, de la Casa reinante. Fachadas pobres y desnudas, contrarrestadas con unos suntuosos interiores, parte de los cuales aún podemos disfrutarlos en el Museo del Prado representados en la colección de pinturas, por ejemplo. En este ambiente de Velázquez y los grandes literatos y artistas del Barroco español, Felipe IV es parte integrante, porque su responsabilidad requería de gran formación, siendo en este

Felipe IV.
C. 1625. Velázquez, Museo
del Prado, Madrid.

tema el contrapunto de su padre, gracias al tesón de su valido.

Estos son, en definitiva, los grandes palacios urbanos cortesanos de la Casa de Austria en esta primera mitad del siglo XVII.

Objeto de admiración ya desde los tiempos de Felipe II —por hacer una referencia— era la licenciosa vida palaciega y cortesana, de los del Alcázar y los de la Villa. A la literatura anterior que menosprecia la vida en Palacio, bucólica por excelencia y encarnada en Guevara, no le prestaremos atención. Son conocidos los testimonios del agriado nuncio Borghese, en 1594, en los que sin duda hay tanta cabida a la exageración como desprecio hacia lo hispano en general. Los versos de Cock, el culto arquero real, en su apología de Madrid, escrita a finales del XVI en latín, son también harto realistas. Y un bien intencionado viajero francés (Muret, entre 1666 y 1667), que no salía de un asombro para entrar en otro por las costumbres madrileñas (españolas en general), sobre todo al compararlas con las francesas, anotó en su correspondencia:

Dicen muy en alto que si Dios no les perdona ese pecado [el carnal], tendrá que llenar su Paraíso de paja, porque ellos renuncian a él [al Paraíso] con gusto. Encontraréis [exhorta al destinatario] esta blasfemia horrible.

Otros afirmaban saber el porqué de la ruina de muchos. Brunel sentenció:

Todos los que han permanecido en Madrid aseguran que son las mujeres las que arruinan la mayor parte de las casas. No hay nadie que no mantenga su casa y que no dé en el amor de alguna prostituta (...). No las hay más descocadas [en Europa] y que entiendan mejor ese maldito oficio; en cuanto hay alguno que cae en sus redes, lo despluman de una bella manera,

y como ocurre hoy en día:

Estas pecadoras se han apoderado por entero de toda la libertad de
Madrid, porque las grandes señoras y las mujeres de bien no salen apenas.

Ambiente cortesano inmoral por todas partes que se veía
completado con el juego. Los juegos de naipes, a los que
eran tan aficionados todos los miembros de la familia real,
adquiriendo tintes patológicos —como con la caza— en el
caso de Felipe III, fueron, sin embargo, cínicamente perseguidos durante su reinado, en ocasiones buscando escar-
mentar a consejeros de Felipe II para alejarlos de la Corte,
en otras, también, aplicando castigos ejemplarizantes que
por desgracia lo único que hacían era encubrir venganzas
personales. ¿Cómo, si no, calificar el destierro de la Corte
a que fue condenado en 1608 el conde de Villamediana por
sus muchas ganancias en el juego, o el de don Rodrigo de
Herrera, a su vez, por las enormes pérdidas? A poco de
volver la Corte de Valladolid, con estupor escribió un cortesano: «El juego ha vuelto a Palacio.»

Los pecados de la Corte, que fueron argumentados como
excusa para llevarla a Valladolid en 1601, traían en jaque a
los que buscaban una vida dentro de las normas. Pero la
proliferación de actos corruptos en el gobierno de la nación
(la decrepitud de las viejas normas en lo referente a las
recompensas, por ejemplo) era extrema: en 1603, al conde
de Haro le dieron una encomienda en Alcántara, la de Por-
tezuelo, de cuatro mil ducados de renta, dice Cabrera, «para
alegrarle y que tenga buena convalescencia». Otro caso más,
de los infinitos que hubo en la corte de Felipe III: se tenía
preparada la encomienda de Segura —de dieciséis mil ducados— para el *nasciturus* de la duquesa de Cea, que no
pudo aprovecharla porque nació muerto. ¡La encomienda
de una orden militar en manos de un recién nacido!; indudablemente, una forma de recompensar a sus padres por
algún favor personal. La corrupción, decía más arriba, hacía
que cualquier intento reformador se viera abocado al fracaso por las contradicciones internas del sistema. Ahora
bien, no hay que pensar que la vida de Felipe II fuera un
modelo de virtudes, ni que los actos más execrables nacie-

ran *ex nihilo* desde la ascensión al trono de Felipe III y al
poder de Lerma, pues el propio monarca se vio salpicado
por la sangre de Escobedo, por citar sólo uno de los muchos
casos oscuros que hubo en ese reinado. Error grave
fue el no adiestrar a su hijo en las tareas de gobierno, y por
miedo a su estulticia, mantenerlo al margen de tamaña responsabilidad.
La suerte del monarca constructor de El Escorial
ha estado en que historiográficamente —dejando a un
lado escritos viscerales— ha salido mejor parado que sus
sucesores: a él se le han disculpado los medios (tolerados o
no entonces en Europa) que usó para poner en práctica su
política, aunque fuera para ocultar su enfermiza cobardía
—disfrazada de «prudencia»—, mientras que la abulia de
Felipe III o la ruina de Felipe IV se han visto encarnadas
en la degeneración de Carlos II, como consecuencia lógica
de los males de su padre y de su abuelo, con lo que purgaban
sus pecados y todo el país con ellos. Pero, ¿acaso el
príncipe don Carlos, un subnormal física e intelectualmente,
no fue otra cosa sino el resultado de la degeneración
genética, aunque su padre fuera Felipe II?

Lo cierto es que los intentos por honrar la vida cortesana
se hacen muy frecuentes en el reinado de Felipe III,
buscando poner coto a los desmanes habidos en los últimos
años de Felipe II. El hecho de mudar la Corte a Valladolid,
huyendo de la mendicidad que se apoderaba de Madrid (traslado
que hoy podemos ver como un quijotesco enfrentamiento
entre la decisión política y el cambio de estructura
secular debido a causas sobrehumanas), o las «visitas» a los
oficios específicos de Palacio, como la de 1608 contra los
encargados de la caballeriza, que narra Cabrera, son muestras
de esta búsqueda de ejemplaridad, actos demagógicos
y de culpabilidad contra usos establecidos por el desgobierno
en tiempos pretéritos. El que Lerma encabece esta visita
es bastante elocuente.

Habíanse entendido algunos desórdenes y escesos de los jefes y criados
de Palacio en sus oficios, y para remedio de ello comenzaron a visitar
los de la caballeriza, siendo visitador el señor Duque de Lerma, Caba-

llerizo Mayor (...) cuyas sentencias se han publicado, algunas de privación de oficios y en pena de dineros, y otras quitando los que servían
más de un oficio...

De ese mismo año es el intento de acometer una profunda reforma en la administración de justicia a través de
los alguaciles (los custodios de la paz ciudadana) y que,
empezando por ahí, calaría por todas partes. En efecto, el
Presidente del Consejo de Castilla ansía:

reformar todo lo que tiene necesidad (...) con que se procura remediar
los escesos desta gente [los alguaciles] que traían escandalizada la Corte.

En agosto de 1609 vuelven las noticias con el «trátase
muy de veras de reformar de vicios esta Corte». Ahora
bien, como en tantas ocasiones en la historia, los reformados son los débiles, y los poderosos continúan con sus desmanes; ¿quién le pone el cascabel al gato? Y es de este
modo como se construye la galera, la cárcel de mujeres,
inspirada en esas reformas buscadas por el presidente del
Consejo de Castilla, que al final sólo quedan en la persecución de prostitutas y mendigos. Pero eso sí, en su pecado
va la penitencia. Tras iniciarse la construcción, en septiembre de 1610 tiene que hacer frente a una grave enfermedad,
que «se ha venido a decir que es de hechizos de mujeres».

Las reformas en los usos cortesanos no llegan a ser más
que actos para tranquilidad de conciencias, y suelen basarse
en la persecución del lujo. Tal actuar moralizante, lejos de
causar beneficios, podía ser económicamente perjudicial por
cuanto dañaba las rentas de los artesanos dedicados a la
confección de artículos suntuarios. No cabe duda de que al
despilfarro de las riquezas aristocráticas había que ponerle
coto, para evitar su ruina (aunque si se querían arruinar,
allá ellos) y para intentar nivelar la balanza de pagos, desequilibrada por las muchas importaciones de objetos de lujo.
Pero la solución no estaba en impedir el gasto y el consumo
—tan útil para estimular la producción—, sino en el tan
arraigado menosprecio por la dedicación a las artes viles y
mecánicas, en una palabra, en el «vivir noblemente» al que

todos aspiraban, es decir, el vivir sin trabajar, sólo de las rentas. Aquí es donde radica buena parte de la hiel que abrasa a la sociedad y que estuvo tan extendida en nuestra Edad Moderna. En este señalamiento social, que a todos alcanzó, y en la falta de productividad interna.

Ya en tiempos de Felipe II hubo pragmáticas contra el lujo, contra el abuso de los títulos de «don» y otras categorías superiores, contra los encabezamientos y pies de las cartas, buscando su simplicidad. Pero lo que se pretende es apuntalar más las diferencias sociales, despreciando que el dinero puede ser un igualador social estimulante.

En 1611, Felipe III dicta otra pragmática contra el lujo; es momento de querer reformar, pero como todas las prohibiciones a los poderosos, desemboca en el fracaso: desde el momento de su publicación, las licencias que se otorgan para no tener obligación de cumplirla son muchísimas.

En esta línea podemos insertar los diversos intentos de reforma palatina. En 1609, el rey intenta unir su Casa y la de la reina para dar ejemplo a la nobleza, con lo que vemos cómo una reforma de Palacio está incluida en la idea de la pragmática contra el lujo. A los dos años, se intenta enviar a los nobles a sus lugares en vez de estar pululando e incordiando en la Corte... Pero no será hasta la llegada del conde-duque cuando férreamente se intente una reforma palatina, que como afectaba a más de un grande o título, causó inimaginable malestar. Comoquiera que en 1624 se desplegó toda la pompa posible para dar la bienvenida al príncipe de Gales, que iba a casarse con la hija del rey (y que todo se saldó con un estrepitoso fracaso por prejuicios religiosos), el intento del año anterior se quedó en el olvido. Por otra parte, con él sólo se hubieran ahorrado unos ridículos 67.300 ducados al año. Pero al menos se habría cortado la munificencia en dar pensiones y recompensas, informándose así de la necesidad de austeridad general.

En 1630 hubo otra reforma, esta vez sobre todo gastronómica, aunque también afectó a los «continos» o «continuos», que desaparecieron, y a no pocos puestos dobles provenientes de Castilla y de Borgoña, y que se habían mantenido siempre. En 1649 hay otra reforma más. Antes, durante el trágico 1640, se invitó en varias ocasiones a retirarse de la Corte a sus estados a algunos grandes y alta nobleza en general, que por estar arruinados no podían «servir», económicamente, claro, al rey: así algo ahorrarían para la próxima ocasión en que se solicitara su socorro.

Con todo, lo más llamativo es que los gastos de la real persona apenas variaron en el XVII, y para satisfacerse de muchos de sus «caprichos», el llamado «bolsillo del rey» se nutría de un tanto por ciento del derecho de acuñación, cantidad que vino a ser de unos cincuenta mil ducados al año. También gastos reservados se desviaban para el rey y las mercedes palaciegas, que en 1655 quedaron bien sustentadas con el 1 por 100 de las mercaderías que salían para América, y en 1660 sobre todas las que atravesaban los puertos secos y diezmos de la mar.

En general, los gastos de Corte —en opinión de Domínguez Ortiz— apenas variaron en sus valores ponderados desde tiempos de Carlos V o Felipe II y sus sucesores. En tiempos de los Austrias menores, habrían sido de aproximadamente un millón doscientos cincuenta mil ducados, un 10 por 100 de los ingresos de la Corona y menos del 1 por 100 de la renta nacional, cargados habitualmente sobre regalías y no sobre montos aprobados en Cortes. Cantidades, en cualquier caso, ridículas si se comparan con los gastos de guerra, verdaderos causantes de la ruina nacional de Castilla, que fue la única que defendía el catolicismo en Europa o alimentaba al rey de tantos estados, a cambio de tenerlo siempre dentro de sus fronteras.

Todo empezará a caer en 1640: se entra en una guerra secesionista con Cataluña y Portugal, en 1643 cae el conde-duque, en 1644 muere la reina, y en 1646 la única esperanza de la dinastía, el príncipe Baltasar Carlos. Los años siguientes, que a su modo pueden rememorar los dramáticos años cortesanos de 1570, con las muertes de Isabel de Valois o del príncipe don Carlos, no son más que un apéndice de la gloria pasada. Las ceremonias del Bidasoa de 1659 se convertirían así en su punto y final. Y mientras, Su Majestad, en medio de la soledad, escribía patéticamente a su consejera:

La cortedad de medios de hacienda lo dificulta todo. Dios nos asista y nos ayude, que sin esto no haremos nada y con su ayuda se obrará todo. De Madrid, a 11 de agosto de 1649. Yo, el Rey [1].

CAPITULO VI

VIAJES, POSADAS, CAMINOS Y VIAJEROS

por Alfredo Alvar E.

> «Hermosas mujeres, sucio país; cuerpo grandemente desunido de miembros, tardísimo de impulso.»
>
> A. Tassoni, *Filípicas*, 1612.

MUCHAS son las similitudes entre los caminos de la Europa del Renacimiento y del Barroco con los de la Europa del Imperio romano. Tantas, que afirmar que no han evolucionado en más de diez siglos no es aseveración infundada. Igualmente, tampoco hay ninguna modificación estructural de interés entre el siglo XVI y el XVII. Las diferencias son, fundamentalmente, coyunturales: todo, prácticamente todo, es igual; sólo han cambiado los nombres de los viajeros, las fechas, el entorno temporal. No obstante, una gran revolución en los transportes tendrá lugar en esta época, producto de la expansión marítima. Pero hemos de ocuparnos del desplazamiento por tierra.

Del siglo XVI datan algunas guías de caminos, para correos y viajeros, que nos hablan de que, evidentemente, si se necesitaban era porque, sin duda, las distintas rutas empezaban a estar bastante transitadas, ya que así lo requerían las necesidades económicas. Pero además de éstas, hay otras circunstancias institucionales que contribuyen, como causa o como efecto, a ese desarrollo: la constitución de la Santa Hermandad (en Castilla en 1476 y en Aragón en 1487), o la Real Cabaña de Carreteros (1497), o las exenciones fiscales en el pago de alcabala a un sinfín de ventas y posadas desde entonces (exenciones que se verían retiradas o modificadas a lo largo del siglo XVI), coadyuvan a ese desarrollo que tanto se ve favorecido por el ambiente comercial de ferias, mercados, exportaciones e importaciones.

Por todo esto y por las necesidades de la política exterior también, es por lo que aparecen las guías que mencionábamos antes: en 1546 Juan de Villuga publica en Medina del Campo un *Repertorio de todos los caminos de España*, al que seguirá años después, en 1576, un *Repertorio de caminos* de Alonso de Meneses. A principios del XVII (en 1608), se recogen varias rutas españolas en el *Nuovo itinerario delle poste per tutto il mondo*, de Octavio Cotogno. Otras 18 rutas importantes están consignadas en 1656 por Martín Zellerius en *Hispaniae et Lusitaniae Itinerarium*, y así sucesivamente, sin olvidar las reediciones de Villuga (tres en el XVII), Meneses (otras cuatro), Cotogno (hasta siete en este mismo siglo), etc., de tal manera que la cantidad de guías en circulación (normalmente escritas por correos, aunque no por ello exentas de caminos que se describían de oídas y con algunos errores) permitía preparar con seguridad cualquier desplazamiento.

En estas guías de los siglos XVI, XVII o XVIII, al igual que en nuestros mapas de carreteras, hallaremos las vías mejores para ir de un lugar a otro, con la denominación de todas las ciudades, villas, lugares y ventas que vamos a poder encontrar en nuestro viaje. Son, pues, interminables relaciones de nombres y distancias agrupados por las rutas principales. De este modo, el viajero podrá preparar su viaje convenientemente, sabiendo cuánto tiempo empleará hasta llegar a su destino, dónde puede parar a descansar, o a dormir, porque en sus manos tendrá un gran tesoro para su supervivencia: un pequeño librito de 10 por 15 centímetros aproximadamente, en el que constan los núcleos habitados que existen de trecho en trecho (cada legua, dos leguas o fracción suele ser lo más habitual, aunque no lo único). La ayuda alentadora de tales obras debió ser grande, sobre todo en momentos de desazón, sin nada a la vista alrededor. Así, pues, el fin de los escritos de muchos viajeros haciendo descripciones de las etapas consumidas en sus desplazamientos, los lugares en los que pararon, recomendando o menospreciando estas o aquellas ventas, posadas y caminos, haciendo meticulosas descripciones de qué es lo que puede encontrar el lector, será ayudar al que vaya después. Claro está que no hay que pensar que no hubiera un gran interés político-estratégico en conocer, y bien, los países con los que se podía entrar en guerra, y no por su geografía, sino por los recursos que pudieran tener a ojos de embajadores, legados, guardas de corps, etc., como era habitual desde Estrabón.

La conservación de las vías (caminos, puentes y barcas) era tarea fundamentalmente de los municipios (que los Reyes Católicos ya indicaron que se hiciera lo menos costosamente posible, a la par que mandaron a los justicias locales que los caminos de rueda «sean del ancho que deban, para buenamente pasar y ir y venir» las carretas y carros), aunque en ocasiones extraordinarias la Corona colaborase en su mejora. Pero evidentemente, el descenso de las rentas locales por pérdida del control de sus bienes de propios, entre otras cosas —a la par que se retraía en general la economía del país—, imposibilitaba verdaderamente que los caminos

Loja (detalle). De la obra Civitates Orbis Terrarum, *de Braun, ilustrada por Hofnagel (finales del siglo XVI), Servicio de Documentación Geográfico del Ejército, Madrid.* Historia 16.

fueran morfológicamente seguros, cuando menos estables, por oposición a «existentes». Traigamos a colación un par de ejemplos aislados que son, sin duda, dramáticas muestras de lo habitual. Felipe III, en 1599, autoriza un repartimiento de 10.000 ducados sobre Córdoba y los pueblos de diez leguas alrededor para la reparación del puente de la ciudad sobre el Guadalquivir. No se hizo nada hasta 1607, *en que se prohibió el paso de carros y se autorizó subir a un repartimiento de 20.000 ducados*. Como no se arreglaba, se sacó a subasta la reparación y no hubo quien se hiciera cargo, hasta que en 1613 se adjudicó en 60.000 ducados, pero al año siguiente se desplomó el puente a causa de una avenida. Por fin, en 1626 finalizaron las obras, que ascendieron a 46.266 ducados.

¿Qué hacienda municipal podía soportar los costos de mantenimiento de sus puentes (que naturalmente solían ser de madera) y caminos, si cada invierno había que repararlos, cuando no rehacerlos enteramente? A los concejos se les presentaba cada mes de enero la misma zozobra: los accesos habían sido seriamente dañados por las lluvias. En el caso de los caminos el mal era menor: a campo traviesa se podía mantener la actividad comercial, y en caso de nieblas o temporales, la orientación de los comerciantes y viajeros en general se lograría con el toque cadencioso de las campanas (aunque Felipe II ordenó: «se pongan pilares en los puertos para señalar los caminos, por los peligros que en tiempos de nieves incurren los que caminan por ellos, por no estar señalados»). Pero, ¿y el puente? Reparado —o rehecho totalmente— después de las lluvias y los vientos del invierno, podía volverse a hundir nuevamente con las crecidas de la primavera. Por lo tanto, mejor esperar al verano. Pero ¿se podía esperar verdaderamente y yugular u obstaculizar, por esta falta de infraestructura, las ferias locales?

Igualmente, hay constancia de que la Corona (el caso de Felipe II podría ser el punto de partida de estas costumbres) y los pueblos invierten en la construcción de canales para intentar aumentar el volumen de transporte, canales que a la larga sólo servirán para el regadío. En ese sentido, en 1626

Felipe IV puso en marcha la canalización del Guadalquivir hasta Córdoba, propósito que quedó frustrado. Con la sublevación de Portugal se intentó de nuevo la navegación por el Tajo, pero todo quedó en proyecto: se iniciaron las obras, pero la política exterior en los Países Bajos, Cataluña, etc., obligó a abandonar el plan a los cuatro años de reiniciadas aquéllas en 1644.

La cuestión del bandolerismo, otro problema de la seguridad en los viajes, aunque indudablemente de importancia —sobre todo en Cataluña, como nos recuerda Cervantes por boca de don Quijote: «Por aquí los suele ahorcar la justicia cuando los coge, de veinte en veinte y de treinta en treinta; por donde me doy a entender que debo estar cerca de Barcelona...»—, no debía ser tan trágica como creemos: el admirarse de las proezas del bandido y cantar su existencia, puede ser una recreación necesaria del Romanticismo. Sin embargo, en el XVII, pocos son los viajeros que lo mencionan (sí que se habla, y mucho, de robos en las posadas, por ejemplo), y además, no era extraño que en algunas zonas se viajara por la noche, aunque lógicamente para ello se necesitara un nutrido séquito; tal es el caso del embajador polaco Sobiesky, en 1611: «A mi salida de Madrid hacía un calor extraordinario, y por este motivo viajaba siempre de noche y descansaba de día.»

Según muestran los ejemplos aludidos anteriormente, nos encontraríamos (haciendo referencia sólo a los caminos fundamentales) con una Andalucía meridional sin caminos, excepto los que unen Sevilla-Córdoba-Granada, pero donde no hay ninguno que enlace directamente Córdoba con Jaén, por ejemplo. Huelva y Cádiz, hasta el XVIII, aparecen aisladas.

En la submeseta sur reaparecen los grandes vacíos, en donde quedan aisladas Talavera de la Reina o Córdoba. Toda Extremadura está sin atravesar, salvo el camino de Sevilla a Cáceres.

La zona mediterránea es, por el contrario, la más surcada (aprovechándose, sin duda, la antigua Vía Augusta), mientras que la cornisa cantábrica se ve marcada por un obstáculo, la cordillera, y por una tradición, el Camino de Santiago. Fuera de él, las zonas vacías son impresionantes, tal vez sólo compensadas por la densidad del triángulo con vértices en Burgos, Laredo-Santander y San Sebastián-Fuenterrabía.

La gran excepción a los pocos caminos será, naturalmente, el centro peninsular, como muestra y herencia de dinámicas épocas pasadas.

No hay duda de que viajes, además de los piadosos y jacobeos, se hacían, y bastantes. Igualmente, debemos saber que los desplazamientos se realizaban con una mentalidad distinta de la nuestra: probablemente el hombre del campo apenas si se moviera de su medio más inmediato (de ahí las respuestas imprecisas en las *Relaciones topográficas*), y por otro lado, el que se decidía a desplazarse lo hacía por largo tiempo. Nuestros hombres de cultura dan sobradas muestras de ello. Porque la preparación de un viaje y el abastecimiento necesario eran tareas tan arduas y costosas, que no se podían hacer a la ligera.

España era un país difícil de atravesar, con una abrupta orografía que imposibilitaba la comunicación de unas zonas con otras. Pensemos en ese sentido que la barrera natural con Europa es una muralla montañosa que, en líneas generales, rebasa los 2.500 metros de altitud, con tres cadenas paralelas de 150 kilómetros de anchura y casi 450 kilómetros de longitud sin fosas transversales que permitan su paso: sólo es fácil de atravesar en los extremos, por donde pierde altura al llegar al mar. En dirección al sur, salvado este primer obstáculo, el viajero se encontraría con una segunda barrera que refueza a la anterior, el Sistema Ibérico; pronto una meseta, dividida a su vez por el Sistema Central, más fácil de cruzar porque son bloques partidos, y finalmente un pronunciado descenso, el escalón de Sierra Morena y las Béticas, antes de llegar abruptamente al mar, como es el caso de Málaga.

La altitud media de España es de 660 metros, sólo superada por Suiza con 1.300 metros. Más aún. Mientras que en Europa sólo el 0,1 por 100 del territorio supera los 1.000 metros de altitud, en España es el 19 por 100; el 39 por 100 está entre 601 y 1.000 y el 42 por 100 de 0 a 600. Verdaderamente, así cualquier viaje es una aventura de difícil culminación. Todo ello provoca una permanente incomunicación entre unos pueblos y otros de España. Las primeras descripciones de Brunel, un noble que en 1655 llega a nuestro país, son tan expresivas como abruptos los paisajes que atraviesa. A jornada y media de San Sebastián, se encuentra con la montaña de San Adrián:

> La Naturaleza parece haber puesto como una separación fija e indominable entre Vizcaya y Castilla la Vieja. Por eso ha sido necesario abrir el paso a fuerza de martillos, de cinceles y de minas, porque se ha taladrado la roca y se marchan treinta o cuarenta pasos por el agujero que allí han hecho.

Igualmente, el atravesar en invierno la sierra de Guadarrama por cualquiera de sus puertos, era una tarea tan arriesgada, que a los abastecedores de Madrid se les tenía que dar altísimas recompensas económicas por hacerlo. Añadamos a ello que en la actualidad hay 254 puertos de montaña con problemas de nieve, con una altitud media de 1.144 metros sobre el nivel del mar y un recorrido medio para atravesarlos de 12,5 kilómetros, en los que la pendiente superior al 10 por 100 es habitual. Navegabilidad y travesías se ven seriamente obstaculizadas por la combinación negativa del suelo y el cielo.

A todos estos imponderables geográficos tan trascendentales para las actividades del hombre, de los que los viajeros se hacen eco constantemente, habría que añadir los problemas que plantean las peculiaridades climáticas, como factor determinante para imposibilitar la navegación de los ríos por su raro caudal y rápidos descensos.

Por tanto, hallaremos que el recorrido de los caminos es aquel que condiciona la Naturaleza, ya sea por cuestiones geográficas o zoológicas: cañadas naturales o veredas de abrevadero y sendas de emigración que los animales buscan por zonas transitables y seguras, han sido los primeros viales. En este sentido, es conveniente anotar que si las carre-

teras actuales siguen por donde hace siglos estaban las rutas
y sendas, ello demuestra el peso de la Naturaleza sobre el
transporte y las comunicaciones (o el retraso de nuestro
país).

¿Qué impresiones se llevaba el viajero de esta dura España? Las opiniones que podemos recoger de las memorias
y diarios de tantos y tantos extranjeros que cruzaron los Pirineos, han de tratarse con la certeza de que son producto
del subjetivismo cultural e ideológico y, por tanto, no deben usarse como única fuente para el conocimiento de las
muchas facetas de una sociedad. Así, no es extraño hallar
textos más suaves cuanto más al sur está el viajero, porque
se ha ido habituando al variopinto aspecto peninsular, que
ya no le resulta tan chocante como en la misma raya fron-
teriza. Esto podría explicar parte de la dureza con que son
descritos aquellos que habitan las tierras del norte. Igualmente, si nos fijamos en el éxito o el fracaso de la misión
encomendada al viajero, veremos cómo será un factor más
a la hora de escribir con dulzura o rabiosa acritud.
    En 1603 entró por el Pirineo leridano Bartolomé Joly,
consejero y limosnero del rey de Francia, acompañando al
abad general del Císter que venía a la Península a hacer una
visita de su orden. El camino que siguió, fue bordeando la
costa hasta el Reino de Valencia, y desde allí hacia Aragón
y Madrid. Anotamos su itinerario, porque no hay duda de
que el tal Joly es, precisamente, una buena muestra de esta
acomodación del carácter, fruto tanto de sus prejuicios como
de las reacciones de los oriundos. Sigamos su ruta y su genio cambiante a través de las páginas de su *Diario*:

> Las gentes de esta ciudad de Gerona y de todo el país de alrededor
> tuercen el gesto a los franceses con patochadas, mirándonos como a gen-
> tes del otro mundo, desde los pies a la cabeza (...), en suma, tontos de
> condición, hasta injuriarnos por las calles llamándonos *gabachos* (...).
>   Su insulto [de los catalanes] más corriente es *gabacho*, del nombre de
> la provincia Gevaudan, llamada *Gabaha* en latín, de donde vienen mu-
> chas pobres gentes a España para servir y trabajar en oficios manuales;
> otros dicen que quiere decir guarda vacas.

Si ven a un extranjero, sobre todo a un francés, corren tras él y le cargan de injurias y burlas (...). ¡Qué barbarie, perseguir de ese modo a los extranjeros, a los que toda la cristiandad acoge y gratifica con caricias, qué ciclópea inhospitalidad de prohibir el derecho de gentes...! Pero los catalanes no tienen en cuenta eso, de suerte que apenas si hay día en que nuestras gentes no hayan de resentirse de querellas, hasta tanto de haber aprendido en las calles grandes a recibir esas injurias con el desprecio y el silencio... La mayor injuria que se les puede hacer es llamarlos por su nombre: catalán...

Dejada Cataluña, describirá la Naturaleza y sus pobladores entre resentimientos y amarguras:

Entramos en el Reino de Valencia, por tierras desiertas y montuosas, como de costumbre (...). Las personas son como por todas partes, inútiles, con la boca abierta ante los extranjeros.

Poco a poco se irá calmando, conforme vayan desapareciendo las disputas y los insultos («los valencianos son injuriosos para los franceses, pero menos que los de Cataluña»). Entonces, surgen gradualmente los textos más suaves, menos hostiles. De anotar que, «el país era malo, estéril, montañoso», recordando constantemente descripciones anteriores, cambiará de actitud en pocas jornadas:

[Fuimos por] un país riente, embellecido de palmeras, limoneros, naranjos cubiertos de frutos, y de algarrobos y las moreras...

Embeleso que también hizo presa en el fugitivo cardenal de Retz en 1654, cuando huyendo de Francia hacia Roma, atravesó España y halló en Valencia el último pasaje de su libertad:

No solamente es el país más sano, sino también el más bello jardín del mundo. Los granados, los naranjos, los limoneros, forman allí las empalizadas de las carreteras. Las más bellas y las más claras aguas del mundo les sirven de canales. Toda la campiña, que está esmaltada de un millón de diferentes flores que halagan la vista, exhala allí un millón de olores diferentes que encantan el olfato.

De Joly es muy de destacar, además de las descripciones

del carácter de los naturales, la impresión que le causa la desertización de España. Esta esterilidad, que en un principio podía estar aumentada por la animadversión hacia las gentes de la tierra, se va convirtiendo en obsesión de su relato. Así, en efecto, camino de Zaragoza (donde «insultan mucho menos que los otros a los franceses»), yendo desde Alcañiz hacia Escatrón:

Hicimos ese día siete leguas por tierras del todo infértiles y sin encontrar ninguna tierra ni pueblo, únicamente los pobres desventurados que iban desde tres o cuatro leguas a cultivar en un valle algún trozo de tierra, cosa lamentable de ver, llevándose el pan y el agua, para detenerse allí algún día.

De Zaragoza hacia Madrid, al salir de la capital de Aragón:

No se encuentran más que áridos y grandes desiertos de tomillo y romero, sin pueblo ninguno, únicamente pequeños recintos de colmenares...

Y un poco más adelantado el viaje:

Todo este país es tan seco, que está casi todo él deshabitado, y allí donde hay agua, los pueblos están a lo largo de ella.

Ya dentro de Castilla, finalmente:

No he podido penetrar, atendiendo la esterilidad y miseria de España, de dónde pueden provenir tantos bienes a los eclesiásticos.

Y del resto de España, ¿qué se opinaba? Cuando en 1655 Brunel visita las tierras del sur de los Pirineos, apuntará, lleno de optimismo, que nunca habrá guerra entre los reyes de España y Francia por el dominio de las inmediaciones del Bidasoa,

porque es un país pobre y montañoso en donde no crece nada más que hierro, tanto en lo que corresponde a Francia como en lo que posee España, que es la mayor parte.

Desde San Sebastián hacia Madrid, anotará:

no pasamos más que por un país seco y montuoso.

Por otro lado, el embajador Sobiesky entra por el norte, cruza León, Galicia, Portugal y Andalucía, hacia Madrid, y el Pirineo de nuevo. Su diario, redactado años después de la visita, es parco en descripciones, pero lleno de conceptos. El Reino de León,

es un país extraordinariamente árido e improductivo, cubierto de montañas y rocas, y muy triste para los que atraviesan sus despoblados parajes,

como Galicia, que,

es también un reino de España, pero pobre, desierto, montuoso y agreste.

Sin embargo, Andalucía le produce otra sensación:

Al entrar en Andalucía [desde Portugal], nuestras vistas, cansadas de un desierto monótono, han sido recompensadas con la hermosura, alegría y abundancia de productos de aquel país (...). Andalucía es el país más poblado de España. En todas partes descansa la vista sobre grandes extensiones, como selvas de limoneros, olivos, cipreses, palmas de dátiles, viñas riquísimas que producen finísimos vinos.

Otro viajero francés, Bertaut, escribirá en 1659 al pie de Sierra Nevada:

Las tierras que están a su pie son las más fértiles del mundo, y allí es donde crece una gran cantidad de caña de azúcar (...). Hay también gran cantidad de naranjos, de granados, de palmeras y de mirtos, lo mismo que de toda clase de flores.

El mismo describirá la indómita belleza del estrecho de Gibraltar («el mar estaba lo más hermoso del mundo de ver, a causa de que el viento de Levante cortaba las olas del Poniente sobre la tierra, y las levantaba y dejaba caer en cascadas, todas blancas de espuma») y sus alrededores (tras pasar tierras de «muchos alcornoques y robles verdes, encontramos un gran llano de la mejor tierra del mundo, y donde

el paisaje es bastante bonito durante cinco o seis leguas»),
pero volviendo a hacer hincapié en la cotidiana realidad de
España y en los trágicos momentos de mediados del siglo XVII. Cuarenta años después de Sobiesky, Bertaut vio la
Andalucía meridional así:

> Pero no hay allí una casa ni una pulgada de tierra que esté cultivada.
> Aunque parezca que en otro tiempo haya habido mucha cantidad de pue-
> blos, hay únicamente dos o tres tejados de casas abandonadas...

Dos, pues, son las impresiones dominantes que España
dejó en las mentes de sus visitantes de esta primera mitad
del XVII: esterilidad y despoblación.

Por lo que se refiere a sus habitantes, vuelven a empa-
rejarse nuevamente los sentimientos y las realidades, los intentos de hacer justicia en la descripción, la imposibilidad
de desprenderse de los condicionamientos culturales europeos (me refiero al poso que puede quedar en muchas mentes de la leyenda negra, ya denunciada en 1604 por Quevedo en la *España defendida*) y, finalmente, la postración
social y económica, sobre todo de Castilla, que sin duda debió de influir negativamente en el concepto general que formaban los visitantes acerca de las gentes de la Península.
Los textos apuntados anteriormente de Joly, pueden am-
pliarse *ad infinitum* con otros muchos más, suyos o de otros.

Por ejemplo, él anotará de los aragoneses —en una serie
de conceptos que no cabe duda de que debía aplicar a todos
los españoles en general conocidos por él desde entonces—
que,

> por doquiera hacen lo mismo, viviendo en ocio y holganza no dedicán-
> dose a ninguna ciencia, a no ser a esas viejas historias de sus romances.

Sin embargo, los castellanos de Almazán despertaron la
admiración de su séquito:

> Observamos curiosamente lo bien que discurrían, teniendo una ma-
> nera atrevida y libertad natural para abordar a toda clase de gentes sin
> hacerse los ingenuos, y en el trato sin guardar muchos miramientos. Nos

complacía el enviar a hacer encargos a los niños y en hacerles hablar como lo hacen, con una seguridad sumamente resuelta.

Y en general, los castellanos orientales, los del camino de Valencia:

No se hacen tanto los señores como los otros [catalanes y valencianos]. Aunque los campesinos de Castilla son verdaderos cenicientos, mucho más sometidos al rey que los otros españoles.

De los españoles en conjunto, anota Tassoni:

No son hombres los españoles para hacer esas revoluciones que V. S. imagina. Todos son adustos, contemplativos y flemáticos de carácter.

Y Bertaut:

Los creía galantes, y no lo son [porque] están casi todos amancebados (...) y amancebado en español no quiere decir ni galante ni relajado en general, sino un hombre que sostiene a una mujer y que está, como decimos nosotros en francés, a pan, a puchero y a asado con ella...

Creí también que los españoles eran pacientes y previsores; pero no tienen más que el aspecto grave, y aun eso por la ciudad de Madrid, porque cuando están en el campo, hacen siempre correr las mulas de sus carrozas a brida suelta...

Son también los menos previsores del mundo, y como la mayor parte apenas sabe lo que ha pasado ante ellos, porque no leen casi nada, tampoco se preocupan apenas del porvenir y no viven sino al día...

¿Cómo haría el viaje un extranjero? Hechas las pertinentes compras de dinero y conseguidos los pasaportes —que vendrían a ser o salvoconductos o cartas de presentación de alguna autoridad, aunque por supuesto muchos se extendieran con la descripción física del beneficiario—, se emprendía la marcha.

Llegados a la aduana de Francia, «declarado todo nuestro dinero en la oficina de la frontera, provistos de nuestro pasaporte, fuimos a...», relatará Joly. Y así, llegaban a nuestro país, en donde las aduanas podían trabajar con más o menos celo, según dictaran las circunstancias, como hoy.

Por ejemplo, Brunel recordará que en su viaje en 1655, en Irún «no piden ni pasaporte ni razón de lo que allí se va a hacer», mientras que a Joly le midieron la alzada del caballo y le registraron, para que luego pudiera salir libremente con lo que entró. Porque había productos —caballos, armas, metales, etc.— de los que estaba prohibida la exportación. Este pasar la frontera era exactamente igual de reino a reino dentro de la Península. Joly escribió:

> Al entrar en Castilla [desde Aragón], entrados en el puerto [de Deza, en Soria] es preciso en la próxima villa, sin apear, ir derecho a la oficina a pagar el porte y a hacer registrar sus equipajes, caballos, mulas, dinero, vajillas, mercaderías, ropas...

para poder volver a su país, después, sin tener que pagar ningún derecho de exportación.

Aquella manera de expedir pasaportes permitía los cambios de personalidad, como hizo el cardenal de Retz:

> Pasé en una litera [puesta a su disposición por Felipe IV] toda Navarra, bajo el nombre de marqués de Saint-Florent, y bajo la dirección de un mayordomo que decía que era un gentilhombre de Borgoña, que iba a servir al rey en el Milanesado,

cuando en realidad, a pesar de contar con la protección de Felipe IV, era un fugitivo del rey de Francia. Más problemas de identificación tuvo Sobiesky, porque Retz tenía un poderoso benefactor, a fin de cuentas. El polaco escribía en su diario que en la posada en la que se alojó en Pamplona, fue objeto de un robo. Puso la denuncia pertinente y hubo de soportar las naturales desconfianzas del juez de turno, dándose la circunstancia de que se dio más validez a la carta de un mercader que a documentos extendidos por reyes europeos. Y todo, claro está, porque en aquélla se definían los rasgos físicos del viajero, y en éstos, no:

> Luego, el juez me preguntó si podía probar mi identidad. Entonces le presenté mi pasaporte del rey Segismundo III, mi soberano, y además otro que tenía del rey de Francia. Después de haberlos leído con mucha atención, observó: ¿Y quién puede saber si vuestra merced es el mismo

que aquí está consignado? Aquí no se le conoce, y podría viajar con pasaportes ajenos. A eso le presenté una carta que tenía para Lisboa y Sevilla en que un negociante de París daba perfectamente mis señas; la leyó con atención, mirándome y verificando mis señas, y luego, dándome abrazos, pidió no le tomara a mal estos procedimientos ni la desconfianza que observó conmigo, ni la escrupulosidad en las indagaciones...

A poco de entrar en España, merecía la pena aprender rápidamente las costumbres de los hospedajes y posadas. De este modo lo recomendaba Brunel:

Muy pronto nos fue preciso aprender a viajar a la moda del país, que es ir a comprar en diversos lugares lo que se quiere comer.

Como los mozos de mulas eran tan caros en San Sebastián,

nos resolvimos a no tomarlos y a hacer el camino por nuestra fe e industria. De tal modo que fui yo [era un caballero francés] quien hizo de mozo de mulas por todas partes.

En cuanto se ha llegado a la posada, se pregunta si hay camas, y

Alhama *(detalle). De la obra* Civitates Orbis Terrarum, *de Braun, ilustrada por Hofnagel (finales del siglo XVI), Servicio de Documentación Geográfico del Ejército, Madrid.* Historia 16.

después de haberse provisto de ellas, es preciso o dar la carne cruda que
se lleva a cocer, o bien ir a comprarla a la carnicería. Cuando se está en
la taberna, es preciso ir a comprar el pan, el vino y los huevos, porque
todo eso está separado, y no es permitido más que a los que han adquirido el derecho, venderlo.

Da una pena ver esas tabernas; puede darse uno por bastante comido
cuando ha visto su suciedad.

Verdaderamente no hay un ápice ni de exageración ni
de falsedad en sus palabras. La costumbre de tener que
comprar los viajeros la comida a los «obligados» (aunque
en 1560 Felipe II autorizase a los posaderos vender alimentos y bebidas para viajeros y acémilas, está claro que
este tema, como todo lo relacionado con el viaje y los transportes, sufre una evolución que nos es desconocida, así como
las causas de esos cambios) es absolutamente lógica, y no
por otra razón, sino porque ellos ostentan el monopolio del
abastecimiento de los distintos productos, concedido por
los corregidores; violarlo, por tanto, sería un delito. Por
ello era lo habitual comprar las provisiones en las grandes
ciudades o en núcleos importantes. Almacenar el posadero
los alimentos para venderlos a sus viajeros (en definitiva,
revenderlos) induciría a pensar que estaba acaparándolos, y
por tanto podría ser perseguido por la ley, al manipular los
precios a su antojo y dejar desprovisto el mercado. Casi
mejor así, yendo el viajero con su condumio, no fuera a
ocurrirle lo que le pasó a Brunel, que llegado el momento
de reponer fuerzas en un alojamiento, «no tenían más que
pan y vino para darnos, y dos pobres camas, cuyas sábanas
y colchones no nos permitieron quitarnos nuestros vestidos».

En cuanto a la pena que le daba ver el estado de las
tabernas, hagamos un repaso a otros sentimientos: Joly en
Medinaceli, se alojó «en casa burguesa, a causa de la gran
porquería de las posadas de España, tan célebres por su
inhospitalidad». Y haciendo relato de su viaje, no cejará en
hacernos referencias —demostrando su condición culta— al
Guzmán de Alfarache. Por ello, no es de extrañar que sus
impresiones personales estén impregnadas de un cierto intento de hacer picaresca:

Trabajado como estáis por el calor, cansancio y largo trayecto del camino (...) llegáis a una casa de adobes, comúnmente agujereada y abierta por todas partes... Después de haber tratado y dado el pienso de ese modo [con miedo a que otros se lo roben] a vuestra mula, vais a enteraros de dónde se vende el vino, la carne, y vais vos mismo o por vuestro servidor a comprar, o bien enviáis a algún muchachito o criada, pagándoles (...) que os hurtan una porción de lo que os traen.

La mesa dispuesta en el zaguán, es común a todos los que allí comen, cada uno en su particular (...). El uno pide a gritos el agua, el otro el vinagre...

Al salir, y antes de estar sobre vuestra mula, no dejéis de hacer el inventario del equipaje, porque (...) siempre os faltará algo, y el huésped [posadero] no es responsable de cosa ninguna.

A Brunel y su séquito precisamente, en Irún,

nos trataron en la posada del Correo lo mismo que nos habían tratado en el camino de Nápoles, y aún más escasamente. Unos platitos llenos de mínimos trozos nos hacían desesperar de poder hartarnos; pero aún hubo para satisfacernos, porque sirvieron platos y más platos. Cuando fue preciso pagar, nos despellejaron, porque nos vimos obligados a dar cuatro escudos por una comida que no valía uno.

A veces, sin embargo, podía haber oasis en el desierto: el alojamiento de Los Tres Reyes —en La Roca, en Cataluña— es considerado en palabras de Joly como «el mejor de España, siendo la mayor parte de las camas con cortinas de seda, y las fuentes, escudillas y platos, de plata».

En 1654, Bertaut, por su parte, rememorará las mismas situaciones de la literatura, aunque elogiando las posadas del camino de Madrid a Sevilla, «porque allí hay buenos lugares, y es donde he comido mejor que en ningún lugar de España».

Con un trazado de los caminos prácticamente inexistente y un deterioro permanente, que obliga a cruzar en ocasiones los sembrados, el panorama del transporte por tierra resulta un tanto sombrío, a pesar de las innovaciones de finales de los siglos XV y XVI: aparición del carro con el tren delantero móvil en 1470, las carrozas en el XVI, sin cristales hasta el siguiente; publicación de las guías para los viajeros, familiarización con los viajes a través de la literatura o el teatro, etc. Aun con todo, insistimos, el encarecimiento de los productos (que en menos de trescientos kilómetros hacía que se duplicara el precio del trigo) y la dificultad de transportarlos en grandes cantidades, hará que sólo sea económicamente rentable comerciar en círculos reducidos con los productos de primera necesidad (los de demanda inelástica) que han de consumirse necesariamente no importa cuál sea su precio. Muchos excedentes, cuando los hubiera, ni llegarían a ofrecerse, porque ese encarecimiento haría que nadie los comprara, sobre todo si se trataba de bienes perecederos. Lentitud que podía ser también perjudicial a la hora de mantener informado al poder de las vicisitudes de la política internacional, y que se multiplicaba, asimismo porque la orografía hacía imposibles muchos caminos de rueda anchos, para carros, y había que transportar por los de herradura, sólo para arrieros y recuas. Se usaba, en fin, más el lomo de la mula que el carro, a pesar de la mayor capacidad de éste, por los insalvables obstáculos geográficos. Esta situación, ni siquiera el relevo del buey por el mulo a lo largo del XVI pudo paliarla.

La constante dependencia, a la hora de viajar, de los recursos ajenos (postas, posadas, caballos, etc.) es infinita, y la ausencia de inversión en mejoras de infraestructura por siglos y siglos provoca un absoluto inmovilismo a lo largo del tiempo. Y eso, a pesar de tasas como los portazgos, pontazgos y derechos de barcaje (que suplían la absoluta carencia de puentes, por lo que incluso había que recurrir a vadear los ríos, ya que las aplicaciones de la ingeniería eran, las más de las veces, cosa de lujos cortesanos que de innovaciones económicas), que tenían una relación directa con el transporte. Pero como digo, el destino del producto de esas rentas era, evidentemente, otro que el de infraestructura.

Todo esto conforma una multisecular lucha contra el espacio que el hombre logra afrontar con optimismo únicamente en este siglo, y más aún en los últimos cuarenta años [1].

CAPITULO VII

MINORIAS Y MARGINADOS

por Carmen Sanz Ayán

E N el siglo XVII, y en general durante los siglos modernos, el complicado entramado social propio del Antiguo Régimen tiene una de sus máximas expresiones en el mundo de las minorías.

Las pautas por medio de las que se articulaba la jerarquización social en esta época, no eran, por supuesto, las estrictamente estamentales. Los criterios de casta vinculados con la pureza de la religión profesada —en este caso, el catolicismo— y los económicos, influyeron poderosamente en la existencia de unas minorías casi siempre marginadas o automarginadas, a excepción de los extranjeros ricos, que completan el complejo cuadro social de la época.

Los elementos castizos pesarán sobre todo en la existencia de las minorías judeoconversas, moriscas y gitanas, y los económicos en el caso de los esclavos, pobres y pícaros. Los bandoleros darán la espalda a una sociedad que desde su punto de vista les ha demostrado ser radicalmente injusta, y por último los extranjeros, excluidos en algunos casos y excluyentes en otros, serán vistos por la mayor parte de la sociedad como parásitos dispuestos casi siempre a «secar la sangre destos reinos».

Judeoconversos y criptojudíos

Como es bien sabido, en los tiempos de Velázquez no existían legalmente judíos en España. Todos los que no quisieron renegar de su culto y hacerse cristianos, según la disposición que los Reyes Católicos emitieron el 31 de marzo de 1492, debieron exiliarse.

Esta medida dividió a los antiguos judíos españoles en dos ramas; la formada por los emigrantes que no abandonaron su fe, llamados sefardíes o sefarditas, y los conversos que quedaron en España, a los que se adjudicó, entre otros apelativos, los de marranos, cristianos nuevos o judeoconversos [1].

Muchos de ellos lograron al principio integrarse plenamente en la sociedad cristiana ocupando altos cargos civiles o eclesiásticos, y alentando incluso, desde sus privilegiados puestos, la persecución de los judíos reincidentes que, a pesar de su conversión formal, se suponía por determinados indicios en las costumbres y en los hábitos —guardar el sábado, por ejemplo— que seguían practicando la ley de Moisés. De hecho, los tres inquisidores generales tenidos como los más implacables perseguidores de criptojudíos: Tomás de Torquemada (primer Inquisidor general entre 1483 y 1498), Diego de Deza (segundo Inquisidor entre 1499 y 1506) y Alonso Manrique (quinto Inquisidor de 1523 a 1538), procedían de familias judías convertidas.

La mayor parte de los conversos vivía en las ciudades ejerciendo oficios urbanos tales como comerciantes, financieros, arrendadores de rentas, mercaderes en menudo o al mayor y desempeñando también profesiones liberales, como la medicina o las leyes.

En principio, su vida podía transcurrir como la de cualquier persona, con la limitación de no poder aspirar a una hidalguía y, en algunos casos, no acceder a ciertos oficios porque su carácter de «manchados» no les permitía pertenecer a determinadas asociaciones gremiales [2]. Esto no fue obstáculo para que por lo menos en las primeras décadas del siglo XVI pudieran ocupar puestos importantes en la administración real o en la jerarquía eclesiástica [3]. No obstante, andando el tiempo, algunas órdenes religiosas como los jerónimos, franciscanos o dominicos exigieron limpieza de sangre [4]. En todo caso, la sombra de la Inquisición amenazaba de principio a fin su existencia.

A comienzos del siglo XVII, la opinión que sobre esta minoría tenía la sociedad en general era la misma que existía desde finales del siglo XV, y por la cual los marranos eran personas despreciables que minaban la fortaleza de la Iglesia desde dentro por no estar convencidos de su conversión, atentando al mismo tiempo contra la cristiandad y la monarquía católica. Por ello, los conversos, siempre que pudieron, intentaron alejarse de las actividades mercantiles que les caracterizaban, y trataron de diluirse en el conjunto de la sociedad, no estructurándose como un verdadero grupo sociocultural específico [5].

Sin embargo, de la mano del conde-duque de Olivares, se inició una corriente de pensamiento reformista que pretendía rehabilitar la figura del converso modificando los estatutos de limpieza de sangre, pues como afirmaba el propio valido de Felipe IV, le producía horror el hecho de que mientras Dios perdonaba todos los pecados, Castilla no fuera capaz de hacerlo ni siquiera con aquellos descendientes de judíos convertidos siete generaciones atrás.

Las razones que animaron al conde-duque a intentar esta rehabilitación eran fundamentalmente de carácter económico. Olivares pretendía recuperar para la actividad financiera y comercial de la monarquía a los activos conversos que, como hemos dicho, abandonaban siempre que era posible sus oficios para que su impureza no se detectara con facilidad.

Desde el comienzo de su valimiento, el conde-duque pretendió romper el monopolio que los genoveses ejercían en el ambiente bancario. Estos se habían convertido en los principales acreedores de la Corona merced a los cuantiosos préstamos que ésta había recibido de sus manos. Los intereses acumulados, que se consideraban abusivos, tanto por parte del Consejo de Hacienda como de Olivares, animaron la decisión de sustituir a los italianos por judeoconversos lusos [6]. La consecuencia de esta determinación se reflejó en el asentamiento en la Corte de un número considerable de importantes hombres de negocios de origen portugués y converso, que comenzaron a dominar el ambiente asentista de la primera mitad del siglo XVII y trajeron las prácticas endogámicas, así como los comportamientos de grupo propios de los conversos portugueses [7]. A pesar de ello, y merced al apoyo de Olivares, consiguieron disfrutar de un reconocimiento en la vida cortesana y alcanzaron dignidades en otro tiempo impensables, como hábitos de órdenes militares e incluso títulos nobiliarios de reciente creación.

El ejemplo quizá más ilustrativo de este tipo de conversos fue Manuel Cortizos, uno de los principales prestamistas de Felipe IV en la segunda parte de su reinado, asiduo del Buen Retiro, contador de la Contaduría Mayor de Hacienda, regidor de Madrid y factor del rey, entre otros títulos [8].

Tras la caída del conde-duque en 1643, la situación de los conversos portugueses, sin su principal defensor en el poder, comenzó a empeorar, reflejándose en una importante ofensiva inquisitorial que se agudizó en los primeros años de la década de los cincuenta y que provocó la siguiente reacción entre los perseguidos:

De portugueses que no se fían que cada día quiebran y se van huyendo de la Inquisición, y después del auto de Cuenca me aseguran se han ido de Madrid más de doscientas casas con toda su familia a la deshilada, de la noche a la mañana. Todo esto puede el miedo [9].

Este fue el vivir cotidiano de los conversos en el siglo XVII, entre la riqueza y la persecución, entre la marginalidad, el intento de anonimato y la ocultación de sus orígenes que a menudo trataban de camuflar con informes falsos y bien pagados procedentes de lugares como Asturias o Santander, que aseguraban tener ascendientes que procedían de aquellos lugares, lo que significaba automáticamente una prueba de limpieza.

Sin embargo, los conversos de origen portugués consiguieron mantener sus actividades a lo largo de toda la centuria, y mientras los padres huían hacia Amsterdam para terminar sus días abrazando su verdadera religión, los hijos permanecían en Castilla conservando los negocios comerciales y financieros de sus respectivas familias. Para ello debieron esquivar las acciones de la Inquisición y mantener una tupida red de parientes y conocidos, lo que les permitió protagonizar en buena parte la vida mercantil y bancaria de aquellos años.

Los moriscos

La existencia de la minoría morisca nació también de la conversión forzada de los musulmanes que habitaban en territorios cristianos, es decir, del pueblo mudéjar. En los tiempos de Velázquez tampoco existían legalmente moriscos en territorio hispano, ya que se decretó su expulsión en 1609.

Antes de la conquista de Granada, la mayor parte de los mudéjares se concentraban en la corona de Aragón y principalmente en el Reino de Valencia, pero la incorporación del Reino de Granada a Castilla hizo que un importante número de mudéjares pasara a formar parte de la población castellana [10]. Aunque unas primeras capitulaciones firmadas en 1491 entre los Reyes Católicos y los representantes musulmanes reconocieron a los mudéjares su libertad personal, la conservación de sus estructuras sociales y su organización jurídica, religiosa y cultural, la convivencia entre mudéjares y cristianos fue deteriorándose, y la actitud del poder real no ayudó en nada al restablecimiento de la armonía, pues entre otras medidas restrictivas se fijaron impuestos que recaían únicamente sobre los mudéjares [11].

Al mismo tiempo se inició un moderado intento de evangelización auspiciado por el arzobispo de Granada, Hernando de Talavera, a través del buen ejemplo y el convencimiento sin violencia, pero a la vista de los lentos resultados que este método deparaba, fray Hernando fue «ayudado» en su tarea por el enérgico Cisneros, que forzó a muchos mudéjares a la conversión, produciéndose finalmente una sublevación el 18 de diciembre de 1499 en el Albaicín y cuyos últimos coletazos se prolongaron hasta la primavera de 1501.

La consecuencia directa de estos disturbios fue que la población mudéjar de Granada debió optar por el bautismo obligatorio o la expulsión. Esta medida, que en principio sólo afectaba a los granadinos, se extendió al resto de la Corona en 1502, al Reino de Valencia en 1521 y a la totalidad de la corona de Aragón en 1525 [12]. La diferencia cronológica en la entrada en vigor de la medida entre Castilla y Aragón se explica por la protección que los nobles aragoneses dispensaron a los mudéjares, ya que su habilidad en los regadíos y docilidad y obediencia, suponían un pilar fundamental para la economía señorial. De este modo, los mudéjares cristianizados formaron desde entonces la comunidad morisca.

A pesar de la conversión, el islamismo religioso y cultural se siguió practicando. Los vestidos, los hábitos alimenticios en los que el cerdo estaba excluido, la endogamia, los oficios artesanales, como el trabajo de la seda, y en definitiva las costumbres, seguían apegadas a las leyes coránicas [13].

Desde el punto de vista laboral estaban bien considerados; por ejemplo, Cellorigo dice de ellos:

exercitados trabajadores... trabajan y multiplican y saben vivir con poco (...), caminar y trasnochar y padecer hambre y descomodidades de calor y frío...

Aunque hubo diversos intentos para eliminar su peculiaridad cultural a lo largo del siglo XVI, los esfuerzos dieron pocos resultados, con el agravante de empezarlos a considerar colaboradores de los piratas berberiscos que asolaban las costas levantinas y de los propios turcos, que por mar y tierra presionaban a la Europa occidental durante esos años. La consecuencia fue un nuevo enfrentamiento entre la comunidad cristiana y la morisca en la Navidad de 1568. El estallido se produjo en Granada y el conflicto se extendió por todas las Alpujarras hasta 1570, en que don Juan de Austria consiguió mitigarlo.

Para evitar que se reprodujeran estos hechos, se decidió diseminar la población morisca por el resto del reino castellano como último intento de asimilación a la sociedad cristiana, pero tampoco se obtuvo un resultado positivo.

El recurso de la expulsión se vio cada vez más próximo, materializándose finalmente en octubre de 1609, como queda señalado. Esta medida afectó todos los reinos de la monarquía, pero especialmente el de Aragón, en donde su ausencia supuso grandes pérdidas económicas y un importante proceso de despoblación en amplias zonas [14].

A pesar de la clara intención de solucionar, de una vez por todas, el problema morisco a través de la expulsión, algunos de ellos lograron quedarse como esclavos de particulares o sobornando a las autoridades locales. La prueba de ello es la relativa frecuencia con que aparecen en los autos de fe celebrados después de 1609 [15]. En el reinado de Felipe IV, él mismo y el equipo de gobierno que le rodeó parecen valorar negativamente la expulsión. El propio Calderón, desde una de sus más bellas tragedias, es como si reconociera el grado de culpa y la falta de tacto político que supusieron para esta comunidad las disposiciones que no la permitían conservar su peculiaridad cultural:

> *La causa de la rebelión*
> *por si tuve parte en ella,*
> *te suplico que el silencio*
> *le permitas a mi lengua.*
> *Aunque mejor es decir*
> *que fue la causa primera,*
> *que no decir que lo fueron*
> *las pragmáticas severas*
> *que tanto los apretaron*
> *que decir esto me es fuerza* [16].

Pero los moriscos en el reinado de Felipe IV no eran ningún peligro. Un simple y minúsculo vestigio que ya nadie podía interpretar como prueba del antiguo poder islámico, que por otro lado en el siglo XVII se hallaba en franca retirada. La entonces universal monarquía poco tenía que temer de los escasos moriscos que quedaron, y por aquel entonces demostraron con su permanencia en la Península, a pesar de la expulsión, que tenían más apego a la tierra que los vio nacer que a las enseñanzas del Corán.

Los gitanos

Otra minoría presente en la España de Velázquez fue la de los gitanos. Al hablar de ellos nos encontramos ante un grupo social sin historia [17]. El origen del pueblo gitano es incierto. Al parecer, pueblos procedentes de la India iniciaron en el siglo X un movimiento hacia Occidente. Su lengua era el romaní, que derivó con el tiempo en el caló, y cuya denominación para los habitantes de los reinos hispánicos era la de jerigonza. Las diferencias étnicas con respecto al resto de los habitantes de la Península no eran muy marcadas, salvo en lo oscuro de su piel, que se achacaba más a su vida a la intemperie que a disimilitudes propiamente raciales.

La razón de su vida trashumante se justificaba en Europa por un hipotético destierro que el emperador Segismundo I les infligió en 1417, obligándolos a peregrinar a Roma para expiar la culpa de haber abjurado del cristianismo por presiones de los turcos. No obstante, la aureola de «peregrinos» que acompañó a los gitanos en el siglo XV comenzó a disiparse en el siguiente, mutándose por la de rateros y embaucadores.

Su primitiva organización social era la tribu de unos cien miembros, pero a partir del siglo XVI su núcleo fundamental será la gran familia de carácter patriarcal, de número más reducido. Una de sus características peculiares como grupo era la hospitalidad que mostraban con los extraños; de ahí la frecuente creencia de que entre ellos se escondían prófugos, ladrones o delincuentes.

Sus actividades profesionales eran las de comerciantes de ganado, artesanos del metal o músicos y bailarines, siendo esta última la que más ha trascendido a la literatura de la época. Pero junto a estos trabajos «legales» se les imputaban con frecuencia otros, como los de practicar la hechicería o el hurto.

A pesar de la fama de embaucadores e impíos de que gozaban, los gitanos nunca supusieron un problema comparable al de los judeoconversos o los moriscos, grupo este último al que con alguna frecuencia se los asimiló. La razón de esta ausencia de conflictividad quizás estribaba en que su número no era comparable al de los moriscos, que ascendía a unos trescientos mil antes de la expulsión.

No faltaron, sin embargo, detractores de los gitanos en tiempos de Felipe IV, como fray Pedro de Figueroa, que decía de ellos:

> Harto peligro traen la fe en las obras, pues viven una vida desalmada, intentan sólo maldades y consiste la perfección de su vida en descuidar más su alma. Sus engaños, o son pactos del demonio, o embustes para robar (...). Bien los llamé vasallos del demonio porque no es otra cosa un aduar de gitanos que un exército de Satanás [18].

No obstante, a pesar de las peticiones de expulsión que expresaron hombres como el citado fray Pedro de Figueroa o arbitristas como Juan de Quiñones y el propio Sancho de Moncada [19], Felipe IV no estuvo dispuesto a tomar esas severas medidas. De hecho, en 1633 se promulgó una pragmática en la que se expresaba la inconveniencia de la expulsión por la despoblación que sufrían los reinos.

Esclavos

Otro de los grupos minoritarios existentes en la España del siglo XVII fue el de los esclavos. Sevilla y Lisboa eran las dos ciudades de la Monarquía hispánica, y de todo Occidente, que contaban con una colonia mayor. También la región valenciana tenía un número considerable. Algunos eran americanos, otros canarios, y la mayor parte moros —casi siempre prisioneros de guerra norteafricanos—, negros y moriscos.

Los esclavos canarios que había fueron una consecuencia de la anexión de aquellas islas. Se importaron desde el siglo XV, y fue sobre todo a comienzos del XVI cuando se produjo la venta de esclavos insulares en Sevilla. Tampoco abundaron los esclavos procedentes de América; tan sólo en las primeras décadas del siglo XVI se trajeron algunos, hasta que la Corona prohibió terminantemente su tráfico, y no se permitió tratarlos como esclavos, salvo si eran rebeldes o antropófagos [20].

En cuanto a los procedentes del norte de Africa, el conflicto en el Mediterráneo entre España y los turcos con sus aliados los piratas berberiscos, creó una continua corriente de esclavos norteafricanos durante los siglos XVI y XVII. También los enfrentamientos entre los moriscos granadinos y la autoridad real dieron como resultado la captura de muchos prisioneros que fueron esclavizados; como ya señalamos, otros decidieron entregarse voluntariamente para evitar la expulsión. En cuanto a los esclavos negros, no se sabe con exactitud cuándo se trajeron a la Península, vía Sevilla, los primeros africanos, pero los cronistas señalan que a finales del siglo XIV muchos esclavos negros habían sido introducidos ya por mercaderes dedicados al comercio africano. Poco después, los armadores andaluces, incluyendo a los miembros de la más alta nobleza, compitieron con los portugueses en la organización de incursiones a la costa africana, hasta que en 1479 los españoles reconocieron finalmente el monopolio portugués en la introducción de esclavos [21]. Con el descubrimiento de América, la corriente de africanos hacia el Nuevo Mundo se intensificó.

Las gentes adquirían esclavos a título de inversión, utilizándolos para respaldar un negocio; otros los hacían trabajar como obreros o artesanos independientes, siendo una fuente de renta para sus dueños, pero sobre todo desempeñaron tareas domésticas como criados, cocineras, amas de cría, fundidores, curtidores, albañiles o recaderos [22].

Algunas gentes marcaban a sus esclavos, pero no fue una práctica normal. Acostumbraba a hacerse cuando éstos eran fugitivos o desobedientes; en ese caso solían llevar tatuado en la mejilla una «S» y un clavo, una flor de lis, una estrella, las aspas de san Andrés o el nombre de su amo.

Fue frecuente la práctica de la manumisión, sobre todo en las disposiciones testamentarias y cuando los esclavos habían llegado a edad avanzada, generalmente a partir de los cuarenta años.

En las casas de los nobles y hombres pudientes de las grandes ciudades, los esclavos eran una muestra más de opulencia y exotismo. Por ejemplo, con motivo de la visita del príncipe de Gales a Madrid, el duque de Medina Sidonia regaló a Felipe IV veinticuatro caballos con arreos de perlas y oro y veinticuatro esclavos. Sin embargo, en una ciudad como Sevilla su posesión no era privativa de los grupos sociales privilegiados, y se extendía a artesanos de diversos oficios o gentes de profesiones liberales como médicos e incluso sacerdotes [23].

El trato que se dispensaba a los esclavos domésticos variaba, dependiendo, por supuesto, del carácter de los propietarios, pero no parece que existieran diferencias sustanciales entre ellos y los criados libres. Fue frecuente, sin embargo, que las autoridades municipales tendieran a limitar sus movimientos mediante disposiciones legales si consideraban que la seguridad pública podía verse alterada; por ello se les prohibió llevar armas, excepto cuando acompañaban a sus amos o en cumplimiento de sus deberes regulares. También se restringió el número de los que podían reunirse en lugares públicos o tabernas [24].

Los amos procuraron cuidar la vida religiosa de sus esclavos bautizándolos y apadrinando a sus hijos, siendo unos y otros miembros de pleno derecho de la Iglesia. Entre los recién bautizados, las conversiones verdaderas eran poco frecuentes, pero en la segunda generación muchos eran ya cristianos convencidos. Su incorporación a las actividades sociales y rituales de la Iglesia aceleró el proceso de integración cultural a través de sus parroquias o de cofradías, como la de san Roque en Sevilla. Así, pues, mientras que los esclavos moros y moriscos permanecieron marginados dentro de la sociedad, los esclavos y libertos negros se asimilaron a los grupos sociales más humildes, aceptando libremente el cristianismo y la cultura española.

Pobres y pícaros

Muchas fueron las razones que hicieron que la mendicidad y la pobreza fueran en esta época una constante. Por ejemplo, las fluctuaciones climatológicas —más acusadas en el siglo XVII que en el XVI— originaron malas cosechas y, por tanto, dificultades alimenticias, pestes y fiebres que intensificaron la miseria de los grupos sociales menos favorecidos. La respuesta de estos colectivos fue dirigirse a las grandes ciudades, como Madrid o Sevilla, para intentar mitigar a duras penas su necesidad a costa de arrastrar una mísera existencia, malviviendo de la caridad pública. Algunos no ejercían la mendicidad de forma permanente, sino que al ser trabajadores sin una cualificación especial, pedían durante algún tiempo hasta conseguir algún trabajo.

La sociedad de estos años no consideraba a los mendigos un mal a erradicar por medio de medidas políticas, y la doctrina católica hacía de ellos motivo y pretexto para practicar la caridad cristiana. La mendicidad era un derecho para aquellos que no podían trabajar por razones de enfermedad, edad o mutilación. Estos eran los mendigos «reconocidos», que poseían una licencia concedida por el párroco de su pueblo, ciudad o barrio que les permitía ejercer el pordioseo en su localidad y en seis leguas a la redonda. De entre ellos, los más respetados y los que conseguían mantener su indigencia más dignamente eran los ciegos [25], que solían acompañarse de una guitarra o de la chinfonía (instrumento que, según indica Covarrubias en su *Tesoro de la Lengua,* llevaban los ciegos junto a un perrillo que bailaba).

En ciertas ciudades, los ciegos se agrupaban en cofradías cuyos estatutos eran oficialmente reconocidos por la autoridad municipal, permitiéndoles el privilegio de recitar con exclusividad coplas y oraciones, y vender pliegos de cordel o almanaques.

Pero además de los mendigos con licencia —que en definitiva eran un «bien» privativo de cada ciudad para redimir los pecados de sus habitantes en vida y tras su muerte, encargando oraciones a cambio de limosnas—, existían los falsos mendigos, siendo muy difícil distinguir los unos de los otros.

Una obra de finales del siglo XVI escrita por Pérez de Herrera y titulada *Discurso del amparo de los legítimos pobres y sobre la reducción de los fingidos,* calculaba en unos ciento cincuenta mil los que vivían en la Península de la caridad pública, siendo simuladores la mayor parte, según su estimación.

En Sevilla, según un recuento hecho también a finales

El músico ciego.
Bayen, Museo del
Prado, Madrid.

del siglo XVI por el conde de Puñonrostro, se cifraba el número de mendigos en unos dos mil, encontrándose entre ellos verdaderos y fingidos. En Madrid, en una fecha algo más tardía como es la de 1637 [26], se afirma que pasaban de tres mil trescientos los que pedían limosna en sus calles, calculando que sólo unos mil trescientos eran pobres auténticos.

Estas gruesas aproximaciones numéricas nos dan indicio de que el mundo de la mendicidad real y el de la picaresca convivían entremezclados, siendo muy difícil separarlos.

Lo que sí tenemos algo más claro es que el grupo de los mendigos fingidos era el estadio más bajo de la práctica picaresca, junto con los falsos peregrinos que se dedicaban a estas actividades por no tener «valor» para emprender acciones más arriesgadas. Pero si la valentía no era una de sus cualidades más destacables, la imaginación para conmover a las gentes sí era, desde luego, uno de sus rasgos definitorios. La simulación de llagas sangrantes, cojeras, calenturas o hernias era su mejor fuente de ingresos. Pululaban por todas partes, por los paseos y sobre todo en las iglesias, tanto a la entrada como en su interior.

Por encima de este primer estadio se encontraban aquellos que tras la pantalla de algún oficio, como el de buhonero o esportillero, escondían pequeñas actividades delictivas, como robos o engaños. Finalmente, y en un grado «profesional» superior estaban los ladrones, matones y rufianes. Entre los primeros existía una amplia gama de «especialistas». Los que desvalijaban casas escalando por sus paredes eran los «grumetes» en el lenguaje del hampa, los «devotos» robaban los cepillos de las iglesias, los «apóstoles» eran los especialistas en ganzúas para abrir toda clase de puertas, y cómo no, los famosos «capeadores», que dejaban a los transeúntes sin capa en pocos segundos.

En cuanto a los rufianes y matones, llamados también jácaros, jaques o rufos, eran asesinos a sueldo que según el encargo que recibían asestaban a sus víctimas palizas o cuchilladas. También solían actuar como alcahuetes, viviendo de los ingresos de prostitutas que tenían a su cargo, e incluso hacían el papel de marido ultrajado, exigiendo reparaciones de algún crédulo al que encontraban con su pretendida mujer.

Las prostitutas que se avenían a la protección de los rufianes eran las más modestas en este viejo oficio. Las había de categoría superior, que vivían solas e independientes, recibiendo visitas de hombres adinerados y nobles [27].

Además existían los burdeles, conocidos en la época con el nombre de mancebías, que eran tolerados y reglamentados por la autoridad municipal. Disponían de este tipo de establecimientos casi todos los núcleos de población importantes, pero eran especialmente abundantes en la Corte, en los puertos y en los emplazamientos de las universidades. Las ordenanzas de mancebías cuidaban de la limpieza de los burdeles y de su seguridad, existiendo incluso guardias encargados de mantener el orden en su interior. También procuraban que las mujeres allí empleadas no fueran maltratadas, aunque, eso sí, debían distinguirse claramente de las «honradas» vistiendo con medios mantos negros y no con mantos enteros, como la generalidad. El responsable de la buena marcha de estos lugares se conocía con el nombre de «padre» o «tapador», y en muchos casos este oficio era ejercido por mujeres.

Algunas oleadas moralizadoras hicieron que Felipe IV emitiera en varias ocasiones pragmáticas que prohibían la existencia de mancebías [28], aunque tales restricciones no tuvieron efecto alguno.

Junto a esta prostitución reglamentada y evidente, se encontraba la que convivía con la picaresca, y en la que las mujeres adoptaban los hábitos externos de grandes señoras y conseguían, con la complicidad de algunos truhanes, sustanciosos beneficios.

Las grandes ciudades como Madrid, Sevilla, Cádiz o Valencia ejercían una atracción especial para estas gentes, y era allí donde formaban bandas organizadas llamadas «cofradías» o «monipodios», como el que magistralmente describe Cervantes en *Rinconete y Cortadillo*, que contaban no

sólo con los ejecutores de los delitos, sino también con una
complicada red de encubridores y cómplices.

En cada ciudad existían lugares determinados en donde
la legión de hampones se reunía. En Sevilla, el Corral de
los Olmos era el frecuentado por los individuos más comunes, mientras que la élite delincuente se agrupaba en el Corral de los Naranjos. Su principal zona de actividad era,
como no, el Arenal. En Madrid, la Puerta del Sol y la plaza
de Herradores fueron los lugares más concurridos por pícaros; en Segovia, los alrededores del acueducto; en Toledo,
la plaza de Zocodover; en Córdoba, la plaza del Potro, y
en Málaga, las almadrabas.

De todos estos escenarios ha dado cumplida cuenta la
literatura picaresca o el teatro de la época, y aunque las citas
podrían multiplicarse siguiendo obras tan conocidas como
el *Guzmán de Alfarache*, el *Estebanillo González* o *El Bus-
cón*, elegiremos la de una mujer pícara, *La hija de Celestina*,
de la cual Salas Barbadillo nos dice:

> ...Mujer de buena cara y pocos años, que es la principal hermosura;
> tan sutil de ingenio, que era su corazón la recámara de la mentira donde
> hallaba siempre el vestido y traje más a su propósito conveniente.
>
> Persona era ella que se pasara diez años sin decir verdad y lo que
> más se la ha de estimar es que nunca la echaba de menos, y vivía muy
> contenta y consolada sin sus visitas [29].

Bandoleros

Por bandolero se entendía en el siglo XVII a la persona
que decidía abandonar su casa y afincarse en montañas o
despoblados, bien porque huía de la justicia o porque pretendía vengarse de sus enemigos. Si eran nobles no mataban
a sus víctimas, aunque solían quitarles lo que llevaban para
su sustento. Pero además de éstos que exhibían tan cortesanos modales, estaban los salteadores de caminos propiamente dichos que mostraban mucha más crueldad en sus
acciones.

La existencia de bandoleros no era un fenómeno social

privativo de la Monarquía hispánica, como tampoco lo eran los pícaros, de los que existía un importante número en Italia. El fenómeno del bandolerismo se registra en casi todos los caminos de Europa por estas fechas, y su aparición se acentúa casi en las mismas circunstancias: épocas de inestabilidad política local o nacional y períodos de crisis económicas.

A lo largo de los siglos XVI y XVII hay que señalar dos grandes focos de bandolerismo en la Península: el catalán y el andaluz. En ambas zonas este fenómeno se intensificó durante el reinado de Felipe IV, y de su virulencia nos han dejado testimonio, por ejemplo, los «avisos» de Pellicer y las relaciones que por esos años se redactaron. La situación llegó a ser tan crítica, que el problema se extendió a otras zonas de Castilla la Vieja y la Mancha.

Las cuadrillas de bandoleros solían componerse de soldados viejos acostumbrados a la guerra que no habían hallado otra ocupación, de labradores arruinados y de perseguidos por la justicia o la Inquisición.

En el caso catalán existía también un componente de enfrentamiento entre grupos nobiliarios rivales que alentaban la existencia de bandoleros. De esta realidad Francisco Manuel de Melo dejó el siguiente testimonio:

Son los catalanes por la mayor parte hombres de durísimo natural (...). En las injurias muestran gran resentimiento y por eso son inclinados a la venganza; estiman mucho su honor y su palabra (...). La tierra, abundante de asperezas, dispone su ánimo vengativo a terribles efectos con pequeña ocasión; el quejoso o agraviado deja los pueblos y se entra a vivir en los bosques, donde en continuos asaltos fatiga los caminos (...); llaman comúnmente andar en trabajo aquel espacio de tiempo que gastan en este modo de vivir (...): no es acción entre ellos reputada por afrentosa; antes al ofendido ayudan siempre sus deudos y amigos. Algunos han tenido por cosa política fomentar sus parcialidades por hallarse poderosos en los acontecimientos civiles: con este motivo han conservado siempre entre sí los dos más famosos bandos de Narros y Cadells, no menos celebrados y dañosos a su patria que los Güelfos y Gibelinos de Milán (...) [30].

En 1612 había en Cataluña más de diez cuadrillas importantes de bandoleros con numerosos caballeros en sus filas, como el Roque Guinart de la segunda parte de *El Quijote*.

Precisamente del amplio eco que esta actividad al margen de la ley tuvo en el mundo de las letras, da testimonio la anterior cita de Cervantes o el propio Calderón, que en *La devoción de la Cruz* o en *Luis Pérez el Gallego* ofreció muestras de algunos de los tipos de bandoleros conocidos en la época, el primero más sangriento y cruel, aunque a la postre piadoso, y el segundo un verdadero caballero que asaltaba por los caminos de palabra y no de obra, como queda patente en estos versos:

VILLANO 1.º—*¡Luis!*
¿Qué es esto? ¿Aquí os atrevéis
a estar cuando el mundo os busca?
LUIS.—   *Con mi riesgo, ¿no podré?*
En fin, esto no es del caso.
Pues sois mi amigo, atended.
Yo tengo necesidad;
cosa infame no he de hacer;
vos lleváis ahí dineros
con que ayudarme podéis;
ni me he de dejar morir,
ni yo os tengo de ofender;
y así os podéis ir seguro (...) [31].

En Andalucía, antes de la expulsión de los moriscos, fue de especial importancia el bandolerismo representado por los famosos monfíes de las Alpujarras, pero tras su salida de la Península, siguió habiendo bandoleros a lo largo del siglo XVII, bien dedicados a asaltar en los caminos o a robar ganado. Por último, el tipo de bandido generoso que tanta fortuna tuvo en la literatura del siglo XIX, parece ser que también se daba ya por estas fechas.

Extranjeros

La vocación universal de la Monarquía hispánica en los siglos XVI y XVII, hizo que muchos de sus súbditos mantuvieran un intenso contacto con la cultura y los habitantes de otros países. Los frutos de ese intercambio se manifestaron claramente en la vida artística y cultural de aquel tiempo. El solo hecho de que miles de españoles sirvieran en el ejército fue suficiente para que la mentalidad de muchos de ellos se ensanchara en contacto con las ciudades italianas o con Flandes. No obstante, la opinión general sobre los extranjeros no era buena.

En el siglo XVII la razón por la que los habitantes de otros países se instalaban en los reinos peninsulares era clara: mejorar su nivel de vida y enriquecerse. De este objetivo fundamental se percataron los naturales, que ya desde mediados del siglo XVI denunciaban lo pernicioso que resultaba el afincamiento de extranjeros en la Península, afirmando ante las Cortes castellanas:

la principal causa del alza de los precios es que los extranjeros especulan con todo tipo de suministros [32].

Los arbitristas posteriores, desde Sancho de Moncada hasta Martínez de Mata, insistirán en esta idea que respondía a una realidad constatada, ya que la mayor parte del comercio de España con Indias se encontraba en manos extranjeras y las finanzas estatales eran controladas por genoveses en los primeros años del reinado de Felipe IV y por portugueses después. Estos últimos, aunque súbditos de la Corona hasta los levantamientos de 1640, fueron considerados extranjeros igualmente.

Los genoveses venían jugando un importante papel en el tráfico marítimo peninsular, y sobre todo el sevillano, desde finales de la Edad Media. Muchos de ellos habían conseguido la naturalización por medio del matrimonio, pudiendo comerciar de esta manera directamente con Indias. Pero a pesar de las naturalizaciones legales, la consideración de extranjeros por parte de la mayoría de los habitantes perduraba, ya que si consentían emparentar con familias castellanas para favorecer sus actividades comerciales, no por ello dejaron de alentar pautas endogámicas de comportamiento, concertando matrimonios que obedecían no sólo a criterios profesionales, sino también nacionales.

De los portugueses ya sabemos que su entrada fue facilitada por los planes reformistas del conde-duque, aunque no por ello gozaron de mejor opinión, pues pronto se los igualó con los genoveses en los aspectos negativos:

> *El que ayer era pigmeo,*
> *oi es sovervio xigante*
> *con más fuerza que un atlante,*
> *y para decirlo todo,*
> *esta nuestra edad de oro,*
> *se gobierna a lo ignorante.*
> *Como si fueran cerezas,*
> *que unas tras otras vienen,*
> *es fuerza que se encadenen*
> *las naciones más revesas*
> *en las cantidades gruesas* [33].

Por supuesto, «las naciones más revesas» de estos versos anónimos de mediados del siglo XVII no eran otras que la genovesa y la portuguesa.

Además de ellos, otras colonias importantes de comerciantes extranjeros procedentes de Europa se agolparon, en Sevilla primero y en Cádiz después, a partir de la segunda mitad del siglo XVII. Una de las que creció con más rapidez fue la de los franceses, y así vemos que junto a las diatribas contra genoveses y lusos, las quejas contra nuestros vecinos del norte se intensificaron, con el agravante de que además de los comerciantes franceses de envergadura, desde la segunda mitad del siglo XVI y durante todo el XVII se experimentó una importante afluencia de franceses de humilde condición que atraídos por los mejores sueldos con que se pagaban en la Península oficios como los de cochero, lacayo o criado, se empleaban aquí para conseguir una cantidad razonable de dinero y regresar a su país.

Contra ellos Martínez de Mata lanzó continuos ataques del siguiente jaez:

> Ciento y veinte mil franceses (...) se han alzado con los oficios serviles, tratos y ministerios domésticos con apócrifa estratagema de pobreza de ropa y desaliñado modo, engañando fiados de una piedad boba que han reconocido en los españoles, con lo cual han sacado dellos a los naturales que los ejercían, como con humano, haciéndolo a menosprecio y al parecer mejor mientras se fueron introduciendo en ellos (...). Estos como hormigas vienen de Francia vacíos y vuelven cargados de las ganancias adonde sustentan a sus familias (...). Siento que nos comen el pan y que con lo que ganan no dejan provecho a nadie porque no lo vuelven a gastar, que con la misma ropa que traen de Francia se vuelven cargados de oro (...) [34].

Tras estas opiniones bien podemos calificar la postura de Martínez de Mata y la de otros arbitristas como de xenófoba, actitud que tenía sus raíces en primer lugar en los puestos de relevancia que los extranjeros adquirieron en la actividad comercial, enviando buena parte de las ganancias conseguidas a sus lugares de origen, y en segundo lugar en la conquista de oficios menores, perjudicando a los naturales al trabajar mejor y más barato.

Ambos problemas generaban graves consecuencias para la economía del país, y por ello la actitud general no fue la de permisión o laxitud hacia ellos, aunque, por supuesto, los adinerados tuvieron siempre abiertas las puertas de las élites locales de la nobleza y de la Corte.

CAPITULO VIII

PODEROSOS Y PRIVILEGIADOS

por Carmen Sanz Ayán

1. *La fuente de poder*

A NTES de comenzar a hablar de los grupos que poseían el poder en el siglo XVII, debemos recordar que la sociedad del Antiguo Régimen se caracteriza por un complejo entramado jerárquico del que formaban parte:

a) La diferenciación legal, política y jurídica determinada por la existencia de órdenes o estamentos, de los cuales los privilegiados eran el clero y la nobleza en razón de la función social que cumplían: los primeros, rezar por la colectividad, y los segundos, defenderla.

b) La posición ante el proceso productivo de bienes y riqueza.

c) Los comportamientos locales, familiares y profesionales.

d) El grado de pureza religiosa.

Aunque los tres últimos factores de jerarquización eran importantes, la teoría política del siglo XVII abundó en los argumentos de diferenciación estamental, viendo en la sociedad terrestre una proyección del orden celestial y considerando la desigualdad como «estado natural» de la sociedad humana. De esta manera la existencia de los estamentos quedaba legitimada.

La mayor parte de estas teorías estaba basada en l- teo-

logía medieval, según la cual, por debajo de la Trinidad la
sociedad de los ángeles estaba repartida en nueve coros, que
a su vez se distribuían en tres órdenes. La jerarquía superior, con los tres coros de serafines, querubines y tronos,
representaba, en cierto modo, la nobleza del cielo, y por
tanto el modelo social de los tres estamentos no sería más
que una transposición del orden celestial.

Los autores de teoría política aplicaban también otro
esquema, esta vez antropomorfo, que adaptaba a la sociedad el modelo religioso, de manera que al igual que Cristo
era a la vez corazón y cabeza de la Iglesia, el rey era asimismo corazón y cabeza del reino [1].

A partir de estas teorías se entendía que la fuente de
poder en la España del siglo XVII era el monarca, y que
aunque existieran en manos de los distintos grupos privilegiados facultades de carácter administrativo, judicial o económico reconocidas jurídicamente, todas ellas quedaban su-
peditadas a la soberanía real [2].

El principio del absolutismo monárquico quedaba bien
evidenciado en esta concepción, al menos sobre el papel.
Pero en realidad, en la España del siglo XVII, bajo la etiqueta de la monarquía absoluta se establece lo que José
Antonio Maravall denominó «un colectivo de poder». La
práctica del absolutismo en España no consiste de ninguna
manera en el ejercicio de un poder sin límites por parte de
un hombre sobre millones de súbditos. Su funcionamiento
es más complejo.

Una monarquía de tendencia absolutista se construye y
desarrolla sobre la decadencia de las instituciones represen-
tativas —en el caso de los reinos hispánicos, de las Cortes [3]—, e implica la formación en torno al monarca —la
verdadera fuente de poder— de élites cuyos orígenes pueden ser diversos —la mayoría formaba parte de la nobleza,
aunque también procedían de ámbitos no nobiliarios— y
que se reagrupan en los centros de decisión, por ejemplo
en los Consejos, o que actúan por delegación de poder como
los virreyes o los corregidores.

Por tanto, de esas élites de poder pueden formar parte

tanto personas que pertenecen al estamento nobiliario y que
por consiguiente disfrutan de un estatuto privilegiado, como
otras que no, por ejemplo, algunos letrados.

Comenzaremos analizando el grupo nobiliario. Cono-
ceremos sus ventajas con respecto al resto de la población
y procuraremos valorar el grado de poder económico y político que acumuló en sus manos, se mencionarán los puestos que en el entramado político-administrativo podía conquistar alguien que perteneciera al tercer estado y, sobre
todo, prestaremos especial atención a los caminos que podían emprenderse para conseguir un ascenso social.

2. Prerrogativas de los «privilegiados»

Como hemos señalado con anterioridad, la nobleza era
un grupo social jurídica y políticamente privilegiado, con
una función social tradicional —la militar— y con un modo
de obtener renta en el que no estaba implicado, en principio, un trabajo personal ejercido de forma directa.

Otra de sus características específicas era la transmisión
de prerrogativas de forma hereditaria a sus descendientes.

Los privilegios de que gozaba todo el grupo nobiliario [4]
se reflejaban, en el aspecto fiscal, en la exención total de
impuestos directos, y en el plano judicial y procesal en que
sólo podían ser juzgados por sus iguales, existiendo unas
salas de hijosdalgos expresamente para ellos en las Chanci-
llerías reales; además no podían ser sometidos a tormento
y a castigos infamantes como galeras o azotes, y en caso de
pena de muerte, estaba prohibido utilizar la horca como
medio de ejecución. Tampoco se les podía apresar por deudas y no era posible confiscar los bienes vinculados a mayorazgo [5]. Gozaban asimismo de una serie de privilegios
consuetudinarios como el uso de espada y otras armas, el
disfrute de zonas privilegiadas en las iglesias y la utilización
de telas o vestidos de calidad que mediante leyes suntuarias
restrictivas estaban prohibidos a personas que no pertene-
cieran a la nobleza.

Estos privilegios afectaban a la totalidad del estamento nobiliario, pero dentro de él existía una jerarquización interna en donde la base eran los simples hidalgos, que constituían el 90 por 100 de la nobleza y cuya concentración era mayor en el norte peninsular. Por supuesto, no siempre vivían en la situación de miseria que de ellos nos ha transmitido la novela picaresca.

Por encima de los hidalgos se encontraban los caballeros, que disfrutaban de una posición económica holgada y solían fijar su residencia normalmente en núcleos urbanos, aunque sus posesiones rurales les permitían mantener un ritmo de vida noble en la ciudad. Algunos de ellos poseían también hábitos de órdenes militares —Alcántara, Santiago, Calatrava y Montesa— que les proporcionaban no sólo prestigio, sino beneficios económicos adicionales, pues el ingreso en una orden implicaba el disfrute de una encomienda [6].

Pero sin duda los dos estadios más importantes en la jerarquía nobiliar eran los títulos y los grandes. Con respecto a los títulos, su número fue creciendo a lo largo de los siglos modernos. Así, si en 1475 había en Castilla alrededor de cuarenta y nueve familias con los títulos de marqués, conde o duque, en el reinado de Felipe IV este número había ascendido a doscientos treinta y seis. Este crecimiento de la nobleza titulada no fue privativo de la Monarquía hispánica, registrándose fenómenos parecidos por las mismas fechas en Francia e Inglaterra [7].

Las rentas de estos títulos oscilaban casi todas entre los diez mil y los cien mil ducados, y no se obtenían solamente de las actividades agrarias que se desarrollaban en sus señoríos: también procedían de la explotación de molinos u otros bienes que sus vasallos utilizaban, por los que pagaban una renta adicional sin contar la de la tierra.

Además de los rendimientos procedentes de esas dos fuentes, a menudo los señores percibían los derechos reales que sus vasallos deberían pagar al rey, y que por donación de éste al noble finalmente engrosaban las arcas señoriales. Estas donaciones en los tiempos de Felipe III y Felipe IV no se concedieron graciosamente, es decir, en reconocimiento de un servicio, sino por compra. De hecho, durante el siglo XVII, los títulos, que ya gozaban de algunos de estos servicios desde tiempo inmemorial, aumentaron este tipo de prerrogativas. Según un estudio, que está todavía en fase de elaboración, sólo para las antiguas provincias de Cuenca, Granada, Guadalajara y Toro, del total de las alcabalas y tercias que fueron enajenadas en esas cuatro provincias del Reino de Castilla durante los tres siglos modernos, el 70 por 100 se vendió en el XVII, y de ese 70 por 100, el 23 por 100 se cedió en el reinado de Felipe III y nada menos que el 36 por 100 en el de Felipe IV [8].

Por último, los títulos y señores de vasallos no sólo obtenían beneficios económicos de sus señoríos; en muchos casos tenían también competencias jurisdiccionales sobre buena parte de sus territorios, lo que les permitía ocuparse de una amplia gama de tareas que abarcaba desde los problemas de orden público hasta la administración de justicia.

Aunque en principio dentro de los titulados no había diferencias, a partir de 1520 se segregó un grupo de veinticinco linajes, cuya distinción vino propiciada por el reconocimiento de llevar sangre real en sus venas. Son los grandes apellidos: Velasco, Mendoza, Enríquez, Guzmán, Pimentel, Alvarez de Toledo, etc.

Entre los privilegios reales de los que disfrutaban, se encontraba el ser llamados «primos» por el rey aludiendo al parentesco existente entre las familias. Podían permanecer cubiertos ante él y tenían entrada libre en el Palacio hasta la antecámara real. En el caso de cometer una grave infracción sólo podían ser apresados por la orden directa del soberano. Para hacernos una idea de su poder económico, el conde de Benavente, grande y señor más importante de Valladolid, disponía hacia 1600 de una renta anual de 120.000 ducados, la misma que tenían el duque de Alba y el del Infantado. Sólo eran rebasados por el duque de Medina Sidonia con 170.000 ducados, el duque de Osuna con 150.000 y el duque de Medina Rioseco con 130.000.

3. El poder político de grandes y títulos

En el siglo XVII la función social de la nobleza había cambiado ostensiblemente. De la gloriosa vocación militar a la que hemos aludido al principio y cuyas raíces se hunden en la Edad Media, la nobleza mostrará ahora una inequívoca tendencia hacia la política.

Su función guerrera venía debilitándose desde la segunda mitad del siglo XVI, al igual que en otras noblezas europeas, aunque todavía durante el reinado de Felipe II, titulados como el duque de Alba o el marqués de Santa Cruz tuvieron un papel destacadísimo como jefes del ejército. Sin embargo, a finales del siglo XVI casi toda la alta nobleza había perdido la costumbre de combatir y los esfuerzos del conde-duque para resucitar su protagonismo en las contiendas fueron inútiles. Finalmente, Felipe IV tuvo que idear un sustitutivo económico para compensar la defección de los nobles. Fue el llamado «servicio de lanzas». Por él, cada duque debía mantener 20 soldados y 10 cada marqués. En 1631, este mantenimiento se tradujo en cifras concretas: 7.000 reales anuales para cada duque y 3.600 para cada marqués [9].

Pero si el interés por las actividades militares fue decayendo en el seno de la alta nobleza, su inclinación por alcanzar puestos de relevancia en el aparato político fue creciente. A pesar de que en la época de los Reyes Católicos el poder aristocrático había disminuido y los soberanos procuraron gobernar sin el concurso de la alta nobleza, a cambio de consolidar las conquistas económicas y jurídicas aristocráticas, el problema de las Comunidades en Castilla durante el reinado de Carlos V obligó al emperador a pedir ayuda a los grandes para sofocar la rebelión. A pesar de ello, una vez solucionado el problema, se cuidó mucho de nombrar a grandes en puestos políticos que significaran una gran acumulación de poder. De hecho, Francisco de los Cobos, el hombre que más responsabilidades detentó en ese reinado después del monarca, no era más que un pequeño noble sin importancia originario de Ubeda. Carlos V procuró que su hijo siguiera este ejemplo, advirtiéndole en las instrucciones que redactó para él en 1543, que en el gobierno del reino no debía entrar ningún grande.

A pesar del aviso, Felipe II colocó a representantes de la alta nobleza en los consejos de Estado y Guerra y otorgó a numerosos títulos nombramientos de virreyes y embajadores, aunque siguió apoyándose en los secretarios de extracción nobiliaria menor para las tareas políticas.

Los consejos eran organismos pluripersonales de carácter consultivo que por expresa delegación del monarca estaban investidos de una serie de competencias administrativas, actuando también algunos de ellos como órganos jurisdiccionales. Aunque en principio el Consejo de Estado era el más importante de todos los existentes, pues trascendía el interés particular de cada uno de los reinos [10], lo cierto fue que durante el siglo XVI no constituyó el eje de la administración de la monarquía [11]. Se procuró, eso sí, que en los grandes acontecimientos cortesanos, sus componentes tuvieran un lugar preeminente que simbolizara su superioridad sobre el resto de los consejos [12]. Pero sus atribuciones durante el reinado de Felipe II no pasaron de ser vagos encargos para que se discutiera de problemas exteriores, siendo sus decisiones únicamente opiniones indicativas que el monarca tenía o no en cuenta.

En cuanto al Consejo de Guerra, apareció como un subcomité especializado del Consejo de Estado, que en las últimas décadas del reinado de Felipe II, a raíz del crecimiento de los compromisos bélicos, adquirió su propio secretariado y una personalidad diferenciada, aunque en lo fundamental seguía subordinando al Consejo de Estado.

No obstante, con Felipe III a comienzos del siglo XVII, el Consejo de Estado comenzó a tener sesiones regulares y adoptó un papel más activo y amplio en la formulación de la política. Felipe III consultó con asiduidad a este organismo y siguió más su parecer; por consiguiente, la influencia de los grandes y títulos que militaban en sus filas creció.

Además, la evolución del propio sistema administrativo influyó en que el poder de la alta nobleza siguiera en ascenso, no sólo por su preeminencia en los consejos de Estado y Guerra, sino por la generalización del sistema de juntas y sobre todo por la aparición en el panorama político de una nueva figura de importancia capital: el valido.

Las juntas surgieron como consecuencia de una necesidad imperiosa de acelerar el lento sistema administrativo de los consejos, en materias que requerían una toma de postura urgente. Se iniciaron en los últimos años del reinado de Felipe II y solían estar compuestas por miembros de todos los consejos y por personas que el rey nombraba especialmente, como teólogos o juristas.

A lo largo de todo el siglo XVII, el sistema de juntas se convirtió en un recurso generalizado, de manera que muchos de los consejos perdieron su verdadera función en favor de las juntas, de las que sólo formaban parte algunos de los miembros de esos consejos elegidos expresamente por el valido de turno.

En cuanto a la aparición de la figura del valido ya hemos señalado la importancia que para la alta nobleza supuso. Cuando Felipe II murió, la tutela de la Monarquía hispánica empezó a ir más allá del sistema de gobierno personal. Este hecho, presente a lo largo del siglo XVII, se correspondía con fenómenos semejantes en otras cortes europeas y especialmente en la francesa [13]. Sin embargo, el aspecto oficial y ministerial del valido en el caso español se ha relegado a un segundo plano en muchas ocasiones, como si su consistencia como figura política se agotara en su carácter de favorito o privado del rey [14]. El hecho de que los validos fueran amigos personales del monarca y que el cargo careciera de denominación especial [15], ha oscurecido en muchos casos los elementos que significaron un verdadero desarrollo institucional.

Durante el siglo XVI, la Corona había compartido la administración de la monarquía —aunque no las decisiones políticas— con sus secretarios, cuya función inicial era servir de enlace entre el monarca y los consejos. Pero los secretarios —especialmente el de Estado—, por su cercanía al rey acumularon una gran cantidad de poder. Tenían acceso a todos los documentos importantes y sus opiniones eran tenidas en cuenta por el monarca. De hecho, el contacto permanente que el secretario de Estado tenía con el soberano durante la centuria del quinientos, contrasta con la irregularidad en las convocatorias del propio Consejo de Estado, lo que irritó a la alta nobleza en numerosas ocasiones.

El secretario de Estado se convirtió propiamente en el secretario del rey. Era un hombre que socialmente procedía de la nobleza inferior, solía poseer formación universitaria y por encima de todo era un burócrata; un administrador inteligente que debía su privilegiada posición al favor especial que el rey le había concedido y a su tesón, pero que no pertenecía a un importante linaje aristocrático [16].

La aparición del valido en el siglo XVII significó la decadencia del secretario. El valido supervisaba los consejos y asesoraba al rey. El secretario se había convertido en un funcionario importante en el entramado administrativo, pero con una mínima influencia política. Además, el valido se distinguía del secretario en su pertenencia a la alta categoría nobiliaria, su ambición de mando y su inicial y profunda amistad con el rey.

La alta nobleza cortesana intentó y consiguió por medio de los validos alcanzar de modo pacífico los escalones político-administrativos del poder; Lerma, Uceda, Olivares y Haro pertenecían a la más alta nobleza, siendo miembros los dos primeros de una misma familia y los otros dos de otra.

Cuando algunos grandes criticaron abiertamente la existencia del valido en el siglo XVII, su censura no iba dirigida contra el cargo como tal, sino contra sus titulares individuales, y estaba motivada por una rivalidad entre familias y por el anhelo de conseguir el puesto que durante el siglo XVII constituyó la fuente mayor de influencia política y de poder.

Incluso las circunstancias bélicas específicas de la década de los cuarenta y las dificultades financieras del reinado de Felipe IV, acrecentaron en algunos casos el papel de la alta nobleza en la defensa nacional, viéndose obligada la Corona, por su propio bien, a preservar y reconstruir en la medida de lo posible las fortunas aristocráticas para acudir a ellas en momentos graves [17].

A pesar de todo esto, no podemos dejar de señalar que la alta nobleza sufrió un momento de crisis en el siglo XVII. La acumulación de deudas en las más importantes casas, que amenazaba con colapsarlas económicamente, y las denuncias que los letrados lanzaban contra ellas acusándolas de ser voraces acumuladoras de poder político, hicieron que en muchos casos atravesaran grandes dificultades. Pero la aristocracia supo reaccionar ante estas circunstancias preservando sus fortunas, controlándolas en muchas casos y, sobre todo, no perdiendo las parcelas de poder que había conquistado [18].

Retrato ecuestre
del conde-duque.
C. 1632-1633.
*Velázquez, Museo
del Prado, Madrid.*

4. *El poder político de la mediana nobleza*

Hemos citado con anterioridad la gran importancia que miembros procedentes de las filas de la pequeña y mediana nobleza tuvieron en el siglo XVII, merced al desempeño de las funciones de secretario. Pero este grupo social no se limitó a ocupar este importante puesto político-administrativo. Los consejos más técnicos, como el de Hacienda, u otros de tanta relevancia como el de Castilla, fueron ocupados también, en buena parte, por miembros de esa misma mediana y pequeña nobleza como ha demostrado entre otros investigadores J. Fayard [19].

No obstante, la aparición de la figura del valido y la generalización del sistema de juntas, fue desposeyendo de poder e influencia a los consejeros como grupo, a partir del reinado de Felipe III. Tan sólo los que se movían en la esfera de afinidad con el valido, conseguían un mediano protagonismo político en las juntas.

Bennassar sitúa la pugna por el poder entre la pequeña y mediana nobleza administrativa y los letrados, por un lado, y la alta nobleza, por otro, durante el reinado de Felipe III, en los años 1618 y 1619, tras la caída de Lerma. En esos años y aprovechando la petición que el rey había hecho al Consejo de Castilla para que éste elaborara un informe sobre el estado de la monarquía, la mediana nobleza administrativa y los letrados salieron en defensa de sus intereses, al mismo tiempo que daban una descripción fiel del proceso de decadencia que a su parecer se había iniciado. Tanto en este informe como en otros memoriales que tratan sobre el mismo tema [20], los que más se quejaban eran fundamentalmente letrados y miembros de la pequeña nobleza funcionarial, que criticaban acremente el ejercicio del poder en solitario por parte del valido y abogaban por unos consejos abiertos que ofrecieran la posibilidad de ascenso por méritos y no por favores.

A pesar de las protestas, durante el siglo XVII la balanza se inclina del lado de la alta nobleza casi siempre: entonces, ¿qué parcelas de poder siguen quedando casi exclusivamente en manos de la mediana nobleza? Fundamentalmente los poderes locales provinciales y municipales, es decir, los corregimientos y los regimientos.

El cargo de corregidor se desarrolló en la corona de Castilla en la primera mitad del siglo XIV y comenzó a difundirse con regularidad a partir de 1480. Durante el reinado de los Reyes Católicos fue reglamentado por las ordenanzas de 1500, pasando a convertirse en el eje de la administración interior. Los corregidores eran los representantes del rey en territorios alejados de la Corte y en lugares estratégicos o con problemas de autonomía.

Las funciones que ejercía el corregidor eran múltiples. En primer lugar presidía las sesiones del concejo municipal, y aunque en principio no tenía voto, en caso de empate su parecer servía para decantarse por alguna de las opciones barajadas. También impartía justicia en segunda instancia y asumía funciones militares si existía guarnición en la ciudad donde era destinado. Se encargaba asimismo de la tutela del orden público, entendido éste de un modo muy amplio: prohibición de determinados juegos de azar, de la usura, de la blasfemia y persecución de los malhechores, pudiendo determinar y ejecutar la pena de destierro en los territorios que estaban bajo su jurisdicción [21].

Aunque en principio los nombramientos de corregidor recayeron en letrados con formación universitaria y administrativa que podían no ser nobles, poco a poco estos cargos se fueron acumulando en manos de la mediana nobleza, de los caballeros que tenían también una formación letrada suficiente como para ejercerlos, ya que los colegios mayores en donde se formaba a los futuros funcionarios, y que fueron concebidos en principio para instruir a estudiantes sin recursos y sin honores pero aventajados, se convirtieron en el siglo XVII en un refugio casi privativo de la nobleza, que acaparó la mayor parte de las plazas para asegurar a sus segundones una carrera con futuro.

El cargo de corregidor teóricamente podía prolongarse en el tiempo según la voluntad real, pero también fue trienal, y estaba sometido a un «juicio de residencia» cuando el titular del cargo lo abandonaba, para comprobar si la gestión llevada a cabo durante esos años había sido adecuada.

Con la presencia del corregidor en ciudades y provincias se pretendía controlar los posibles abusos de las oligarquías municipales y sobre todo supervisar la política local de acuerdo con los intereses de la Corona, procurando cumplir con diligencia las órdenes reales. Hacia 1500 había en Castilla más de sesenta corregimientos, y a finales del siglo XVI ese número se elevaba ya a ochenta y cuatro.

Otro de los cargos importantes, que en su mayoría era ejercido por mediana nobleza, era el de regidor.

La visión tradicional sobre la naturaleza del poder municipal, que bebe de las teorías decimonónicas de Martínez Marina, planteaba que durante el reinado de Alfonso XI el gobierno de las ciudades y villas castellanas experimentó un tránsito del sistema de concejo abierto, regido por los principios de autonomía y democracia interna, al de regimiento. Sin embargo, investigaciones más recientes [22] llaman la atención sobre el hecho de que la formación de minorías oligárquicas fue un fenómeno prematuro apenas posterior a la plenitud institucional de los municipios.

Fuera antes o después, el regimiento se convirtió en el máximo órgano de gobierno municipal, aunque no el único, y lo constituyó una asamblea reducida en cuyo seno se realizaba la elección de oficios concejiles, la administración de los bienes y rentas del común, y la supervisión de las cuentas municipales. Aunque el salario de los regidores se pagaba con cargo a los bienes de propios de los municipios, eran oficiales reales, ya que su nombramiento correspondía exclusivamente al rey.

Bien se puede decir que en el siglo XVII el poder local estaba ejercido mayoritariamente por los caballeros. Aunque en muchos concejos se ejercía la llamada «mitad de oficios» —es decir, la mitad de los cargos de regidor debía reservarse para nobles y la otra mitad para plebeyos—, en diversas ciudades importantes como Sevilla y Toledo era obligatorio ser noble para ejercer tal dignidad.

Aunque como ya hemos dicho el nombramiento debía

realizarlo el rey, una vez conseguido, los regidores idearon los mecanismos para que el cargo adquiriese carácter hereditario. De hecho, ya desde el reinado de Juan II introdujeron el sistema de renuncia de oficios para que el rey designase como titular del mismo a la persona propuesta por el regidor renunciante. El traspaso podía hacerse a favor del hijo o yerno del titular, en cuyo caso el oficio se convertía en hereditario, o a favor de una persona ajena a la familia, lo que encubría frecuentemente una venta privada. Aun así, el sistema de renunciabilidad no garantizaba plenamente la propiedad por parte de los titulares, que tan sólo tenían un disfrute vitalicio sobre él. Por ello, lo que los regidores querían era consolidar su oficio en concepto de juro de heredad, adquiriendo así la perpetua y plena propiedad, y pudiendo pasar el cargo de padres a hijos sin ningún problema. Todas estas concesiones las hizo el rey a cambio de servicios económicos e incluso recurrió a la venta de nuevas regidurías, llamadas acrecentadas, cuando las necesidades de dinero fueron perentorias. De esta manera, determinadas oligarquías eran las que controlaban la vida municipal de ciudades y villas, ya que su oficio había pasado a ser patrimonio familiar.

5. Los caminos del ascenso social

Hemos señalado al principio de este capítulo que en la estructura social del siglo XVII persistía una jerarquización estamental, en la que el cuerpo social aparecía como una pirámide estratificada, distinguiéndose perfectamente los grupos privilegiados de los que no lo eran. Pero a la vez se observan en ella algunos pasos verticales que comunican los estratos superiores con los inferiores, propiciando la posibilidad de una ascensión individual que permitía conquistar a algunos el estatuto privilegiado [23]. Esos pasos verticales los resume muy bien Lope de Vega en los siguientes versos:

> *Tres cosas hacen los hombres*
> *y los levantan del suelo;*
> *las armas, letras y el trato.*
> *Armas, no las apetezco*
> *viendo mil soldados mancos*
> *sopones de los conventos;*
> *letras, no las aprendí;*
> *trato, desde aquí comienzo* [24].

Así, pues, estos tres eran los caminos más conocidos para conseguir un ascenso social. El ejército, el formarse en letras y encontrar después un puesto influyente, bien en la Iglesia o en la administración del Estado, y, finalmente, dedicarse al comercio y las finanzas.

Sobre las posibilidades de ascenso social que ofrecía el ejército, es materia de otro capítulo de este libro; por ello nos ocuparemos aquí solamente de las otras dos opciones: «las letras y el trato».

En cuanto a los letrados, los hemos citado ya en alguna ocasión cuando hablábamos de los secretarios, consejeros y corregidores. Conviene aclarar de nuevo, aun a riesgo de ser reiterativos, que las categorías de noble y de letrado no eran excluyentes y que en el siglo XVII buena parte de la nobleza se formaba para poder ejercer un cargo administrativo. Los colegios mayores situados en Salamanca, Cuenca y Santiago de Compostela formaron a letrados nobles y plebeyos que si a principios del siglo XVI se orientaban con preferencia a la obtención de dignidades eclesiásticas, progresivamente se fueron decantando hacia los cargos de la administración civil.

La creciente participación de los letrados en el ejercicio del poder, explica que durante la segunda mitad del siglo XVI, y más tarde en el XVII, surgiera la polémica acerca de la superioridad de las armas o de las letras como medio de adquirir honores, y por tanto nobleza, para aquellos que dedicándose a estas labores no pertenecían al estamento privilegiado. ¿Podía el ejercicio de las letras propiciar la existencia de una nueva nobleza de toga? Algunos de los letrados más destacados propugnaron esta posibilidad. Así lo hizo, por ejemplo, el corregidor e hidalgo Jerónimo Castillo de Bobadilla, que en su *Política para corregidores y señores de vasallos* [25] expresa su convencimiento de que la nobleza se podía adquirir y acrecentar ejerciendo un cargo político administrativo como el que él desempeñaba.

Sin embargo, el ennoblecimiento de hecho llegaba sólo a aquellos que alcanzaban un puesto muy elevado en la Administración o a los doctores de las grandes universidades. Además, era muy difícil que una dignidad nobiliaria adquirida por esta vía se convirtiera en hereditaria.

Si el ejercicio de las armas y el de las letras parecía tener en sí mismo un componente ennoblecedor, no ocurría lo mismo, al menos en apariencia, con aquellas personas que se dedicaban al comercio y las actividades mercantiles.

Existía una incompatibilidad teórica subrayada por los juristas de los siglos modernos, por la que la condición nobiliaria y el ejercicio de las actividades mercantiles eran incompatibles. La Monarquía hispánica tampoco en esto era un caso excepcional, ya que en Francia la llamada *dérogeance* suponía esta misma restricción legal.

En los estatutos de las órdenes militares se expresaba claramente la imposibilidad de que un comerciante pudiera ingresar en sus filas.

No obstante, tras esta prohibición generalizada se encontraba una excepción que excluía de esta categoría de simples comerciantes a aquellos que desempeñaban el comercio al por mayor o se dedicaban a importantes operaciones financieras, como era la de prestar dinero o víveres al monarca para sus campañas.

Por tanto, los que sufrían los efectos de la discriminación eran los pequeños mercaderes con tienda abierta y los tratantes, pero a los financieros y a los grandes comerciantes la exclusión no les afectaba, con lo cual si se tenía suficiente éxito en la carrera comercial y se iba sustituyendo progresivamente el trato en mercaderías por negocios financieros de envergadura —hecho que fue bastante frecuente [26]—, se estaban dando sólidos pasos para conseguir el estatuto privilegiado.

El ascenso no era fácil. Se requería tiempo, una carrera meteórica y exitosa, a ser posible sin altibajos, y dinero. Una vez conseguido el éxito económico, el primer paso para la adquisición de nobleza era la obtención de una hidalguía.

El recurso a la venta de hidalguías por parte de la Corona no fue un fenómeno exclusivo del siglo XVII. El reinado de los Reyes Católicos registró algunas ventas y Carlos V acudió a este medio desde comienzos de su mandato [27]. Lo mismo hizo Felipe II, que llegó a ingresar por este concepto veintiocho millones de maravedíes.

Existían unos sistemas de probanza para verificar si los aspirantes a esa dignidad no tenían ningún impedimento para adquirirla. Esos impedimentos eran ser hijo ilegítimo, tener sangre judía o sarracena y no haber ejercido oficios serviles, aunque los sistemas de comprobación fueron relajándose a medida que nos vamos adentrando en los años finales del siglo XVI [28].

Durante el siglo XVII, el ritmo en la venta de hidalguías decreció, no porque la Corona pusiera un límite a estas enajenaciones, sino debido a que la demanda descendió. Para entonces los compradores de hidalguías solían adquirirlas porque a menudo las necesitaban para conseguir cargos administrativos, nombramientos, regidurías e incluso dignidades nobiliarias mayores como hábitos de órdenes, que requerían previamente la posesión de la hidalguía.

Cuando hablamos del poder municipal hicimos hincapié en el control que sobre los cargos de regidor ejercía la mediana nobleza. Pero en muchos casos esos caballeros lo eran desde hacía poco tiempo. Eran comerciantes y en algún caso campesinos ricos que habían iniciado con éxito su ascenso social. Señalamos también cómo la Corona, inmersa en graves problemas económicos, recurrió a la venta de regidurías para conseguir fondos; las personas empeñadas en un proceso de mejora de su *status*, eran perfectos candidatos para la adquisición de esos oficios municipales. Si durante el reinado de Felipe II se vendieron ciento veintitrés veinticuatrías y regidurías, la enajenación de estos cargos municipales se intensificó durante los reinados de Felipe III y de Felipe IV [29], denunciándose durante esos años que

mercaderes y tratantes compran oficios de regimiento para mejor usar de sus tratos [30].

Efectivamente, para los hombres de negocios la compra de regidurías no significaba sólo la adquisición de una posición social privilegiada, aunque en la mayor parte de los casos su disfrute supusiera una credencial de nobleza [31]. La posesión de esos oficios resultaba ser muy lucrativa a costa, eso sí, de la comunidad municipal. Recientes estudios han demostrado que ya desde el siglo XVI, los mercaderes de algunas zonas como Medina del Campo, gastaban más en la adquisición de cargos municipales que en dignidades nobiliarias [32]. Solamente el hecho de que en manos de los regidores estuviera la renovación de los impuestos denominados Servicio Ordinario y Extraordinario, Cientos y Millones, que iban destinados a la Corona y cuyo cobro solían gestionar los regidores, explica buena parte del extraordinario interés que estos comerciantes tenían en entrar en el gobierno municipal [33].

También durante el siglo XVII hubo un rápido crecimiento en la solicitud de hábitos de órdenes militares. Si en 1557 la orden de Santiago contaba con 242 caballeros, en 1625 la cifra ascendía a 957 [34]. El crecimiento en las ventas trajo consigo una cierta relajación en el proceso de investigación sobre la «calidad» de los aspirantes, que eran sometidos a pruebas similares a las que se realizaba a los compradores de hidalguías, aunque en principio las de órdenes militares debían ser más rigurosas.

El mayor impulsor en la venta de hábitos fue el conde-duque de Olivares, que «pagó» la diligencia de algunos hombres de negocios que prestaron dinero para las campañas de la monarquía con el otorgamiento de hábitos, ya que según él era la forma menos onerosa de agradecer los servicios prestados.

Si la carrera de un comerciante y de su familia seguía en

ascenso, una vez conseguida una dignidad nobiliar media, era incluso posible que estos hombres llegaran a disfrutar de títulos. Por ejemplo, los banqueros más importantes de Felipe IV adquirieron esas altas dignidades: Jacome María Spínola fue conde de Pezuela de las Torres; José Strata, marqués de Robledo de Chavela; los Balbi, condes de Villalvilla; los Imbrea, condes de Yebes, y éstos son solamente algunos de los ejemplos más conocidos.

Llegados a este punto cabe preguntarse si todos los hombres de negocios importantes adquirieron dignidades nobiliarias. Por lo que sabemos, aunque no todos lo hicieron una mayor parte optó por abrazar el estatuto nobiliario. Este gesto sería el que tradicionalmente se ha venido denominando «la traición de la burguesía». Pero adquirir el estatuto nobiliario no significaba necesariamente abandonar sus actividades, al menos en las primeras generaciones. Era comprensible que quisieran formar parte de la nobleza, ya que en estos siglos sólo se reconocían dos amplias categorías sociales, la de los privilegiados y la de los no privilegiados. Del lado de los primeros, como hemos visto, se inclinaba la mayor parte del poder, y es razonable que cuando estos hombres alcanzaban un nivel económico importante prefirieran pertenecer al primero, y no al segundo. Sus demandas de ascenso social no se materializaban en una respuesta colectiva; cada uno buscaba su solución individual para formar parte del grupo de los poderosos.

CAPITULO IX

LA FAMILIA, LA MUJER
Y EL NIÑO

por Carlos Gómez-Centurión Jiménez

AL contrario de lo que sucede en otras regiones de Europa, es muy poco todavía lo que sabemos respecto a la familia en España durante el Antiguo Régimen. El reciente interés manifestado por los historiadores españoles por el tema y la escasez de estudios monográficos, convierte en provisional la mayor parte de las conclusiones hasta ahora obtenidas, sin olvidar que la diversidad regional que domina el «mosaico español» dificulta además, en ocasiones, el que podamos hablar, con propiedad, de un «único modelo» de familia española durante el siglo XVII [1].

Conocemos, con bastante aproximación, los comportamientos demográficos bajo los cuales se regía el matrimonio y la procreación, así como el marco jurídico que regulaba las relaciones entre los distintos miembros de la célula familiar. Pero ambas realidades estaban sujetas a una riquísima diversidad regional y local, impuesta por las estructuras económicas y sociales —que marcaban profundas diferencias tanto entre unas regiones y otras como entre el mundo rural y el urbano— o por la diversidad foral y la dispersión del ordenamiento jurídico, tan características de las sociedades del Antiguo Régimen.

Quizá sea en el ámbito de la vida privada y de lo cotidiano donde nuestra visión de la familia se difumina más, donde nuestros conocimientos sean más escasos. Y es aquí, en cambio, donde el estudio de la condición femenina y de la infancia —tanto tiempo olvidado por la Gran Historia— cobra pleno sentido y adquiere relevancia. De la primera, porque, al fin y al cabo, nos referimos a una época en la que a la mujer sólo se la concebía dentro del ámbito familiar, en el espacio privado e intradoméstico, a excepción quizá del convento. De la segunda, porque en torno al niño se articula buena parte de los comportamientos familiares: el grado de atención de los padres hacia su prole, la preocupación por su salud, su educación o su futuro, nos ofrecen una idea bastante aproximada de cómo evoluciona el comportamiento interno de la comunidad doméstica y cómo se estrecha la vinculación afectiva de sus miembros.

El marco jurídico: una familia patriarcal

La familia española del Antiguo Régimen era, como la europea, pequeña en cuanto a sus componentes, con un número medio de cuatro personas por hogar. La consideración jurídica de la familia se atenía, entonces, al grupo estrictamente doméstico, circunscrito a las personas que vivían en una misma casa: los cónyuges y sus descendientes, incluyendo a los hijos que tras contraer matrimonio permanecían en la casa paterna, cosa que no era demasiado frecuente [2].

Este núcleo familiar reducido se regía bajo el principio de la supremacía del marido y padre, que ejercía su autoridad sobre los demás miembros de la comunidad doméstica, debiendo éstos permanecer en situación de sometimiento y obediencia.

Al marido le correspondía la administración de sus bienes propios después de los dieciocho años, y en los territorios en los que el matrimonio se articulaba sobre régimen de gananciales, la de los bienes adquiridos después de la boda sin apenas restricciones. Como la mujer no estaba normalmente autorizada a realizar contratos sin el permiso de su esposo, éste acababa haciéndose cargo también de la administración de los bienes personales de su esposa y, por supuesto, de los aportados al matrimonio en concepto de dote, con la única condición de rendir cuentas de su gestión cuando el matrimonio se disolviera. Como contrapunto a estas facultades, el marido tenía la obligación de atender y cubrir las necesidades de la esposa.

También la patria potestad era detentada en exclusiva por el padre, e incluía como obligaciones las de educar, criar y alimentar a sus descendientes legítimos, así como establecer la dote de las hijas. Dos poderes fundamentales ostentaba el padre sobre los hijos: el de castigarles moderadamente en uso de su derecho de corrección y el de autorizar su casamiento con poder absoluto durante su minoría de edad (hasta los veinticinco años), so pena de desheredamiento. Administraba, además, los peculios y bienes propios de los hijos durante su minoría.

La sucesión hereditaria de los bienes familiares, que se regulaba en Castilla por las llamadas Leyes de Toro (1505), obligaba a transmitir a los descendientes legítimos del testador las cuatro quintas partes de su patrimonio, debiéndose repartir dos tercios del total en proporciones iguales entre sus hijos o nietos. El quinto de libre disposición y el tercio de mejora podían, en cambio, acumularse y ser otorgados a un mismo hijo, de manera que éste conservara una parte importante del patrimonio paterno. Sobre el quinto de libre disposición y el tercio de mejora, tenía el padre o la madre, además, posibilidad de imponer, con entera libertad, gravámenes, condiciones o vinculaciones, a cuyo cumplimiento quedaba sometido el heredero favorecido. Por tal vía proliferaron, a partir de las Leyes de Toro, las constituciones de vínculos y mayorazgos que trataban de asegurar a perpetuidad la conservación de un patrimonio familiar a través de las sucesivas generaciones. Con un carácter parecido, existía en Cataluña la institución del *heretament*, por la cual uno de los hijos —el *hereu*, generalmente el primogénito— recibía también la mayor parte de los bienes familiares [3].

El modelo demográfico

El modelo de matrimonio común al Occidente europeo desde finales de la Edad Media en adelante se caracterizó, ante todo, por dos rasgos fundamentales: el aumento progresivo de la edad de los cónyuges al contraer las primeras nupcias y el alto porcentaje alcanzado por el celibato definitivo [4].

Respecto al primero de estos aspectos, la divergencia española parece innegable. Durante la Edad Moderna, la edad media de los varones al llegar al matrimonio estaría en torno a los veinticuatro años y la de las mujeres oscilaría entre los veinte y veintidós años, lo que quiere decir que los españoles se casaban, habitualmente, cuatro o cinco años más jóvenes que sus vecinos del norte de Europa. Todavía disponemos de pocos datos para sostener definitivamente que este comportamiento fuera ininterrumpido a lo largo de tres siglos; es posible que la fuerte crisis económica sufrida durante el siglo XVII en determinados territorios peninsulares —especialmente en Castilla—, retrasara la edad matrimonial de los varones durante los peores momentos, pero sin invertir definitivamente la tendencia, puesto que al mejorar las expectativas económicas volvería a descender la edad nupcial.

En cuanto a la proporción del celibato, España puede haber estado en esta época más cerca del modelo occidental clásico. La alarmante extensión alcanzada por este fenómeno constituyó un motivo continuo de preocupación durante los siglos XVII y XVIII, siendo denunciada una vez tras otra por arbitristas e ilustrados, por constituir un auténtico lastre demográfico y social. Las posibilidades de contraer matrimonio, claro está, estaban en relación directa con las posibilidades económicas de los futuros cónyuges y, por tanto, con la posibilidad de encontrar un asentamiento independiente y de disponer libremente de los bienes hereditarios. El continuo flujo emigratorio de la población masculina desde determinadas regiones pobres o superpobladas hacia América, a los territorios europeos de la monarquía o, incluso, hacia zonas más ricas de la propia Península, desequilibraba las tasas de masculinidad, lo que no podía dejar de provocar una elevada proporción de celibato femenino definitivo. Y sin ser una característica peculiar del siglo XVII, la crisis vivida durante los años centrales de la centuria contribuyó indiscutiblemente a propiciar la soltería, aumentando en cambio de forma alarmante las filas del clero.

El matrimonio precoz y la elevada mortalidad adulta que podía afectar a ambos cónyuges tendían, por otra parte, a aumentar el número de viudos de ambos sexos y a acentuar el importante papel social de las segundas nupcias (30 por 100), pese a que la Iglesia reprobase estos casamientos llegando, incluso, a calificarlos de adulterios encubiertos. Predominaban los matrimonios de viudas con solteros sin que ello comportara necesariamente una marcada diferencia de edad entre los contrayentes, la cual, cuando existía, solía dar lugar a una sonora «cencerrada» o a otros ritos de rechazo social al paso de la comitiva nupcial [5].

En las zonas rurales aparece con gran nitidez una fuerte tendencia a la endogamia geográfica —e incluso a la consanguinidad—, más atenuada en el mundo urbano. Sólo determinadas regiones que, como Cataluña, eran receptoras de un elevado porcentaje de población emigrante escapaban a esta regla.

Las condiciones materiales de la vida campesina junto con el peso de las prescripciones religiosas, explicarían también otro rasgo del matrimonio en aquella época: su estacionalidad. Por un lado, la intensificación de los trabajos agrícolas reducía al mínimo los matrimonios celebrados entre finales del mes de marzo y principios del otoño. Por otro, el tiempo sagrado de la Cuaresma y el Adviento determinaba también una caída notable en la nupcialidad. Y si bien en las zonas urbanas las fluctuaciones estacionales eran menos bruscas por motivos laborales, la observancia del calendario eclesiástico permanecería intacta hasta fechas muy tardías.

El encierro doméstico

Teniendo, como tenía, la palabra «soltera» un sentido casi peyorativo, a la mujer en edad adolescente que se preparaba para el matrimonio —desde los doce hasta los veinticinco años, aproximadamente— se la llamaba doncella. De ella se esperaba que fuera obediente, casta, modesta, vergonzosa y retraída, tal y como aparecía retratada en los libros de doctrina: «con mucho orden y concierto, los ojos bajos, el rostro sereno, el paso grave, y no apresurado ni espacioso; en todo representando gravedad, honestidad y madurez». Callada y recluida, respetando el encierro doméstico que la guardaba, «cerradas a cal y canto todas las puertas, todas las portillas por donde pueda venir algún peligro»[6].

Pero la clausura doméstica no era una realidad generalizable a todas las mujeres de la época. Afectó fundamentalmente a aquellas que pertenecían a determinados grupos sociales, para los cuales el código del honor era inexcusable: clases urbanas, medias y altas. Evidentemente, la aristócrata campaba por sus respetos con una mayor libertad, al estar su reputación en gran medida por encima de los ataques, lo mismo que la aventurera o la cortesana, que no tenían reputación que perder. Y el encierro tampoco afectaba ni a las clases bajas urbanas ni a las mozas campesinas aunque los ideales de las élites fuesen a menudo compartidos por los estratos más bajos de la sociedad.

Hubo, pues, igual que en el resto de Europa, muchas mujeres recluidas, vigiladas y obligadas a permanecer en el interior de sus hogares la mayor parte de su vida. Pero había, igualmente, recursos que permitían eludir, en mayor o menor medida, la clausura. La visita al templo, por ejemplo, constituía una oportunidad única, de manera que las iglesias —que ya habían sido desde siempre un lugar de encuentro social— se acabaron convirtiendo a menudo en punto de citas y galanteos, según denunciaban muchos moralistas. Que las mujeres respetables acudieran a misa acompañadas por un escudero —frecuentemente de alquiler— o una dueña, no evitaba en absoluto el que galanes y enamorados acecharan a su alrededor, las hiciesen señas o hicieran llegar hasta sus manos un billete, a menudo, a través de los mismos servidores que las guardaban. Los moralistas se quejaban amargamente de estas costumbres y reprochaban a los jóvenes su ligereza: «Mozos livianos que venís a las iglesias no sólo a ofender a Dios, y en sus barbas y en su casa estáis guiñando a la una y pellizcando a la otra, y haciendo señas y otros peores ademanes, poniéndoos en las puertas de las iglesias.» [7]

Procesiones, fiestas religiosas o romerías brindaban otras tantas ocasiones para escapar de casa. Y las que contaban con maridos más tolerantes, podían incluso acudir a visitar los domicilios de las amigas. Allí se reunían a tomar chocolate con dulces y a conversar. Pero las reuniones de mujeres despertaban bastantes reticencias entre los varones, y en especial, claro está, entre los de la Iglesia. Los moralistas desconfiaban de este tipo de expansión femenina y desaconsejaban a los maridos que dieran su autorización para tal actividad, avisándolos de que en esas reuniones a menudo se les criticaba: «De tener las mujeres casadas particulares amigas, y holgar de visitar y ser visitadas, suele dello suceder en que Dios sea ofendido y el marido injuriado.» En general, no parece que la visión masculina de las reuniones femeninas haya cambiado sustancialmente, a juzgar por cómo las describe Alonso de Guevara, según el cual, lo normal era que las mujeres se juntaran sólo «a comer frutas, o a loar los linajes, o a hablar de los maridos, o a tocar labrados, o a cotejar las ropas, o a notar las malvestidas, o a tachar las hermosas, o a reírse de las feas, o a murmurar de las vecinas» [8].

Pero la forma más audaz de sortear las mujeres la vigilancia habitual, era, sin duda alguna, el tapado. Envueltas por una enorme capa sin mangas que las cubría desde la cabeza a los pies, el rostro oculto por un velo o por el extremo mismo de la capa, en el más riguroso anonimato, casadas y solteras podían llegar a mezclarse entre el gentío de la calle o el paseo, disfrutar de un rato de libertad y escuchar, divertidas o interesadas, los galanteos y piropos que lanzaban los hombres a su paso. Ya en época de Felipe II, las Cortes de Castilla llegaron a protestar por esta costumbre que había dado paso a tantos excesos: «a causa de que, en aquesta forma, no conoce el padre a la hija, ni el marido a la mujer, ni el hermano a la hermana, y tienen la libertad, tiempo y lugar a su voluntad y dan ocasión a que los hombres se atrevan a la hija o mujer del más principal como del más vil y más bajo», pero la práctica se mantuvo intacta a juzgar por la cantidad de quejas y comentarios que se siguieron levantando contra las «tapadas» durante todo el siglo XVII [9].

La educación femenina: las damas cultas y sabihondas

Sólo gracias al humanismo renacentista comenzó a aceptarse en la Europa del siglo XVI la idea de que las mujeres pudieran recibir una instrucción intelectual. Y fue, probablemente, Erasmo de Rotterdam quien sostuvo una posición más progresista al respecto, no poniendo restricciones acerca de qué materias podían ser objeto de conocimiento por parte de las mujeres, ni límites en cuanto al nivel cultural e intelectual que éstas pudieran alcanzar. Se trataba, eso sí, de un aprendizaje que debía ir en todo momento dirigido al mejor gobierno de la casa, a la enseñanza de los hijos, a enriquecer la vida doméstica de las familias acomodadas, pero nunca a constituir una alternativa a ésta, de la misma forma que tampoco se consideraba apropiado que la mujer instruida hiciera gala de sus conocimientos en público.

El español Luis Vives, en su *Instrucción de la mujer cristiana*, opinaba al respecto que «ni hay mujer buena si le falta crianza y doctrina, ni hallaréis mujer mala sino la necia y la que no sabe». Tal optimismo humanista —casi más propio de la Ilustración— estaba muy lejos, sin embargo, de responder a un estado de opinión generalizado, menos aún entre los círculos eclesiásticos. Fray Luis de León

—autor de uno de los libros de doctrina más divulgados en España sobre la mujer, *La perfecta casada*— era, por el contrario, decidido adversario de la instrucción femenina, basando su argumentación en una supuesta inferioridad natural del intelecto femenino: «Así como a la mujer buena y honesta la Naturaleza no la hizo para el estudio de las ciencias ni para los negocios de dificultades, sino para un solo oficio simple y doméstico, así las limitó el entendimiento y, por consiguiente, las tasó las palabras y las razones.» [10]

Pero no nos engañemos. Por lo que respecta a la situación de la mujer —e igual que en tantos otros aspectos de la realidad de la época—, lo que proclamaban los moralistas como modelo era una cosa y la forma en que se vivía otra muy distinta. Pocos padres debieron estar dispuestos a educar a sus hijas de acuerdo con los más rigurosos criterios de la Iglesia por temor a no poderlas casar jamás, a no ser, claro está, que deseasen mantenerlas junto a ellos para siempre en el hogar paterno o estuviera decidido de antemano el que la muchacha profesase en algún convento.

Lo mismo que sucedía con los varones de su misma clase, las españolas de extracción social más humilde —tanto en el campo como en la ciudad— eran analfabetas, y adquirían sólo los conocimientos necesarios para el desempeño de las labores caseras o de las faenas del campo. Pero en contextos sociales urbanos, entre las clases medias y altas, a las mujeres, para que fuesen consideradas atractivas y deseables, se les exigía algo más que docilidad y habilidades domésticas. Eran precisas otras virtudes más mundanas, y tal vez por ello, recrudecían los alegatos de teólogos y moralistas contra la libertad de costumbres y la pésima educación de las hijas de familia. Indignada por esta esquizofrenia, por esta disociación evidente entre lo que se predicaba para la mujer y lo que se deseaba de ella, sor Juana Inés de la Cruz le reprocharía a la sociedad de su época:

Queredlas cual las hacéis
o hacedlas cual las buscáis [11].

¿En qué consistía entonces la educación de una joven distinguida? María de Zayas, en su novela *Amar por sólo vencer* nos describe así la educación de Laureala, una de las protagonistas: «Siendo sus padres nobles y ricos, la criarían y doctrinarían bien, enseñándola todos los ejercicios y habilidades convenientes; pues sobre los caseros, lavar, bordar y los demás que es bien que una mujer sepa para no estar ociosa, sabía leer, escribir, tañer y cantar a un arpa...» Las jóvenes de las clases medias y altas recibían, pues, una instrucción elemental a la que se añadían aquellas habilidades consideradas un «adorno» social imprescindible: cantar, bailar, tocar algún instrumento, recitar versos..., ejercicios que, a menudo, aprendían también sus hermanos. Y ello no siempre, si hemos de prestar oídos a las diatribas de María de Zayas:

en empezando a tener discurso las niñas, pónenlas a bordar y a hacer vainicas, y si les enseñan a leer, es por milagro, que hay padre que tiene por cosa de menos valer que sepan leer y escribir sus hijas, dando por causa que de saberlo son malas [12].

No conviene, entonces, hacerse excesivas ilusiones. La formación intelectual de las españolas del siglo XVII —incluidas las de las clases altas— debió ser muy limitada. Madame D'Aulnoy, en los recuerdos de su viaje por España, afirmaba que las españolas leían poco y escribían menos. Quizá por ello llamasen tanto la atención de sus contemporáneos y despertasen tantas burlas las escasas mujeres que se preocuparon por los estudios clásicos (filosofía, gramática, latín y griego...), o participaron en academias literarias y tertulias haciendo gala de sus conocimientos. Lope, Tirso, Calderón y tantos otros criticaron la artificiosidad del habla galante y del argot de la moda —tan del gusto femenino, según ellos—, pero se mofaron con particular saña de la dama culta y sabihonda (las mujeres sabias de Molière), convirtiéndola en un auténtico arquetipo literario del Barroco. Quevedo, quizás el más cruel de todos, describió en *La culta latiniparla* a una tal doña Escolástica, la cual era «más conocida por sus circunloquios que por sus moños», tenía «más nominativos que galanes» y solía referirse a su menstruación como «las calendas purpúreas» [13]. Culteranos y conceptistas, poetas y dramaturgos, no daban la impresión de saber tolerar en las mujeres los mismos excesos verbales que entre ellos tanto aplaudían, censurándolas sin piedad y presentándolas como redichas y sabihondas.

Las novelas de caballería y el amor cortés

Casos extremos aparte, sabemos que lo que leían las mujeres de entonces con auténtica pasión eran las novelas de caballería. Un gusto que no retrocedió ni un ápice pese a los furiosos ataques prodigados por los moralistas, la desaprobación de otras mentes bienpensantes o el mismísimo éxito de *El Quijote,* que tanto contribuyera a ridiculizar el ideario caballeresco [14]. Casadas y solteras, nobles y plebeyas fueron incapaces de sustraerse a los encantos de un género en el que, por una vez, el hombre aparecía rendido ante la mujer, el caballero postrado ante las plantas de su dama, dedicado en cuerpo y alma a servirla, protegerla y atender sus más nimios deseos, hasta el extremo de morir de amor ante su ausencia o su rechazo. Un amor, además, que tal y como aparece reflejado en las novelas de caballería y en la poesía trovadoresca, solía estar libre de ataduras materiales y no excluía el adulterio. Toda una subversión metafórica de los valores cotidianos que, como expresara con nitidez la Maritornes cervantina, ayudaba a olvidar la sordidez habitual de las relaciones cotidianas: «No gusto yo de los golpes que mi padre gusta, sino de las lamentaciones que los caballeros hacen cuando están ausentes de sus señoras; que en verdad que algunas veces me hacen llorar.» [15]

Que el ideal del amor cortés dio origen a un complicado ritual amatorio —bajo cuyas pautas tenía lugar habitualmente el galanteo entre las clases altas— e influyó además en las aspiraciones, deseos y modelos de comportamientos femeninos de la época, parece evidente. Por un tiempo la mujer disfrutaba de privilegios: era rondada, seguida, escoltada e, incluso, regalada con liberalidad por su galán o galanes hasta la exageración —dando origen a ese otro arquetipo literario barroco de la dama pedigüeña [16]. Pero que aquello hiciese variar la forma tradicional en que se acordaban los casamientos y se elegía marido para las doncellas, es otro cantar. Aunque la máxima aspiración de muchas jovencitas fuese contraer matrimonio con alguno de los galanes que la «servían» regularmente, la práctica habitual de la época seguía siendo el que los padres concertaran los casamientos.

En realidad, la concepción y la práctica del matrimonio no eran en España, por aquella época, diferentes de las del resto de Europa occidental. Este se realizaba mediante contrato —habitual incluso entre las gentes más humildes—, en el que se reseñaban minuciosamente la aportación de cada uno de los cónyuges, la dote de la mujer, las arras del hombre y los diversos elementos del ajuar de la desposada. Prácticamente todos los grupos sociales, desde la alta nobleza hasta el campesinado acomodado, acostumbraban a acordar los casamientos después de duras negociaciones financieras, sin que la opinión o los sentimientos de los futuros esposos contasen demasiado. El no llegar a un acuerdo en tales negociaciones implicaba, las más de las veces, la ruptura del proyecto matrimonial. La norma era el matrimonio entre iguales, tanto por lo que se refiere al rango social como al nivel económico, aunque era posible acordar casamientos desiguales si se establecía una compensación recíproca entre jerarquía y riqueza. Tales matrimonios, sin embargo, podían dar lugar a veces a fuertes tensiones y a un rechazo social generalizado si no eran aceptados por la mayoría de la comunidad [17].

La condena de los matrimonios desiguales y de los no acordados por la autoridad paterna era unánime entre los moralistas, que dirigían sus exhortaciones y advertencias a las jovencitas:

Dios castiga de ordinario a las que se casan por su voluntad contra la de sus padres (...) y, por el contrario, a las que son sujetas, humildes y obedientes, y se dejan regir y gobernar de sus mayores, las echa Dios mil bendiciones, y todo les sucede bien, y viven en suma felicidad, y prospera Dios, su casa y su familia (...), y si se casase con menoscabo de su honra, y con persona de menor calidad, sería un pecado grave dar a sus padres tal afrenta y causa de tanta amargura, con mancha de tanto deshonor [18].

Para evitar los matrimonios clandestinos, en la Europa católica y desde el Concilio de Trento, sólo se reconocía el matrimonio contraído solemnemente, esto es, el celebrado, previas amonestaciones, ante el párroco de la novia y dos o tres testigos. Pero aunque se pusiera fin a los matrimonios secretos, no por ello dejaron de celebrarse casamientos en contra de la voluntad paterna, tal y como testimonian los abundantes alegatos que hay en contra de tal práctica. El desheredamiento y la repulsa social que a menudo habían de afrontar estas parejas, debió de constituir un poderoso elemento de disuasión [19].

Al estar la elección de marido condicionada por la iniciativa de los varones y el criterio de la autoridad paterna, a las doncellas sólo les quedaba —según aconsejaba la Iglesia— recabar ayuda del cielo «con votos y oraciones, suplicando con gran aflicción y lágrimas a nuestro Señor que alumbre e inspire el corazón de sus padres». Las voces más tolerantes defendieron el que la interesada fuera consultada a la hora de elegir entre los posibles pretendientes, pero siempre, claro está, que se respetaran los criterios de estratificación social y la voluntad de los padres [20].

A su gusto o no, las mujeres preferían casarse a quedarse solteras. Esta última opción implicaba, o vivir ya siempre bajo la tutela de padres y parientes, o entrar en religión. Y tanto para contraer matrimonio como para ingresar en un convento era preciso disponer de una dote, cuanto más elevada mejor. La cuestión de la dote llegó a ser tan importante, que una obra de caridad habitual en la época fue dotar a las doncellas pobres o huérfanas para que pudieran casarse o meterse monjas [21].

La mujer y el hogar

Dentro del modelo de matrimonio cristiano predicado por la Iglesia, a la mujer le correspondía siempre prestar «gran obediencia y acatamiento» al marido. Todos los moralistas, sin excepción, consideraban esta fórmula óptima para obtener la paz, la armonía y la felicidad familiar. Y así retrató fray Luis de León a la «perfecta casada», como espejo de mujeres sujetas, temerosas y respetuosas del varón y cabeza de familia. A cambio de esta obediencia prestada de buen grado por las esposas, los maridos debían ser amables, tiernos y afectuosos con ellas. Cuando el modelo se invertía en la realidad, y era la esposa quien trataba de imponer su ley en el hogar, todas las condenas llovían contra estas mujeres «ásperas y mandonas» que atraían la desgracia sobre sus familias.

Pero además de prestar el debido acatamiento al cabeza de familia, la mujer estaba obligada a desempeñar otras funciones dentro del matrimonio, equiparables según fray Luis con un auténtico oficio —«como el de mercader o el soldado»—, y que consistían, ante todo, en la realización de las faenas domésticas y en la crianza y el cuidado de los hijos.

En el campo, las mujeres combinaban las faenas agrícolas con las tareas del hogar. Había labores que eran específicamente femeninas, como la escarda, la vendimia o la recogida de aceitunas, pero a menudo debían ayudar en otras mil faenas del campo, además de cuidar del ganado, hacerse cargo de la despensa o trabajar como hilanderas. A ello se añadían «otras muchas menudencias, como son tener limpia la ropa y la casa aderezada y compuesta». Se trataba, entonces, de un trabajo duro y copioso, pero indispensable para la supervivencia familiar en el marco de una economía campesina subdesarrollada y fuertemente autárquica [22].

Como es lógico, este trabajo doméstico se hacía menos intenso y habitual entre las campesinas acomodadas y, sobre todo, entre las mujeres de clase media y alta del ámbito urbano. En la ciudad, por un lado, ya no era necesario producir dentro de la familia casi todo lo necesario para el

Vieja friendo huevos.
C. 1618. Velázquez, National Gallery, Edimburgo.

consumo cotidiano. Por otro, la fuerte crisis económica del siglo XVII, al intensificar la emigración de pobreza desde el campo hacia las ciudades, había hecho que en estas últimas el servicio doméstico fuese un hábito generalizado, al alcance de un espectro social cada vez más amplio. El trabajo de la mujer urbana descendía así proporcionalmente al número de criados que se pudiera permitir, y para tenerlos, casi era suficiente con disponer de un lugar donde alojarlos y de lo necesario para darles de comer. Fregonas, doncellas, camareros, escuderos, lacayos, pajes —cuya existencia ha dejado una huella tan importante en nuestra literatura del Siglo de Oro—, desempeñaban desde las tareas más duras de la casa hasta las funciones —no menos engorrosas— de simple ornamentación. Se les exigía lealtad y fidelidad personal, y a cambio, se les concedía una posición relativamente integrada dentro de la familia a la que servían [23].

A pesar de la presencia de los criados, la mujer tenía que encargarse de dirigir las labores domésticas y de que la casa funcionase. Tiene poca consistencia, entonces, la preocupación tan extendida entre los moralistas por las temibles consecuencias del ocio femenino. Toda la literatura de la época transmite el reconocimiento unánime de la importancia que dentro de la vida doméstica tenía el trabajo de la mujer —«donde no hay chapines, no hay casa bien puesta, comida sazonada ni mesa aseada»—, y sin embargo, ayer, como hoy, las virtudes domésticas no constituían el punto de mira más elevado del deseo masculino, y el hombre se lamentaba de la excesiva domesticidad femenina casi tanto como del afán de instrucción de algunas jóvenes, reduciéndose así el espectro de las mujeres con quienes podía parecer apetecible el matrimonio: «con entendida, no es casera; si con casera, es insufrible».

El fracaso matrimonial, el adulterio y el honor

«La discordia es cosa muy común entre los casados», reconocían muchos moralistas de la época, en parte para justificar su prolífica labor como autores de libros de doctrina cristiana. De hecho, la ofensiva a favor del matrimonio iniciada por los erasmistas y continuada después por los teólogos contrarreformistas, obedecía a un paulatino desprestigio de la vida matrimonial y a la paralela exaltación idealizada de la soltería feliz, masculina, claro está [24].

Riñas, discusiones, incluso violencia, eran moneda de curso en la vida doméstica de muchas parejas, que no siempre encontraban una fácil compensación en otras facetas de la vida en común. Y aunque el amor, lógicamente, no estuviera ausente por sistema de las relaciones matrimoniales, la costumbre de acordar los casamientos, el peso cultural del ideal caballeresco del amor cortés y las cotas —nada despreciables— de libertad sexual alcanzadas en la época, constituyeron unas condiciones sociales muy favorables para el desarrollo de la prostitución —tan extendida en la Europa latina— y la práctica del adulterio.

Las alternativas extraconyugales, como única salida al fracaso matrimonial y a la sordidez de las relaciones domésticas, representaban, sin embargo, una solución compleja y mucho más arriesgada para la mujer que para el hombre. La bigamia, por ejemplo, era un recurso enormemente incómodo, pues implicaba la emigración y la clandestinidad de por vida, aparte de que la burocracia eclesiástica, cada vez más exigente, representaba una dificultad añadida. Además, la valoración del adulterio, sujeta a un estricto código del honor, se hacía de acuerdo a un doble patrón muy diferente según fuese cometido por el marido o por la mujer. Alonso de Andrade resumía así las razones por las cuales el adulterio era «más feo y perjudicial en las mujeres»,

por los inconvenientes que causan, ya en la hacienda, gastando lo que sus maridos ganan con el adúltero, ya en los hijos, suponiendo los que no son legítimos por legítimos, ocasionando muchas injusticias en los bienes temporales, ya en las honras, porque las quitan a sus maridos, a sus hijos y a todo su linaje; ya en las vidas, porque el día que abren puerta al adulterio, la abren al homicidio y a las guerras y discordias domésticas con los de casa y los de fuera [25].

El adulterio femenino planteaba, por lo tanto, dos graves problemas para el ordenamiento social de la época: por un lado, la mujer adúltera atentaba contra el derecho exclusivo que el marido detentaba sobre su cuerpo; por otro, desbarataba el principio de la paternidad cierta, poniendo en peligro la herencia de los hijos legítimos y la transmisión ordenada del patrimonio familiar.

El honor del padre, y por extensión el honor del resto de los miembros de la familia, descansaba en la incuestionable fidelidad de la esposa y en la igualmente incuestionable virginidad de las hijas. Ante la aparición de la infamia familiar, se exigía que el padre reaccionase violentamente matando a la esposa o a la hija, ya que sólo la venganza podía restaurar la honra perdida. La ley sancionaba esta práctica violenta, pero el procedimiento establecido, al exigir el conocimiento público del hecho, era en cierto modo disuasorio, puesto que la publicidad aumentaba la infamia del ofendido. Si la mujer casada era sorprendida *in fraganti* en adulterio, el marido podía ejecutarla en el acto, pero no podía disponer de ella sin su amante, y viceversa. Esta forma peculiar de justicia privada estaba, además, sometida al peso de la prueba: el ejecutor debía dejar los cuerpos donde estuvieran hasta encontrar por lo menos un testigo. Si el marido tenía sólo sospechas de que su esposa le engañaba, debía denunciarla ante los tribunales, y sólo en caso de que el adulterio fuera probado el juez devolvía a los culpables al marido, que podía hacer con ellos lo que quisiera, ejecutarlos en público o perdonarlos.

La obsesión colectiva por el honor constituyó una de las preocupaciones más típicas de la sociedad española del Barroco —sin apenas distinción de clases—, y la huella que ha dejado en la literatura de la época es una prueba palpable de ello. Sin embargo, la aceptación individual del código social del honor constituía, a veces, una dura prueba, dando lugar a situaciones de rebeldía:

> *¡Ay, honor, fiero enemigo!*
> *¡Maldiga el cielo tu nombre,*
> *pues no hay hombre a quien no asombre*
> *que el honor pudiese hacer*
> *que flaquezas de mujer*
> *fuesen infamias de un hombre!* [26]

exclamaría uno de los personajes de Lope de Vega. Y aunque en el teatro fuera habitual la muerte de la adúltera y hayan llegado hasta nosotros multitud de noticias acerca de asesinatos famosos, probablemente era lo inhabitual de estos hechos lo que hacía que fueran recordados y comentados [27]. Lo más normal debió de ser que los esposos engañados se preocuparan antes que nada de que el asunto no trascendiera. Muchos de los casos de venganza que se daban, además, no solían atenerse a lo estatuido legalmente, por lo que los maridos eran convictos de asesinato y perseguidos por la justicia, tal y como nos cuenta un jesuita que sucedió en Jaén en 1634: «Mató un escribano a su mujer con menos causa; levantóse el género femenino de manera que para sosegarlo fue menester con presteza ahorcar al malhechor.» [28]

El niño, una criatura frágil

Las familias españolas durante los siglos modernos no tenían —contra lo que pudiera creerse— demasiados hijos. La media solía estar entre cuatro y cinco por matrimonio. Las esposas daban a luz cada dos o tres años, por lo que la creencia en el parto anual de las mujeres de aquella época no es más que una pura leyenda. Es cierto que el período de fecundidad femenina después del matrimonio era de unos veinte años, pero también lo es que la mayoría de las parejas se rompía prematuramente debido al fallecimiento de uno de los cónyuges. Aun en aquellas familias en que se completaba el ciclo reproductor de la mujer, tener más de ocho hijos era algo excepcional.

El factor que contribuía de manera más poderosa a limitar el número de descendientes era la elevadísima mortalidad infantil. Aunque en el mejor de los casos la mujer concibiera muchos hijos, conservaba muy pocos. Al igual que la mortalidad adulta, la específicamente infantil estaba sujeta a numerosos factores que hacían variar —geográfica, social o temporalmente— su incidencia, pero en términos generales podemos decir que sólo entre el 75 y el 80 por 100 de los niños nacidos superaba el primer año de edad, alrededor de un 60 por 100 alcanzaba los diez años y apenas el 50 por 100 llegaba hasta los quince [29].

Habitualmente, el número de hijos por familia descendía en épocas de crisis económicas agudas. Y no solamente porque aumentase el celibato, sino porque el control voluntario de la natalidad era una realidad. Es poco lo que sabemos respecto a las prácticas abortivas y quizá no estuvieron muy extendidas, pero parece probable que las mujeres, lo mismo que acudían a gitanas y a hechiceras para curar su esterilidad, recabasen su ayuda también para interrumpir el embarazo. Son relativamente frecuentes las condenas lanzadas por los moralistas contra las mujeres que intentaban abortar, «tomando para ello medicinas, o trabajando demasiado, o de cualquier otro modo». Mucho más corriente, como procedimiento anticonceptivo, debió de ser la práctica del *coitus interruptus,* pese a estar también rigurosamente prohibida por la Iglesia [30].

El problema era qué hacer con los hijos no deseados cuando había sido imposible evitar su nacimiento. El infanticidio —como práctica violenta y tardía para limitar la fecundidad— fue una realidad común, si no cotidiana, a juzgar por los numerosos testimonios que al respecto han llegado hasta nosotros. Legalmente, era un crimen que se castigaba con severidad. No obstante, el infanticidio se practicaba en secreto, en la intimidad del hogar, disimulado a veces en forma de accidente. Desde la Edad Media, por ejemplo, los obispos insistían en recomendar a los padres que no acostaran a los niños en su misma cama, donde con mucha frecuencia perecían ahogados. La vehemencia con que las autoridades eclesiásticas denunciaban estos casos de «sofocación», nos puede dar una idea de cómo estaba extendida la sospecha de que tales accidentes no eran siempre involuntarios [31]. En Ciudad Rodrigo, en 1603 —en medio de una gravísima crisis económica durante la cual se habían «acreçentado los precios de todas las cosas necesarias para el sustento de la vida humana dos veces más de lo que solían valer pocos años antes de agora»—, el obispo denunciaba la práctica de la sepultura clandestina de algunos niños, dando lugar a que «a muchas criaturas las maten violentamente y por las enterrar secreta y ocultamente no se tiene noticia de ello» [32].

Más fácil de evaluar es otra práctica muy extendida en la época: el abandono —exposición— de las criaturas al poco de nacer. Los altos porcentajes de ilegitimidad (en torno a un 5 por 100 o más) explican parcialmente este fenómeno [33]. Pero no era la libertad sexual fuera del matrimonio la única causa del abandono infantil. Muchas familias carecían de los recursos necesarios para mantener una extensa prole, y la forma menos gravosa de deshacerse de los hijos no deseados era abandonarlos a su suerte en cualquier institución de caridad. Fueran legítimos o no, el número de niños expósitos aumentaba bruscamente en épocas de graves dificultades económicas para la población.

Menos doloroso que el infanticidio, el abandono de niños no constituía, sin embargo, más que una forma de retrasar su fallecimiento, pues las condiciones materiales, sanitarias e higiénicas de las inclusas eran pésimas. Las descripciones que conservamos del funcionamiento de estas ins-

Niños jugando a los dados.
Murillo, Antigua Pinacoteca, Munich.

tituciones son espeluznantes. Muchos establecimientos carecían hasta extremos insospechados de las instalaciones y recursos más indispensables, de manera que las criaturas se amontonaban en las cunas, sin ropa para mudar y sin que hubiese el personal suficiente para atenderlas o vigilarlas. La alimentación de los bebés corría a cargo de nodrizas de alquiler, pero lo habitual era que cada una amamantase hasta cuatro o cinco niños a la vez. Así, el hambre y las infecciones propias de la infancia —agravadas en este caso por la precariedad de las condiciones de vida— aumentaban extraordinariamente la mortalidad de los niños que permanecían en las inclusas: quizás una décima parte, o aún menos, de los que entraban en ellas lograba salir a las edades fijadas para abandonar el establecimiento, en torno a los seis o los siete años de edad [34].

El niño y la vida familiar

¿Cómo se desarrollaba la vida de aquellos otros niños, más afortunados, que conseguían sobrevivir a la primera infancia y desarrollarse con normalidad en el seno de una familia? Es muy poco lo que sabemos a este respecto, en especial lo que se refiere a la vida de las clases bajas —tanto urbanas como rurales—, pero parece probable que entre estos grupos la evolución del niño estuviese determinada por un estrecho contacto cotidiano con el mundo de los adultos. La utilización de nodrizas —salvo en casos de urgente necesidad, por fallecimiento de la madre o ausencia de leche— no era corriente en los medios sociales menos favorecidos; más bien al revés, eran estas madres de origen humilde las que se alquilaban para amamantar a los hijos de las familias pudientes. Allí donde el trabajo del niño se hacía necesario para la supervivencia del grupo familiar, la duración de la infancia se reducía al mínimo, a ese período de mayor fragilidad durante el cual el niño no puede valerse por sí mismo, en cuanto era capaz de desenvolverse físicamente, se le incorporaba rápidamente al grupo de los adultos. Con ellos compartía trabajos y juegos, de forma que, paulatinamente, el niño y el joven aprendían todo lo necesario al tiempo que ayudaban a los mayores o imitaban sus comportamientos. Con bastante frecuencia, a partir de los diez o doce años —o incluso antes—, los muchachos eran alejados del hogar paterno y, o bien eran empleados en el servicio doméstico o colocados como aprendices de algún maestro artesano que corría con su educación y su adiestramiento manual [35].

En las familias urbanas acomodadas, la situación de la prole era bastante diferente. Para empezar, lo habitual no era que el niño fuese alimentado por su propia madre, sino que dispusiera de una o varias nodrizas. Hasta los siete años, los niños gozaban de una situación feliz de relativa libertad e indulgencia; atendidos por las nodrizas, mimados por la servidumbre, protegidos con especial cuidado de las enfermedades, sus únicas obligaciones consistían en el aprendizaje del aseo, del respeto a la autoridad paterna y de los rudimentos básicos de la doctrina católica. La vida del niño, sujeta a una rutina relativamente flexible que aplicaban los sirvientes de la casa, se caracterizaba hasta entonces por una disciplina relajada, en vivo contraste con lo que iba a suceder después.

Toda su independencia y libertad infantiles eran bruscamente interrumpidas a partir de los seis o siete años de edad. Comenzaba desde aquel momento una enseñanza formal y rigurosa de las letras y de la religión, mudaba su túnica infantil por el traje de los adultos y hacía la primera comunión. Al tiempo, la obediencia y la disciplina estrictas se convertían en regla esencial de comportamiento, por lo que los niños eran sometidos a un control sumamente rígido, llevando el primogénito la peor parte la mayoría de las veces. Representante del linaje familiar, objeto de las esperanzas y aspiraciones paternas y futuro heredero del patrimonio principal de la familia, el hijo mayor era celosamente vigilado muy de cerca por el padre, se educaba dentro o cerca del hogar y raramente se le permitía asistir a la universidad.

El príncipe Baltasar
Carlos y un enano.
*1631. Velázquez,
Museum of Fine
Arts, Boston.*

El período que transcurría desde los siete años hasta la
adolescencia constituía el momento decisivo en la vida del
niño, pues era entonces cuando se adoptaban importantes
decisiones que afectarían ya a todo su futuro: se seleccio-
naban ayos y escuelas, se definía su educación y se decidía
acerca de su ordenación religiosa. Los hijos de la aristocracia, siguiendo la tradición medieval del tutelaje, podían ser
enviados a la Corte como pajes o a casa de un amigo o
pariente para ser entrenados en las artes de la caballería y
de la guerra. Otros eran internados en monasterios o es-

cuelas, y aquéllos destinados a la Iglesia podían entrar al servicio de un prelado. En general, se trataba de un período durante el cual el niño recibía la preparación precisa para desempeñar el día de mañana aquellas obligaciones que le corresponderían como adulto. Una etapa de transición que terminaba con la llegada de la pubertad, fijada oficialmente en los doce años para las niñas y en los catorce para los niños [36].

¿Una nueva sensibilidad hacia la infancia?

La vida de la familia española durante los siglos modernos continúa siendo aún hoy, en buena medida, un terreno virgen e inexplorado para el historiador. El francés Philippe Ariés, pionero en estos estudios, ha creído ver precisamente en el momento histórico que constituye el límite cronológico de nuestro libro —finales del siglo XVII— el surgimiento de un nuevo modelo familiar que se traduciría, fundamentalmente, en lo que él ha calificado como «descubrimiento de la infancia».

Se produce en esta época, paralelamente al ensanchamiento del Estado moderno y el «aumento» de su peso y su presencia en las sociedades europeas occidentales, un repliegue «hacia adentro» de la familia nuclear. De esta forma, mientras que el desarrollo de la maquinaria estatal socava la influencia de los lazos de parentesco, se produce como reacción un incremento del aislamiento y la privacidad de la familia. Esta se retira de la calle, de la plaza, de la vida colectiva, para recluirse dentro de una casa mejor defendida contra los intrusos y mejor preparada para la intimidad.

La familia se convierte en un lugar de afecto necesario entre esposos y entre padres e hijos, lo que antes no era. Y por lo que respecta a los hijos, este afecto se manifiesta sobre todo en la importancia concedida, a partir de ahora, a su educación. La escuela se impone, y sustituye paulatinamente el aprendizaje de carácter práctico como instrumento educativo. El niño es separado del mundo de los adultos y mantenido aparte, en el colegio, iniciándose con ello ese largo período de reclusión infantil —que no ha dejado de prolongarse hasta nuestros días— al que llamamos escolarización.

Los padres se interesan por los estudios de sus hijos y los siguen con una solicitud propia de los siglos XIX y XX, pero desconocida antes. Comienza entonces a organizarse la familia en torno al niño, el cual sale de su antiguo anonimato y adquiere tal importancia, que ya no es posible, sin una gran aflicción, perderle, reemplazarle o reproducirle muchas veces, y conviene, por tanto, limitar su número para ocuparse mejor de él.

Este modelo descrito por Ariés tuvo probablemente su origen en el mundo anglosajón —Inglaterra y América del Norte— a finales del siglo XVII, y fue progresando hacia el resto de Europa occidental durante los siglos XVIII y XIX. Indudablemente, no afectó a todos los sectores sociales por igual, ni al mismo tiempo. Su influencia se limitó sólo, en un principio, a las clases urbanas acomodadas: hidalgos, profesionales y alta burguesía —familias no tan poderosas como para poder mantener un regimiento de criados que se hiciera cargo de la crianza de los niños, pero sí lo suficientemente ricas como para entregarse al lujo de los sentimientos—, para ir extendiéndose progresivamente hacia arriba y hacia abajo en la escala social. Cómo se produjo este proceso en el seno de la sociedad española, es algo que aún está sin precisar.

CAPITULO X

FIESTAS, DIVERSIONES, JUEGOS Y ESPECTACULOS

por Carmen Sanz Ayán

S I queremos adentrarnos en el vivir cotidiano de las gentes del siglo de Velázquez, cobra especial importancia conocer cuáles fueron sus esparcimientos y sus diversiones favoritas y en qué contextos se desarrollaron. En cuanto a los espectáculos, el preferido sin ninguna duda fue el teatro, siguiéndole a la zaga los toros, el baile de cañas y las mascaradas.

Los eventos adecuados para que estos entretenimientos se desarrollaran fueron las múltiples fiestas conmemorativas religiosas o palaciegas, que se celebraban tanto en la Corte como en el resto de las ciudades y pueblos de la Península.

Pero si hubiera que citar dos fiestas que destacasen por su importancia y su universalidad, éstas serían el Carnaval y el Corpus. Aunque con distintos medios, se celebraban con igual intensidad por toda la población, y proporcionaban —sobre todo la primera— una posibilidad de inhibición, una vía de escape necesaria en el rígido sistema social imperante en la época. Por último, los versos, y sobre todo el juego, constituyeron verdaderas pasiones durante estos años.

El teatro

Como hemos dicho, en la España del siglo XVII, la asistencia al teatro fue la diversión por excelencia [1]. Se representaba en ciudades, pueblos y aldeas, en escenarios improvisados o permanentes, en el Alcázar de los reyes, en las residencias nobiliarias o en los conventos y, sobre todo, ninguna fiesta, ya fuera religiosa, popular o cortesana podía concebirse sin que existiera una variedad de representaciones teatrales.

Agustín de Rojas en su célebre *Loa de la Comedia* [2], tuvo ocasión de referirse a las múltiples formas de representación existentes en la época y con las que gentes de toda condición podían deleitarse, desde el modesto bululú [3] a las grandes compañías de renombre nacional.

Por supuesto, Madrid, como asentamiento permanente de la Corte, se había constituido también en el corazón de la actividad teatral. Existían allí dos teatros públicos llamados el Corral del Príncipe y el Corral de la Cruz. Pero la mayor parte de las ciudades importantes contaba con un lugar permanente para la representación. Destacaban por su singularidad el Coliseo de Sevilla y el Corral de la Olivera en Valencia [4].

La denominación de corral venía determinada por el emplazamientos de los tablados —los patios interiores de algunas manzanas de casas—, y como puede suponerse su instalación no era muy complicada. En el fondo del patio se montaba un elevado escenario, simple en sus efectos escénicos. Frente a él se colocaban los espectadores de a pie llamados «mosqueteros», que en su mayoría eran soldados y pícaros que se constituían en los verdaderos árbitros del éxito de la obra, silbando o aplaudiendo según ésta hubiera sido o no de su agrado. Alrededor de esta zona de a pie se situaban las gradas, ocupadas generalmente por menestrales, artesanos y pequeños burgueses.

Las mujeres no nobles tenían un lugar exclusivo situado normalmente en alto, enfrente del escenario, al que se le denominaba «cazuela». Este lugar fue magistralmente captado por un contemporáneo, Juan de Zabaleta, en su obra titulada *Día de fiesta por la tarde*, en donde nos describe el interés con que las mujeres acudían al teatro. Según él:

La mujer que ha de ir a la comedia el día de fiesta, ordinariamente la hace tarea de todo el día. Conviénese con una vecina suya, almuerzan cualquier cosa, reservando la comida del mediodía para la noche. Vanse a una misa y desde la misa, por tomar buen lugar, parten a la cazuela [5].

En un lugar privilegiado para el seguimiento de la obra frente al escenario, pero por encima de la cazuela, se encontraba «la tertulia», lugar frecuentado sobre todo por clérigos que teóricamente vigilaban desde allí el contenido de las comedias y el comportamiento de espectadores y actores, aunque en numerosas ocasiones se denunció por parte de las más elevadas autoridades eclesiásticas la excesiva relajación con la que aquéllos disfrutaban del espectáculo.

Por último las ventanas de las casas que daban al patio, se habilitaban a modo de palcos para los espectadores más ilustres, nobles e incluso el rey, y se denominaban aposentos, rejas o celosías.

Como vemos, los criterios de categoría social y de sexo distribuían al público en distintos lugares, pero todos podían asistir al mismo espectáculo.

La representación comenzaba a las dos de la tarde durante los meses que iban de octubre a abril para terminar antes del anochecer. En primavera el horario se retrasaba hasta las tres y en verano hasta las cuatro. Aunque en principio los días de comedia se limitaban a los domingos y días de fiesta, se pasó después a dar dos sesiones por semana [6] además del domingo. Los teatros públicos permanecían cerrados desde el Miércoles de Ceniza hasta la Pascua de Resurrección, aunque para no privar completamente al público de sus habituales diversiones se organizaban funciones de títeres.

El espectáculo teatral comprendía distintas manifestaciones escénicas que no se limitaban a la simple representación de una obra. Ésta iba acompañada de otros elementos como la loa, el entremés, los bailes, las jácaras y las mojigangas que aparecían a lo largo de la representación con un orden prefijado y que sin duda contribuían al éxito de toda la representación.

Se comenzaba con una música de guitarras y chirimías o vihuelas, recitando a continuación la loa, con la que se intentaba fijar la atención del público en el escenario, ya que obviamente al corral no sólo se iba a ver u oír teatro, sino también a galantear o a comentar los sucesos más recientes, mientras se degustaban avellanas nuevas o ciruelas de Génova. Por ello, en los primeros momentos la algarabía podía ser incontenible y la loa se escuchaba a medias, sin prestar demasiada atención al actor que la recitaba y que en sus versos reclamaba silencio a los asistentes.

Tras la loa, tranquilizados los ánimos de los espectadores se representaba el primer acto o jornada de la comedia principal, que constaba de tres, y entre la jornada primera y la segunda se representaba un entremés. Su función era evitar que el público se aburriera en los entreactos. Muchos espectadores preferían esta pequeña pero aguda representación al resto del espectáculo, y entre los autores más valorados en la composición de este tipo de obritas se encontraba el célebre Quiñones de Benavente, del que Tirso de Molina llegó a decir que era

> la sal
> de los gustos. El regalo
> de nuestra Corte [7].

Entre la jornada segunda y la tercera se representaba un baile, momento esperado por los mosqueteros, que gozaban de un lugar privilegiado para apreciar los movimientos de las bailarinas.

El baile era uno de los recreos más típicos de la época. Con diversos estilos se bailaba no sólo en el teatro, sino en mesones y plazuelas o en las casas particulares; por ello la introducción del baile en los corrales respondía una vez más al deseo de satisfacer el gusto del público que asistía a ellos.

La importancia del baile en la representación teatral se manifiesta aún más si tenemos presente las sucesivas prohibiciones y normas que aparecieron en los reglamentos de los teatros y que continuamente fueron desobedecidas [8].

Los bailes introducidos en las representaciones eran, según Lázaro Carreter, de dos clases: descriptivos y de espectáculo. Los primeros eran aquéllos en los que un solista o un coro cantaba una letra que describía los movimientos de los bailarines, pero sin duda los de más éxito fueron aquellos que consistían solamente en movimientos rítmicos acompañados de música. De éstos los más famosos eran el rastreado, la zarabanda, la chacona y las seguidillas [9], que cada vez se componían de forma más libre y obscena según sus detractores. Se denominaban en su conjunto «danzas de cascabel» por distinguirlas de «las danzas de cuenta», que eran las que se practicaban en los salones aristocráticos.

Tras la última jornada que componía la representación principal, podía finalizarse con otro entremés, aunque lo más frecuente era representar una jácara o una mojiganga. La jácara era una composición breve que representaban uno o varios cómicos y trataba de las rivalidades entre pícaros o rufianes, relatando sus fechorías en el típico lenguaje de germanía [10].

La mojiganga en principio no era una forma de representación teatral, sino más bien un desfile de personajes disfrazados grotescamente con «motes» colgados de sus espaldas. Los participantes en la mojiganga danzaban por las calles con las caras pintadas en tiempo de Carnaval, acompañados por instrumentos ruidosos como cencerros o campanillas. Al igual que el baile, el éxito del que gozaban popularmente los hizo incorporarse al espectáculo del teatro.

Ya señalamos que los escenarios en donde se desenvolvían todas estas actividades no eran muy complicados. Se instalaban telas para indicar los fondos y no había telón de boca. Sólo se apreciaban dos planos en el escenario, uno elevado donde se simulaban balcones, montañas o almenas, y el bajo a la altura de las tablas.

Los vestidos de los actores presentaban mayor suntuosidad si los comparamos con la parquedad de los decorados. Las compañías demostraban su importancia por la riqueza del vestuario y también por el número de actores con que contaban. Las más importantes y cotizadas se componían, entre actores y actrices, de dieciséis miembros aproximadamente.

Un buen actor o actriz de esta época tenía que ser polifacético, capaz de cantar, bailar y representar papeles cómicos o trágicos indistintamente. Los de éxito conseguían un gran reconocimiento popular, pero al mismo tiempo formaban parte de un sector social marginado, descalificado moralmente, salvo alguna excepción, por su tradicional vida licenciosa.

En 1634, y merced al auge que habían adquirido las representaciones teatrales y al gusto personal de Felipe IV, se inauguró el Coliseo del Buen Retiro, que presentaba innovaciones estructurales de procedencia italiana con respecto a los corrales tradicionales, y que en numerosas ocasiones se abrió al público cobrando la entrada como si de un corral más se tratara.

Los beneficios económicos que se obtenían de las representaciones teatrales servían tanto en la Corte como en el resto de las ciudades de España para el sostenimiento de los hospitales. Aunque en principio de la administración teatral se ocupaban directamente cofradías como las de la Soledad y la Pasión, en Madrid, a medida que el negocio teatral se complicó, fue necesario que se hicieran cargo de los corrales arrendadores [11] que garantizaran una cantidad fija de dinero a los hospitales, evitándoles la complicación de tener que tratar con compañías, actores, poetas y autores [12]. Este sistema de administración teatral estaba ya plenamente desarrollado a mediados del siglo XVII.

Fue precisamente esta vinculación del teatro con los hospitales la que hizo que en muchas ocasiones se defendiera el mantenimiento de la actividad teatral frente a los detractores, casi siempre eruditos aristotélicos y moralistas hostiles, que señalaban el teatro como foco de depravación y causa de los males de la monarquía. En este sentido pueden encontrarse abundantes testimonios como el siguiente:

...reduciéndose la formación de compañías de la Corte a personas ciertas y las más relajadas, arraigando sus mismos vicios en ellos y haciendo más escandalosas sus costumbres (...), sin que los castigos, reclusiones y destierros que se han executado produzcan escarmiento alguno [13].

A pesar de la justificación que desde el punto de vista de la asistencia social tenía el mantenimiento de las representaciones, en algunas ocasiones sus detractores consiguieron que la actividad teatral se paralizara. Las interrupciones coincidieron casi siempre con los duelos y lutos reales, y con las adversas circunstancias bélicas de la década de los cuarenta.

La muerte de la reina Isabel en 1644 supuso el cierre de los teatros. El fallecimiento dos años después del heredero Baltasar Carlos prolongó el mutismo de los corrales. Desde 1646 y hasta 1649 la supresión de las comedias fue absoluta. Pero a partir de este último año la atenuación del conflicto catalán y el segundo matrimonio del rey con Mariana de Austria, trajeron de nuevo actores a las tablas, siendo los últimos años de la vida de Felipe IV francamente favorables para la vida teatral. De la mano de autores excepcionales reputados por la opinión general, como Moreto, y sobre todo Calderón, el teatro recuperó su pulso tradicional [14].

Los paseos y mentideros

Otro entretenimiento de los hombres y mujeres del siglo XVII, sobre todo en las grandes ciudades y en la Corte, era el paseo. Se hacía en unos lugares o en otros, y dependiendo del día y de la estación, todos sabían cuál era el sitio adecuado para «ver y ser vistos».

En Madrid los paseos preferidos eran los del Prado, las cercanías del Buen Retiro y las riberas del Manzanares, quedando reservada la calle Mayor para los paseos de otoño y de invierno.

Acudían a estos lugares ociosos, damas y caballeros que lucían sus adornos y galas. Las damas solían hacer el paseo en carrozas, coches o sillas de manos y, según el viajero francés Herrault, la costumbre era que cuando un hombre se encontraba detenido frente a una carroza en la cual sólo había mujeres, era normal decirles algo alegre y a menudo con doble sentido, respondiendo ellas con mucha vivacidad cuando no con descaro.

A lo largo de los paseos, sobre todo los del río y los del Prado, se encontraban vendedores ambulantes de agua, fruta, aloja o tortitas de leche. Además, era el lugar más apropiado para concertar citas u organizar cenas o meriendas, e incluso en las calurosas noches de verano, para disfrutar de baños nocturnos en las orillas del Manzanares, a pesar de que ya por entonces el río de la Corte era objeto de burlas por su escaso caudal:

> que otro día le enseñaremos el río Manzanares, que se llama río porque se ríe de los que van a bañarse a él, no teniendo agua, que sólo tiene

La Fontaine et la Place du Soleil a MADRIT.

Fuente y Plaza del Sol de Madrid.
Museo Municipal, Madrid.

regada la arena, y pasa el verano de noche, como río navarrisco, siendo el más merendado y cenado de cuantos ríos hay en el mundo [15].

El ambiente de desenfado que se respiraba en estos lugares, propició la emisión de pragmáticas moralizadoras que prohibían que las mujeres pudieran acudir a los paseos con el rostro cubierto por el manto y con las cortinas de los coches corridas. También se dispuso que no pudieran ir en carruaje salvo acompañadas por sus padres y maridos, pero estas disposiciones fueron siempre desobedecidas, quedando reducidas a una advertencia sin efecto alguno.

El Prado, y sobre todo el Campo del Moro, fueron lugares peligrosos al atardecer, pues se convirtieron en escenario de riñas y desafíos que el conde-duque de Olivares se esforzó en erradicar, aunque con escasos resultados.

Era frecuente que a la hora de iniciar los paseos, los transeúntes se toparan más tarde o más temprano con un céntrico mentidero. Los mentideros eran los lugares de reunión y de charla situados en puntos de tránsito. Era allí donde se propagaba todo tipo de noticias, acudiendo a ellos gentes de toda condición social. En Madrid el más famoso de todos estaba situado en la calle Mayor, en las gradas del desaparecido convento de San Felipe el Real, siendo la hora habitual de acudir a él las once de la mañana. Iban allí sobre todo soldados, pero también frailes, clérigos [16] e incluso literatos de altura, como Lope o Quevedo. Por la tarde, a la hora del paseo, el mentidero bullía de nuevo y sus asiduos volvían para continuar con la charla o para enterarse de noticias de última hora.

Otro lugar de importancia en este sentido fueron las Losas de Palacio. Allí se divulgaban amoríos y chismes, y se repartían cuchilladas. Era también buena fuente de sucesos políticos, diplomáticos y militares, o de noticias sobre comedias, libros y versos, aunque en este último aspecto, el lugar por excelencia era el llamado «mentidero de representantes», situado en la calle del León.

Toros, cañas y mascaradas

Las fiestas de toros estaban extendidas por toda la Península, aunque las de más renombre, sobre todo por la asistencia real, eran las que se celebraban en Madrid.

Podían ser de dos clases: «ordinarias» o «extraordinarias». Las ordinarias las costeaba el Ayuntamiento y en la Corte se celebraban durante las fiestas de san Isidro, san Juan y santa Ana, es decir, en mayo, junio y agosto, siendo las más sencillas y modestas. Las extraordinarias corrían a cargo de la Casa Real como uno de los festejos obligados para conmemoraciones o fiestas, celebrándose con todo el lujo y esplendor posibles.

Al no existir por entonces plazas de toros, las corridas se desarrollaban en las plazas públicas convenientemente acondicionadas, como todavía se hace en algunos de nuestros pueblos, cubriéndolas de arena y regándolas cuando iba a comenzar el espectáculo.

En Madrid el lugar para la celebración era la plaza Ma-

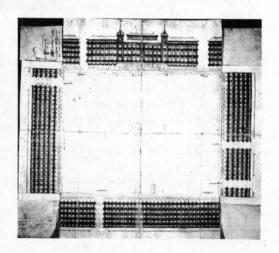

Plaza Mayor de Madrid.
Museo Municipal, Madrid.

yor, aunque excepcionalmente se celebraban corridas en la plaza de Lavapiés, en el Campo del Moro y cómo no, en el Buen Retiro. En la plaza Mayor los que no tenían balcón ni localidad especial disponible se apiñaban bajo los soportales que circundaban su recinto.

Cada corrida real exigía considerables preparativos regidos por una reglamentación minuciosa, una severa etiqueta y un complicado ceremonial. Incluso los detalles más nimios estaban sujetos a la estricta etiqueta: quiénes podían usar sombrero o vara, coche o caballo; quienes entraban antes o después, por dónde, etc. Además, los reyes concurrían a la plaza con un boato extraordinario. Salían del Alcázar con un séquito numeroso formado por carrozas de gala y guardias palatinos. Los habitantes de la Corte se apiñaban para verlo. Cada Consejo tenía unos balcones reservados desde los que podían disfrutar del espectáculo. El del rey era dorado y estaba cubierto con un dosel. Había otros para la reina, las damas, el valido y los embajadores extranjeros.

El toreo en el siglo XVII no era un oficio, como comenzó a serlo a partir del siglo XVIII. La lidia de reses bravas constituía generalmente un ejercicio caballeresco [17], al igual que los torneos de lanzas, como luego veremos. Intervenían los caballeros más nobles para probar su destreza en el caballo e incluso, a veces, como ofrenda amorosa a una dama. A éstas las encantaba el espectáculo y mostraban su predilección por los más valientes. Los caballeros debían, además, ser obsequiosos con ellas, costeándoles regalos y meriendas durante las corridas, rivalizando entre ellos por la esplendidez en los agasajos. La actitud generalizada de las damas en este tipo de espectáculo puede verse reflejada en los siguientes versos que Lope de Vega puso en boca del rival del caballero de Olmedo, tras ser arrojado del caballo por el toro que lidiaba:

> *Alcé los ojos a ver*
> *a Inés, por ver si piadoso*
> *mostraba el semblante entonces,*

Jerez de la Frontera *(detalle). De la obra* Civitates Orbis Terrarum, *de Braun, ilustrada por Hofnagel (finales del siglo XVI), Servicio de Documentación Geográfico del Ejército, Madrid.* Historia 16.

> *que aunque ingrato, necio adoro,*
> *y veo que no pudiera*
> *mirar Nerón más riguroso*
> *desde la Torre Tarpeya*
> *de Roma el incendio, como*
> *desde el balcón me miraba* [18].

Los percances fatales abundaban en las fiestas de toros, especialmente en los encierros y simulacros de corrida matinal previos al espectáculo propiamente dicho, que se celebraba por la tarde, aunque también en las corridas oficiales ocurrían graves accidentes.

Los nobles sólo practicaban el toreo a caballo, la lidia a pie quedaba relegada a un segundo plano, salvo en corridas como la de san Isidro, de menos categoría. A los que se enfrentaban con el toro a pie se les llamaba «toreadores de banda», por ser éste su distintivo cuando entraban en la lidia. Alanceaban y hacían otras suertes con los toros, recibiendo por ello una retribución. Pero además de éstos, había otros, llamados «ventureros», que eran los que sin previo ajuste se presentaban en la plaza y recibían o no una remuneración, según el éxito del trabajo realizado.

La afición a los toros era muy grande, y entre los espectadores regios que disfrutaban del espectáculo se encontraba doña Mariana de Austria, la segunda esposa de Felipe IV, que parecía sentirse más inclinada a estos festejos que a las representaciones teatrales.

El día en que se celebraba la corrida era uno de los más festivos. Nadie hacía nada, ni se preocupaba de cosa alguna, sino de acudir a la plaza por cualquier medio. Unos lo lograban por derechos de sus empleos, otros por especial concesión del rey, algunos alquilando por dinero los balcones de los entresuelos de la plaza y otros forzando las puertas y saltando los terrados. Una curiosidad a este respecto era que los dueños de las casas que tenían balcones que daban a la plaza Mayor, no podían utilizarlos para su propio deleite, sino que se veían obligados a cedérselos a las autoridades a las que se les habían asignado.

Pero además de los toros, los caballeros demostraban su

Juego de cañas en la plaza Mayor.
1623. J. de la Corte, Museo Municipal, Madrid.

destreza en otros pasatiempos que resultaban muy vistosos para los súbditos de a pie. Entre los más conocidos se encontraban las cañas y las mascaradas.

Las cañas eran fiestas muy típicas de la época entre caballeros nobles e incluso personas reales. Estos juegos de cañas acompañaban frecuentemente a las corridas de toros [19].

Venían a ser una transformación de los torneos medievales, y consistían en una carrera entre varias cuadrillas de jinetes que se asaeteaban unas a otras con lanzas de caña, debiendo los amenazados por el golpe procurar pararlo con sus adargas. Así recorrían la plaza de una esquina a otra y luego de frente, formando una cruz. Los contendientes debían hacerlo lo mismo al entrar que al salir, poniendo a galope tendido sus caballos [20]. La tradición achacaba a estos torneos un origen árabe, y por ello la mitad de los caballeros solían vestir de moros y la otra mitad de cristianos.

Las mascaradas daban otra oportunidad a los caballeros para demostrar su maestría en el arte de la equitación. Permitían además a éstos lucir vistosos y ricos trajes que causaban la admiración de los espectadores. Era también una carrera de caballos que consistía en que los jinetes, vestidos con trajes de fantasía y con los corceles ricamente enjaezados, corrían de noche con hachas encendidas, compitiendo por parejas. Estas carreras conseguían ser muy vistosas y emocionantes por el riesgo que la prueba conllevaba al celebrarse de noche. El propio Felipe IV participó en alguna ocasión en estas competiciones.

El Carnaval

Dijimos al principio que entre las fiestas que se celebraban en esta época el Carnaval era, quizá, la más importante por la participación que toda la población tenía en ella.

El Carnaval, por supuesto, se celebraba con animación y bullicio. Su duración variaba, y como ocurre en nuestros días, no tenía fecha fija de inicio, aunque su final se producía siempre el día anterior al Miércoles de Ceniza.

Independientemente del origen remoto que se pretende atribuir al Carnaval, y que se pone en contacto con las fiestas primaverales en honor a Osiris en Egipto, el culto griego a Dionisos y las saturnales y lupercales romanas, en esta época tenía un sentido religioso en principio, con fuertes implicaciones sociológicas y psicológicas [21].

En primer lugar, se trataba de señalar la libertad de comer carne antes de la Cuaresma, pero al mismo tiempo, y con la coartada del disfraz, se ridiculizaba a las jerarquías y se producía una evasión en todos los órdenes, pudiendo por unos días liberarse del grupo social en el que uno estaba inmerso.

Las máscaras y disfraces carnavalescos aparecieron en el siglo XV y XVI en Italia, difundiéndose rápidamente por Europa. Así, por ejemplo, se puede ver una importante influencia veneciana en los carnavales celebrados por estos años en Valencia.

Uno de los festejos carnavalescos más importantes fueron las mojigangas, a las que nos hemos referido cuando hablamos del teatro.

Entre ellas, una de las más celebradas por el público era la de *El caballero Carnaval,* que ponía fin a la fiesta. Consistía en la realización de las bodas de don Carnal y doña Cuaresma, siguiendo el rito burlesco y remoto que inmortalizó en el siglo XIV el Arcipreste de Hita en el *Libro de Buen Amor,* y en el que finalmente don Carnal moría de susto al ver tan fea a doña Cuaresma.

Durante ese festejo, las mujeres se embadurnaban la cara con polvos y arrojaban a los hombres cáscaras de naranja rellenas de mosto, grasa o salvado.

Precisamente ésta era una de las bromas más típicas que se gastaban en Carnaval, aunque había otras que conocemos bien gracias a los testimonios que han dejado escritores de la época como el mencionado Zabaleta, Quevedo, Vélez de Guevara o Calderón. Según ellos, entre las más comunes se encontraban los manteos, o el poner cuerdas disimuladas en las calles para que tropezaran y cayesen los que pasaban y arrojarles después agua sucia o animales enrabietados. Los nobles dulcificaron estas bromas, y en lugar de líquidos malolientes arrojaban huevos llenos de colonia o papelillos de colores.

Tras el Carnaval se imponían las siete semanas cuaresmales, que implicaban en principio un riguroso ayuno. No obstante, la adquisición de la bula liberaba a todos aquellos que podían adquirirla de esas estrictas obligaciones. El testimonio de Madame D'Aulnoy a este respecto es bastante claro:

nadie ayuna, ni los amos ni los criados (...). Adquieren la bula en casa del nuncio (...) y se les permite comer manteca y queso durante la Cuaresma y los viernes y sábados de todo el año [22].

Durante el período cuaresmal, las representaciones teatrales se suspendían, aunque como la afición era tan grande, se permitían actuaciones de saltimbanquis y comedias de títeres y marionetas [23]. El final de la Cuaresma culminaba en la Semana Santa con espectaculares procesiones, que se celebraban el miércoles, el jueves y viernes.

El Corpus y la fiesta sacramental barroca

Una vez clausurado el período de Cuaresma tras el Domingo de Resurrección, la fiesta más importante, celebrada en todas partes con el mayor boato y exaltación, era el Corpus Christi [24].

De nuevo, la importancia del teatro en las manifestaciones de índole festiva queda reflejada en esta celebración, pues el acontecimiento más sonado del Corpus, además de la procesión, era la representación de los autos sacramentales. Los autos eran dramas sacros de acción breve con carácter alegórico y cuyo último fin era enaltecer el sacramento de la Eucaristía.

Para preparar los autos se nombraba con antelación la

llamada «Junta del Corpus», en la que figuraba el corregidor, dos regidores y un miembro del Consejo de Castilla en funciones de presidente, en el caso de Madrid. Por tanto, en la celebración de la fiesta no sólo intervenía la Iglesia, sino también el municipio y el propio Estado.

La citada junta contrataba compañías de actores y ajustaba la producción de músicos y poetas, siendo en estos años el más cotizado Calderón. También cuidaba de la construcción y pintura de los carros que se utilizaban como escenario para la representación, así como gradas para el público, y determinaba los sitios, horas y circunstancias en que debían darse las funciones.

La representación de los autos en Madrid era disputada por las más notables compañías de comediantes, ya que las que finalmente se escogían obtenían la fama de ser las mejores y conseguían importantes ventajas en la remuneración y en la renovación del vestuario, que después servía para representar el resto de la temporada. A pesar de que los escenarios eran portátiles, el decorado y la tramoya solían ser bastante complicados [25].

La realización de los ensayos despertaba gran espectación, pero, por supuesto, el momento cumbre era el de la verdadera representación.

En Madrid se realizaba una primera puesta en escena delante de los reyes en la puerta de Palacio, y después, para el Ayuntamiento y los Consejos en la plaza Mayor o en la plaza de la Villa, mientras el resto del público asistía de pie al acontecimiento detrás de las autoridades.

Aunque los autos sacramentales de la Corte eran los más lucidos, no por ello dejaban de celebrarse en el resto de las ciudades y pueblos, incluso en los más pequeños. Para estos últimos casos existían compañías más modestas que a veces representaban el mismo auto en varios pueblos en muy cortos períodos de tiempo.

Las fiestas conmemorativas reales y religiosas

Hemos decidido unificar bajo el epígrafe de «fiestas conmemorativas» las fiestas «religiosas» y las que podríamos denominar «profanas», aunque la concepción barroca del mundo en esta época es la de una realidad única cuya raíz tiene un carácter acusadamente trascendente y religioso. Por ello podemos encontrarnos que la celebración de batallas o campañas bélicas, el nacimiento de un heredero o incluso unas lejanas bodas reales, se conciben siempre como el testimonio del favor divino y por tanto trascienden de su carácter civil al religioso.

Teniendo esto en cuenta, resulta justificado, por razones metodológicas, hacer una división entre fiestas de origen religioso y otras de origen profano.

Entre las primeras hemos hablado ya del Corpus Christi y del Carnaval, pero existen también las «patronales» y, cómo no, las de otros santos que, sin ser patronos de la ciudad, concedieron sus intercesiones en favor de los habitantes de aquel lugar.

En las patronales se rendía culto a santos elegidos por la comunidad como protectores titulares de la misma que prestan de forma constante su patrocinio a la población. Existían también fiestas religiosas que podríamos llamar «votivas», que surgieron en un momento determinado a causa de un acontecimiento extraordinario, en el que un determinado santo prestó su intercesión a la ciudad cuando estaba en apuros (sequías, hambres, peste, etc.). Tanto unas como otras solían ir asociadas a procesiones y romerías, y sus fechas más comunes eran la primavera y el verano.

En Madrid, la fiesta patronal por excelencia era san Isidro, decretada por la Iglesia en 1622, aunque venía celebrándose por los vecinos con anterioridad. Entre las romerías más famosas se encontraba la de Santiago el Verde, que se celebraba el primero de mayo y que por aquellos años era todavía más vistosa que la de san Isidro. En ellas se entremezclaban las procesiones con las fiestas de toros, las mascaradas y los paseos.

Las fiestas que no tenían un origen religioso lo tenían regio. Se celebraban onomásticas, matrimonios, llegadas de príncipes, nacimientos, batallas o campañas, y es posible que no exista un reinado tan abundante en fiestas cortesanas como el de Felipe IV. Fueron especialmente vistosas las de la primera parte de su reinado: su propia proclamación como rey; la llegada a la Corte de Carlos Estuardo príncipe de Gales, futuro rey de Inglaterra, o el nacimiento de Baltasar Carlos. También hubo otras menores que desencadenaron actividades festivas, como la visita a Madrid del archiduque de Austria, o la celebración de las bodas de la hermana del rey, María de Austria, con el rey de Hungría y Bohemia.

Durante la segunda mitad del reinado de Felipe IV se celebraron menos acontecimientos, pero aun así fueron sonadas las segundas nupcias con Mariana de Austria y los nacimientos de Felipe Próspero y del futuro Carlos II, o la conmemoración de la Paz de los Pirineos con Francia.

Básicamente, estas fiestas conmemorativas constaban de los elementos lúdicos a los que ya hemos hecho mención: fuegos artificiales [26], vistosas mascaradas, mojigangas, juegos de cañas, corridas de toros, bailes, danzas y teatro, que a veces salía de los corrales de comedias y se instalaba en tablados en los lugares concurridos de las más importantes ciudades. Todo ello mezclado con calles engalanadas y arquitecturas perecederas de cartón piedra, no por ello menos cuidadas y ornamentales. Por supuesto, no faltaban las procesiones, misas y luminarias en acción de gracias.

Las fiestas literarias

En los siglos XVI y XVII había en España, como en otros países, una gran afición a los versos. Se estimaba mucho a los poetas, e incluso reyes como Felipe IV se sintieron inclinados a la versificación.

Los nobles ejercieron el mecenazgo con artistas y escritores, manteniéndolos en sus casas desempeñando tareas como las de secretario, lo que les permitía disfrutar de un nivel de vida que con sus producciones no hubieran podido conseguir.

Como consecuencia de este gusto por la poesía, fue frecuente la celebración de certámenes literarios llamados «academias», que se celebraban con ocasión de festividades públicas o por simple recreo entre los nobles de la Corte o de las ciudades.

Estos certámenes literarios empezaron a convocarse para conmemorar apoteosis de santos, con motivo de sus fiestas. En ellas participaron e incluso se dieron a conocer poetas tan famosos como Lope o Calderón [27]. Pronto se aplicaron también a numerosos asuntos sacros o profanos, como victorias en batallas, celebrándose en los más diversos lugares: en la Cámara Regia, en el paraninfo universitario, en el municipio o en el convento.

Una variante que tuvo gran éxito fue el llamado «vejamen», que no era otra cosa que burlas en verso con que se ponía en ridículo a los poetas concursantes, señalando los defectos de su amada o los de su propia persona, aunque de forma mesurada y con sentido del humor. La celebración de estos «vejámenes» tuvo normalmente un carácter privado, realizándose en casas de nobles o en el propio Buen Retiro, aunque las composiciones especialmente ocurrentes llegaban pronto a los mentideros y eran conocidas por el pueblo. Los años dorados de estas manifestaciones se sitúan en la década de los treinta, comenzando a ir a menos a partir de 1640.

Juegos de entretenimiento y juegos de azar

El juego era un pasatiempo muy extendido en España. No obstante, cabe hacer varias distinciones entre ellos. Por un lado estaban los que podíamos considerar deportivos. El juego de pelota practicado con pala y el ajedrez, eran los preferidos, y por estas fechas seguían siendo juegos cortesanos. Sin embargo, los naipes eran el juego por excelencia. Aunque menos saludable que los primeros, era practicado por todos los grupos sociales. El propio Felipe III fue un apasionado jugador.

En el Reino de Castilla sólo podía jugarse con una baraja autorizada, que era estanco real y que, por tanto, sólo podía estamparse y venderse con licencia del rey. Si se sorprendía a alguien jugando con barajas francesas o catalanas, podía recaer sobre él una grave pena como defraudador de la Real Hacienda.

La variedad de juegos de cartas era enorme, pero entre los más famosos de los consentidos se encontraban «los cientos», «reparolo», «siete y llevar», «quiñolas», «el del hombre», «treinta», «la flor», «espadillo», «tenderete», «cuco» y «matacán» [28]. Existían otros absolutamente prohibidos, como la «carteta» o «andaboba» y «las vueltas», que sin embargo también se practicaban.

Todo el mundo disponía de un lugar donde poder jugar a los naipes. Los más distinguidos se llamaban «casas de conversación». Se reunían allí nobles y personas adineradas, en principio para charlar y pasar el rato animadamente, haciendo pequeños concursos y rifas, pero el juego era la actividad más importante de aquellas reuniones.

Estos lugares estaban autorizados para tales actividades siempre que no se practicaran en ellos los juegos prohibidos o los dados, que estaban seriamente perseguidos y no se permitía fabricarlos ni venderlos públicamente, bajo pena de dos años de destierro a los vendedores e imposición de grandes multas a los jugadores.

Había además otras casas de juego autorizadas para personas de más baja extracción social. Solían estar regentadas por soldados «estropeados», es decir, heridos en combate, y en ellas regían las mismas prohibiciones que en las casas de conversación.

No obstante, la demanda de lugares para practicar estos pasatiempos era tan grande, que existían numerosos garitos clandestinos en donde los problemas de trampas y jugadores profesionales con cartas marcadas se redoblaban. En estos lugares, los «fulleros» y «tahúres» acrecentaban el riesgo de peleas y tumultos, sobre todo en las grandes ciudades como Sevilla o Madrid, donde estos locales se contaban por cientos [29].

CAPITULO XI

LA COSMOVISION DEL SIGLO DE ORO. IDEAS Y SUPERSTICIONES

por Fernando Jesús Bouza Alvarez

a F. M.

Los enanos de Velázquez

MARIBARBOLA y Nicolasillo Pertusato, Sebastián de Morra, Diego de Acedo y Francisco Lezcano, enanos de Velázquez, son los delicados objetos de la crueldad piadosa con que el Barroco trató a aquellos seres que la gracia de un sevillano viajero en Italia había malacertado a llamar «las sabandijas del Arca de Noé»[1]. Una de las muchas paradojas que definían el particular «modelo del mundo» ideado por el siglo XVII pasaba, precisamente, por considerar que la estatura escasa o la deformidad grotesca convertía a los enanos en las auténticas piedras de toque de la nave del mundo; servían, por así decirlo, como sirve el contraste para ratificar la perfección de la norma, eran el estruendo del ruido que hace de la armonía música.

El Barroco recurría continuamente a semejante oposición de términos contrarios; por ello, no es de extrañar que llegara a formularse una paradoja como ésta y que, incluso, podamos hallar tratados teóricos cuyo argumento sea la contraposición de los términos de la cortedad y la largueza. Así, quizá también porque él mismo no era muy alto, el teólogo jesuita Théophile Raynaudo escribió una *Laus brevitatis*, publicada en Grenoble en 1649, sin otro fin que el de encomiar las muchas ventajas que encierra lo breve y que lo prolijo no trae; al recaer su discurso *in naturalibus,* pretendía el jesuita que lo mejor era que la estatura de los hombres fuera menor [2].

Años más tarde, ya en Castilla, un jerónimo que se confiesa lector de tales alabanzas afirmaba que los españoles estaban ya cada vez más «decrecidos», y como prueba aportaba el hecho de que la mayoría de sus coetáneos no conseguía ponerse las armaduras de sus antepasados sin que les llegaran a arrastrar por el suelo los petos y las corazas. El fraile era Andrés de Villamanrique y se pronunciaba así en su *Singularidad histórica,* obra escrita para explicar el origen de la minúscula calavera humana que, regalo de un arzobispo de Tarragona, guardaba el marqués del Carpio en su museo, y a propósito de la cual terminamos por encontrarnos ante una encendida defensa de la estimación que deberían merecer los enanos [3].

La *Singularidad* define la belleza como una consecuencia de lo que es raro, afirmando que sólo podremos llamar con justicia precioso a lo único y singular; ésta es la causa de que lo común merezca el menosprecio y el gusto deba buscar siempre lo peregrino. Como los enanos lo son, en consecuencia habría que decir que es la extraordinaria rareza de su deformidad lo que les confiere preciosidad y los hace estimables. Pero —continúa argumentando el jerónimo— son aún más preciosos porque «así como la obscuridad de la noche es causa que adornen y hermoseen más las tintas y colorido diverso de la pintura, así lo disforme destas formas imperfectas es causa que resplandezcan más las formas de toda perfección» [4].

Si ahora vemos, a la luz de este texto, el *Retrato de Baltasar Carlos de Austria,* de 1632 (Museum of Fine Arts, Boston), entenderemos por qué Velázquez quiso resaltar la gracia majestuosa del heredero de la monarquía, que apenas contaba tres años de edad, con el golpe de efecto que supone ver su apostura enfrentada a la mucho más triste figura de un enano que quizá sea Lezcano, el llamado Niño de Vallecas [5].

Francisco Lezcano
(niño de Vallecas).
*C. 1637. Velázquez,
Museo del Prado,
Madrid.*

Del cielo al suelo. Orden, jerarquía y armonía del mundo

Ver lo grande por lo chico y lo claro por lo oscuro, pero también más allá de los estrictos términos de la escala o del tono, afirmar que algo existe porque nos hemos visto enfrentados a su ausencia o, simplemente, a su contradicción.

Característica del Barroco es esta singular forma de argumentar, que se asemeja mucho a lo que Baltasar Gracián llamó agudeza de la improporción [6]. Merced a ella, la fealdad del enano puede mostrar la hermosura de los otros seres, aunque su imperfección la contradiga palmariamente; la necedad es irreconciliable con la prudencia, pero si ella no existiese no tendría sentido juzgar a nadie de discreto; el que proclama que está agraviado sienta justicia y poco es la lealtad de no hallarse traidores; ¿quién —por último— otorga la santidad al mártir, el ángel que le está dando la palma de gloria en la hora de su tormento o el horrible gesto que vemos trazar a la mano de su verdugo?

Algo hay aquí que se aparta de la forma habitual de razonar, porque ha de observarse que no sólo describe una cosa por lo que es, sino también por su negación, es decir, parece como si la norma pudiera ser fijada contando ya con los casos excepcionales que se apartarán de ella. Esta curiosa vía de argumentación, como también sucede en la llamada necesidad política, termina por venir a reforzar la norma establecida. Pongamos el ejemplo bien conocido de un monarca que recurre al principio de necesidad para contrariar algún punto del derecho y justifica su acción como un hecho excepcional, ¿está vulnerando el orden o lo está conservando? Sin duda, y mientras no haga de la excepcionalidad su régimen, habrá que responder diciendo que, paradójicamente, refuerza el orden general que se dispone a quebrantar en una de sus partes.

Lo más odioso para el cuadro mental del siglo XVII no es la contradicción del orden, sino el caos, es decir, su ignorancia. Podremos entender bien la razón última de este complicado juego de oposiciones si tenemos en cuenta la forma en que se concebía la idea de orden en los siglos XVI y XVII. Veamos cómo lo describe el historiador Luis Cabrera de Córdoba al hablar de la creación del mundo:

> Porque crió Dios arquitecto y perfectíssimo todas las criaturas en justos peso y medida y consta la hermosura sensible de conveniencia, concordia y proporción de las partes con el todo y de ellas entre sí, haciendo inferir es hermoso el mundo y creer tienen sus cosas tan cierta y determinada magnitud que si de esta máquina se quitase una estrella o parte o se añadiese se deformaría el compuesto y belleza, porque se hizo con acuerdo en el número y peso que acordó el fabricador y en la proporción que tenía en su divina traza [7].

Propiamente, Cabrera de Córdoba no define aquí el orden, sino que describe el que soporta al mundo a través de las que son sus pruebas, a través de aquellos testimonios en que se deja ver. En primer lugar, orden es un concepto mensurable y, por tanto, distinto en esencia al caos, que desde la Antigüedad era caracterizado en los términos contrarios a los que es posible medir; en segundo lugar, el hecho de que se conciba como una magnitud lleva unido que sea observable por medio de categorías relativas, del tipo de la armonía, la semejanza y la proporción, basadas en relaciones fraguadas siempre sobre la medida, que es, precisamente, el factor que permite que el mundo se constituya en una estructura perceptible como tal. Que esté compuesto por entidades que ocupan un lugar en dicha estructura general quiere decir que está ordenado; que esta condición sea armónica le impide desprenderse de cualquiera de sus elementos o, por otra parte, añadirles algo nuevo. Así, el orden es universal, porque lo abarca todo y porque no puede desprenderse de nada.

Por su condición primigenia, y después de haberse cristianizado, haciendo a Dios el principio —creación— y el final —salvación— de esta estructura, el enfrentamiento entre lo que está ordenado y lo que no lo está, entre caos y orden, es la oposición básica sobre la que la mentalidad barroca construye su particular modelo del mundo.

Todo lo creado, todo lo que hay del cielo al suelo, encuentra su lugar en la armonía del orden universal, y lo hace siguiendo una especie de gradación o escala. Desde el elemento más pesado, que es la tierra, a la casi completa perfección de los ángeles, cada uno de los componentes del mundo habría ido ocupando un lugar en la escala de la creación, hasta formar una enorme cadena de seres cuyos eslabones se ordenaban, según fueran sus cualidades, entre la materia más baja y los espíritus más puros [8].

La posición del hombre en ese orden jerárquico universal es intermedia, a mitad de camino entre los animales y los ángeles; el hombre que comparte con los unos la materia y con los otros el espíritu, es la encrucijada del universo, la clave de su orden. Porque éste es su lugar, al hombre se le ha dado el dominio del suelo, de todas las cosas que le son inferiores en la cadena de los seres, y a su vez tiene que sufrir la influencia del cielo, de las realidades que son superiores a él. Nace de aquí el determinismo astrológico que lleva al Barroco a creer que las estrellas dictan la vida humana o, más moderadamente, que influyen sobre las ac-

ciones terrestres; determinismo que la insistencia católica en
el libre albedrío se esforzó en reducir a una simple propensión natural, pero que nunca consiguió reducir de forma
completa.

Como se puede ver, el orden barroco se basa en la diferencia relativa de sus componentes. Es, en efecto, una
noción que no se construye sobre la igualdad, ni siquiera
sobre la igualdad en la dependencia, sino sobre la jerarquía,
y esto no sólo en la alambicada cultura de la élite, también
en el mundo popular, lleno de resonancias del neoplatonis-
mo natural.

Si esto es lo que puede decirse del hombre respecto al
resto de la creación, cuando consideramos el propio conjunto de los hombres reunidos en una sociedad hallamos
que también allí existe la jerarquía, un pequeño orden humano que, asimismo, se basa en la desigualdad y en ese su
reconocimiento legal que llamamos el privilegio. Como más
tarde veremos, la sociedad estratificada, dividida en estamentos, es la quintaesencia de la imagen del orden.

El modelo barroco del mundo. La idea de conservación

Hora es de advertir que el modelo o cuadro del mundo
que aparece en la cultura del siglo XVII, tal y como podemos recrearlo a partir de los documentos de la época (literatura, arte, filosofía, estética, etc.), es algo más que un simple artificio conceptual y que, por el contrario, en él se
están reproduciendo los valores esenciales de la sociedad
real en que viven sus autores, sujetos y objetos al mismo
tiempo de su creación [9]. Un «modelo del mundo» es una
forma de auto-representación social, es decir, un cúmulo de
ideas que reflejan las líneas estructurales con las que se pretende justificar el orden social vigente, en el Barroco o en
cualquier otro momento; pero no es sólo el producto de la
invención de algunos hombres que, para entendernos, se
hallan ligados al poder, sino que el pensamiento de éstos

también debe ser tenido por fruto del imaginario social considerado en su conjunto [10].

Pero volvamos a la oposición inicial entre lo que tiene orden y lo que carece de él, precisamente el rasgo que consideramos definitorio de este modelo del mundo barroco y que desde ahora llamaremos la cosmovisión del Siglo de Oro, recordando que el sentido etimológico de cosmovisión no es otro que la consideración del orden, el «cosmos», en griego.

De dicho enfrentamiento se deriva, siempre en función de su mayor o menor identidad con lo que se considera norma, esa crestomatía de pares contrapuestos que vienen a ejemplificar dicha oposición básica y cuya discusión ocupa afanosamente a las mentes del XVII; la paz y la guerra; el bien común y la tiranía; la verdad y el error; la discreción y la locura; la sabiduría y la rusticidad, etc. Sin embargo, como se ha señalado anteriormente, la sola mención del par negativo acaba evocando la existencia de su positivo, y la conservación del orden se supone garantizada. Al menos en la argumentación teórica, la excepción confirma la regla, y en justicia sería el verdugo quien debiera estar dándole la palma de gloria al mártir o, lo que es lo mismo, la noción barroca de conservación del orden exige que se insista en su crisis.

En la práctica social, sin embargo, el mantenimiento del orden no se conforma con artificios conceptuales que, como éstos, bien están para la teoría, sino que, por el contrario, la no comunión con el orden se traduce en una exclusión física, muy real y nada imaginaria.

En efecto, aunque es muy grande la seguridad en la existencia de un orden armónico, que puede verse por la insistencia en la virtud o en esa ausencia suya que es el vicio, cuando se pasa a la esfera de los hechos y ya no se juega con esa sucesión de pares cuyo positivo necesita la excepcionalidad del negativo para reforzarse, el temor a que la falta de armonía provoque la quiebra de toda la estructura implica la supresión del elemento discordante.

Al hacer coincidir la diferencia con el desorden, la so-

ciedad barroca termina por convertir la idea de exclusión
en uno de sus rasgos definitorios. Por ejemplo, la heterodoxia no se entiende tan sólo como la falta de comunión
con los principios religiosos generales, sino como una auténtica transgresión contra la unidad de la sociedad ordenada, hasta tal punto está unida la religión a la cosmovisión
barroca [11]. Es más que una opinión, es un delito de lesa
sociedad.

Como proclaman muchos personajes de los dramas ba-
rrocos, en este mundo cada uno o cada cosa debe ser lo que
es, y precisamente lo es porque encuentra su lugar en el
orden superior que respeta. La sociedad real se mantiene
como tal, y funciona porque cada uno de sus miembros
acepta su posición en la jerarquía del orden dado. Sin lugar
a dudas, éste es un mundo nada personalizado, donde, por
el contrario, la estamentalización, la tipificación social —se
cree, incluso, que la sociedad tiene sus propios fines, superiores y distintos a los intereses de los particulares— pre-
valece sobre cualquier condición individual. Este es, también, un mundo cuya teoría se supone armónica, pero cuya
práctica es sumamente cruel porque está llena de renuncias.

El único beneficiario de la gran renuncia personal que
suponen el mundo mental del Antiguo Régimen y la estamentalización, es la conservación de la propia sociedad ame-
nazada por la crisis; crisis que, evidentemente, es entendida
como el desorden provocado por algún exceso contra la
armónica jerarquía del mundo y sus garantes.

Ningún tiempo ha habido cuyo orden mental fuera tan
poco amigo de las novedades como el Barroco, aunque pocos hombres han esperado tanto las nuevas como los españoles del siglo XVII. Como ha mostrado José Antonio Maravall, es muy frecuente ver descalificada la novedad, diciendo que era cosa de ignorantes, mujeres, pobres e, incluso, indios [12]. Por su parte, un defensor acérrimo de las
cosas peregrinas y raras como era el ingenioso fray Andrés
de Villamanrique, estimó sobre todas las rarezas las que él
llamó «novedades antiguas», «... que si sobre lo antiguo
resplandece lo nuevo se junta en uno la equivalencia de un

tesoro, conteniendo, pues, este asunto la grandeza de lo antiguo, de lo moderno y de lo raro, es en todo peregrino» [13]. Unas novedades nada innovadoras, valga la expresión, que conjuraban los peligros del cambio y lo dejaban circunscrito al poco preocupante campo de la extravagancia estética.

No obstante, sería un error pensar que nos hallamos ante una sociedad absolutamente estática, por no decir congelada. Como es bien sabido, la Alta Edad Moderna asistió a la ascensión de grupos sociales que, como los letrados, anteriormente no gozaban de excesiva estimación, y por otra parte, la estructura de su sociedad sufrió los efectos de una economía que cada vez contaba más con el valor del dinero. Sin embargo, esto no significa la desaparición de la noción de privilegio, sino, quizá, su robustecimiento; pese a que en el proceso se haya tenido que redefinir la primitiva trinidad de nobleza, clero y estado llano; pese a que la movilidad social no respete en modo alguno el esquema castizo; pese a que se haya transformado la noción de nobleza y se dude entre el linaje y el mérito, la tradicional división por jerarquías y desigualdades no desaparece. No han llegado todavía los tiempos de ser o todos iguales en la independencia o en la sujeción; para que la ascensión social satisfaga los intereses de los «emergentes», es preciso que esté extendido y sea generalmente aceptado el ideal de distinción jerárquica.

En un mundo que había hecho de la jerarquía su pilar principal, quizá la única ventaja fuera que, como se deducía del texto de Cabrera de Córdoba, si bien las partes no podían entenderse sin su condición de piezas de un conjunto jerarquizado a riesgo de romper esa armonía ideal, tampoco podría el orden alterar la proporción existente entre sus partes a riesgo de lo mismo. El respeto al orden no sólo servía para atenazar vasallos; era mucho más que un mecanismo amedrentador del que disponían los poderosos, podía ser presentado como un obstáculo a las pretensiones desmesuradas de éstos.

Esto es así porque cada una de las piezas que es posible

distinguir en la sociedad —desde el vecino padre de familia, en la base, hasta la ciudad con voto en Cortes, en la cúspide—, tiene reservado un espacio en el que ejerce su autonomía y que constituye el ámbito de su poder y de su jurisdicción. Recurriendo a la analogía biológica de los cuerpos —tan usada que se ha terminado por hablar de constitución— llamaremos a este modelo el mundo orgánico o corporativo, porque en él el conjunto está constituido de partes más o menos autónomas nacidas para satisfacer las funciones de la sociedad —oficios— dentro de la general subordinación a ese conjunto, sin el que no son nada.

La coherencia de esta sociedad no es otra cosa que la supeditación de los individuos a los estamentos, en los que se integran desde su nacimiento o a los que acaban accediendo, y de éstos al esquema general orgánico de una sociedad de cuerpos, de modo que los derechos y los deberes no son tanto personales como colectivos. Su libertad podría calificarse también de orgánica, pues es el resultado del respeto que el orden tiene que guardar ante cada uno de los particulares ámbitos de acción, ante cada uno de los distintos estatutos y jurisdicciones existentes, y si olvidáramos por un momento el modelo contemporáneo de libertades individuales, nos sorprenderíamos ante la extremada libertad con que, por ejemplo, el monarca era interpelado por sus súbditos.

La conducta barroca y la opinión

Con este cuadro de referencia, la condición personal queda doblemente mediatizada; primero, por la renuncia general ante la idea de jerarquía; en segundo lugar, por el respeto debido al estamento al que se pertenece. De ambas cosas se habla cuando se introduce el término «decoro», propiamente la adecuación de una representación a su asunto, pero también de una conducta a la condición estamental de su autor.

Sin negar en modo alguno el valor de las aportaciones

de los que interpretan la honra y el honor desde una perspectiva psicologista, nos parece que este sentimiento, tan característico del Siglo de Oro, debe ser entendido como si fuera una cuestión de decoro moral, del respeto, ajeno y propio, que debe guardarse a las prerrogativas y a las obligaciones de cada uno de los estados, sabiendo que éstos conforman en gran medida las conductas particulares. La mayor o menor insistencia sobre si es en la prosapia o si es en los actos donde reposa el honor, así como la diferencia intrínseca entre éste y la honra, puede explicarse en el contexto de la general discusión en torno a si la nobleza se adquiere por mérito o por sangre.

Lo que mancha el honor —y deshonra— es la comisión de un exceso, y éste solamente se repara mediante una satisfacción, que, como se sabe, no tiene por qué correr por cuenta única del personalmente agraviado. Recurrir aquí a utilizar el léxico jurídico parece pertinente, habida cuenta de que la justicia debería ser considerada la gran virtud barroca; es ella quien, como elocuentemente muestra la balanza con que la representan los pintores, reinstaura el equilibrio del orden, dándose a cada uno lo que a su condición se le debe. No es una justicia basada en principios naturales; es, por excelencia, justicia conmutativa.

Hay un drama de Tirso de Molina —poco conocido, aunque está lleno de los mágicos efectos que tanto gustaban al público de la época— en el que se cuentan los desmanes del emperador bizantino Constantino VII Porfirogeneta; en una sola escena, los espectadores ven cómo éste manda liberar a los ladrones, anular los matrimonios cada cuatro años y quemar todas las imágenes religiosas, por no mencionar sus anteriores decisiones de ordenar la ejecución de su propia madre y antigua regente, o la de gobernar a solas, disolviendo el senado consultor para ofrecerlo a la vergüenza pública vestidos sus miembros de mujer. El título de esta obra es muy significativo, nada menos que *La república al revés* [14]; al revés, en primer lugar, porque no hace justicia quien debiera ser, como cabeza del cuerpo de la sociedad, el primer juez.

En el *Arte nuevo de hacer comedias* escribió Lope los
dos famosos versos, «los casos de honra son mejores / porque mueven con fuerza a toda gente», y sin duda, esto era
así puesto que «la virtud es dondequiera amada» [15], pero
también porque la honra tiene mucho que ver con el espectáculo, pues su casuística, en buena medida, es cosa de gestos. Los asuntos de la honra —los puntos célebres— no son
cuestiones meramente privadas, dado que el honor se ve,
como deben oírse los pregones que hacen públicas las sentencias exculpatorias de los jueces. Un personaje de *Los
comendadores de Córdoba*, del propio Lope, expone así el
carácter supraindividual de este sentimiento:

> *Honra es aquella que consiste en otro;*
> *ningún hombre es honrado por sí mismo,*
> *que del otro recibe la honra un hombre;*
> *ser virtuoso hombre y tener méritos,*
> *no es honrado; pero dar las causas*
> *para que los que tratan les den honra.*
> *El que quita la gorra cuando pasa*
> *el amigo o mayor, le da la honra;*
> *el que le da su lado, el que le asienta*
> *en el lugar mayor; de donde es cierto*
> *que la honra está en otro y no en el mismo* [16].

Si tenemos en cuenta la estructura jerárquica del ordenado modelo del mundo barroco, es fácil comprender por
qué se reconocía la honra en actos externos como la distinción a la hora de sentarse en un sitio o en otro, de recibir
tal o cual tratamiento y de ser objeto de mayores o menores
ceremonias. Qué hacía, sino, Felipe IV mandando que se
reuniera una junta para consultar si la princesa de Cariñán
debía ser despedida por el rey o por el príncipe, si había
de ser acompañada hasta el coche o tan sólo hasta la puerta
del Alcázar, o si tenía que bajar uno, dos, tres o más tramos
de escalera acompañada por quien a la postre la despidiese.
No viene al caso en qué acabó tal discusión y, es cierto,
que importa poco cómo terminara saliendo de Palacio la de

Cariñán, pero sí debió parecerlo en 1644 como para que al asunto le dedicaran su jornada del 22 de junio tres marqueses, un conde y un duque [17].

Y es que el «lugar» que se ocupa en el orden social se refleja en el «puesto» que la calidad de cada uno merece en un acto público. Para ratificar esto, basta sólo con mirar el orden primoroso con que toda una multitud se ordena sobre las gradas de los tablados colocados en la plaza Mayor de Madrid en el cuadro de Francisco Rizi *Auto de fe de 1680* (Museo del Prado). Anda el siglo XVII pendiente del cumplimiento de etiquetas y cortesías en todo tipo de actos hasta alcanzar la solemnidad de la Corte. El Barroco se complace en rituales y ceremonias, quizá porque su disfrute es universal y llega a todos; a unos porque les permite reclamar la preeminencia que sus alcanzadas rentas les niegan, a otros, más favorecidos económicamente, porque pueden mostrar a los demás su nueva condición y, poco a poco, ir asentándola sobre la base efímera, pero percusiva y memorable, de haber sido vistos llevando una candela en una procesión, acompañando a un grande en un juego de cañas o llegando en coche, y no a pie, al prado de San Jerónimo.

Como se sabe, era prueba de hidalguía la consideración general de ser noble y de disfrutar de los signos externos a los que esta condición facultaba: en el tratamiento, en el vestir, en el viajar, en el acogerse a un fuero especial en caso de juicio, en portar armas, etc. Por ello, no era asunto baladí para un hombre del XVII sentar opinión de calidad participando en actos de este tipo o cubriéndose con las galas del que llamaremos «tren de vida» nobiliario. Aquí tenemos otra vez al Barroco con sus incesantes juegos de perspectiva. En teoría, la aceptación de la voz común de hidalgo como prueba de serlo, se justificaba en la veneración que merecían la costumbre y la tradición, pero en la práctica, como muestran los versos de Lope antes citados, lo que concede notabilidad al individuo es la opinión ajena, y ésta se regía, en especial si pensamos en las ciudades, por algo tan fingible como es lo que se desplegaba ante los ojos.

Francisco de Quevedo, rancio defensor de la hidalguía

linajuda, pinta un mundo que, de nuevo, anda al revés por culpa de la obsesión por la apariencia. Escribe en su *Genealogía de los modorros* que

... agora cada día en nuestros tiempos, que ha crecido tanto la locura y vanidad del mundo, que no hay hombre, aunque no tenga sino una espada y una capa, que no quiera que ande su hijo como hijo de caballero y de señor; y los pecadores de los padres que tal hacen yerran claramente, porque mejor les sería criar sus hijos y dotrinalles y hacelles trabajar y entender en oficios virtuosos donde pudiesen aprovecharse, que no en consentilles con su pluma en la cabeza y su espada en el lado, *la contera en la cabeza, el seso en el calcañar* [18].

Un mundo tan trastocado, que provoca escándalo, donde arriba es abajo y derecho es revés, y habría que añadir, además, donde la poca cordura, empeñada en las apariencias, pretende que ayer no sea hoy y que tampoco lo sea mañana.

El tiempo con vanidad y los antepasados en sí mismos

El primer centenario de la fundación de El Escorial se conmemoró con fiestas y certámenes poéticos que fueron recogidos en la *Octava sagradamente culta* de Luis de Santa María [19]. Parece extraño que en el siglo XVII se celebraran festejos en honor a los primeros cien años de un edificio, pero habida cuenta de la íntima relación existente entre la dinastía de los Habsburgos y San Lorenzo, se puede comprender el porqué de aquella «pompa» y «centenario»: cuando se acercaba el final del difícil reinado de Felipe IV, la ocasión que ofrecía la «edad» de El Escorial servía para recordar los tiempos gloriosos del abuelo fundador. No es casual que la *Octava* se cierre con la imagen de una fortaleza que muestra la firmeza de la Casa de Austria y unos acrósticos que dicen: «Castillo armado de Dios / varón virtuoso benigno / quién te vio jamás que no / te conociese edificio.» En tiempos críticos, todo está dedicado a la conservación de la monarquía, a su perpetuidad una vez vencido el tiempo.

Conservar. La máxima ambición de Quevedo, hidalgo terrible, se hubiera podido cifrar en «quedarse» antepasado de sí mismo [20], pero no porque don Francisco viviera de espaldas a los hechos de su época —cosa que, evidentemente, no hizo—, sino porque no parecen existir para él límites entre presente, pasado y futuro. Su obra es un monumento a la idea barroca de «conservación», un ejemplo magnífico de cómo ese ideal puede guiar una vida, convertido en moral de «reputación», y por último, de cómo la crisis conduce al «desengaño».

Como el creador de Pablos, muchos españoles del siglo XVII sufrieron el triste mal del desengaño al darse cuenta de las dificultades que amenazaban tanto su hegemonía en Europa como el corazón mismo de la monarquía. El mundo, que antes habíamos presentado trastocado en lo social por los efectos del dinero, llevaba años en un tris de dar un tras en lo político y de volverse loca Europa [21]; en la década de 1640, con las sublevaciones de Cataluña y de Portugal, parecía llegado el momento crítico del declive hispánico.

En 1642 hablaba de ello Gil González Dávila en una carta familiar sobre el estado del reino, donde jugando a comparar la gramática latina con una supuesta gramática que regiría los casos imperiales, el cronista se lamentaba de que a España se le hubiera pasado ya el tiempo de «conjugar» un imperio y que, por el contrario, la Monarquía hispánica, que es comparada con Lázaro en espera de resurrección, estuviese empezando, por entonces, a «declinarlo» [22].

Parece que el Barroco español, cuando se desengaña de la vanidad del mundo y de la locura de Europa, busca refugio en el tiempo, pero no en el que, fugaz y vano, marca las horas humanas *(tempus)*, sino en aquel otro en el que duraban las ficciones políticas, como era la Monarquía hispánica, y que, con propiedad, recibía el nombre de la edad *(aetas)* [23]. Aquél era el cómputo de las cosas humanas, de

los hechos del mundo desconcertado que se estaba pade-
ciendo; éste, el de la historia, del pasado glorioso que se
hacía presente y que debía continuar en el futuro.

Ya fuera por emulación, ya por cansancio, en esta situación de autopercepción colectiva de la decadencia [24] se
fue haciendo cada vez más vivo el recuerdo del siglo XVI,
del tiempo en que no se contestaba el orden hispánico en
Europa y que se elevaba como la Edad de Oro de los hidalgos. Como ha mostrado John Elliott, la política de «restauración» emprendida por Felipe IV y el conde-duque de
Olivares encontró en Felipe II uno de sus más importantes
puntos de referencia; por otra parte, en todo el siglo XVII
no dejó de crecer la fama política de Fernando el Católico.
«Comenzamos a conjugar —escribía Dávila— en tiempos
del señor Rey Católico hasta Felipe III. Comenzamos a declinar cuando a V. M. le canse» [25].

En la soberbia *Vanitas* de Viena (Kunsthistorisches Museum) el pintor Antonio de Pereda ha desplegado sobre dos
mesas los objetos del placer y de la fama en el mundo: una
cadena de oro, naipes, piezas de armadura, una bengala de
mando, libros, una sarta de perlas, monedas de oro y plata,
perfumes, pequeños retratos de mujer... Sin embargo, pese
a su brillantez o al placer de su disfrute, quedan reducidos
a vanos trofeos que gana la muerte al verse enfrentados con
la rotundidad severa de las calaveras que ocupan uno de los
ángulos de la composición. El paso del tiempo, aquí representado por relojes y una vela que se ha apagado, hace de
todos ellos nada *Nihil omne*, como está grabado sobre una
de las mesas. En el centro de la composición, no obstante,
un ángel sostiene con una mano un retrato de Carlos V que
coloca sobre el ecuador de un globo terráqueo, cuyo he-
misferio austral señala el ángel con su otra mano y a cuyo
pie hay una medalla de Augusto. Ahí está el pasado, que sí
se salva del paso del tiempo que hace fugaces las apariencias
y las locuras del mundo.

Es cierto que los cuadros de *vanitas* forman parte de un
género pictórico relacionado con la literatura de postrimerías y que ésta es la mejor forma de explicarlos. En el *Dis-*

curso de la verdad de Miguel de Mañara, podemos encontrar su paralelo literario, que no permite dudar de su carácter de advertencia universal ante la muerte:

Llega a un osario, que está lleno de huesos de difuntos, distingue entre ellos el rico del pobre, el sabio del necio y el chico del grande; todos son huesos, todos calaveras, todos guardan una igual figura. La señora que ocupaba las telas y los brocados en sus estrados, cuya cabeza era adornada de diamantes, acompaña a las calaveras de los mendigos. Las cabezas que vestían penachos de plumas en las fiestas y saraos de la Corte acompañan a las calaveras que traían caperuzas en los campos [26].

Violenta pedagogía —*Thanatosophia* barroca [27]— de lo que hace la muerte con la vida. De esos lienzos surge una figuración del desengaño, no sólo del moral, sino también del histórico, porque sin duda es el tiempo su protagonista.

Memento mori. Recuerde el hombre que ha de morir, pero también que, entonces, han de cesar todas las apariencias, vanidades y locuras. Como si estuviéramos ante una nueva danza macabra, la muerte barroca es la que restablece la proporción y recupera el orden, aunque no iguala a todos los que fallecen, claro está, porque a unos concede el cielo y condena a otros al infierno; aquéllos son los justos, los que no han faltado, éstos son los pecadores, los que se han excedido. Bajo el signo del equilibrio, del orden y de la jerarquía, el ciclo que se había abierto en el suelo se cierra ahora en el cielo y halla aquí su culminación en el juicio final. Pero, ¿cómo se figura el cielo? [28]

En una de sus visiones, fray Juan de la Miseria consigue contemplar la que llama su «patria» celestial desde una de las puertas del cielo, y nos la describe como una trasposición realista del mundo, pero cuyo mérito, concierto y proporción, por supuesto, ganan en excelencia a las vanas apariencias del «desierto» terrenal [29]. El cielo se rige por una rigurosa etiqueta en la que todos guardan un orden estricto, no para el servicio del rey, pero sí para la contemplación eterna de Dios. Fray Juan ve cómo interminables procesiones de vírgenes y santos hacen «calles» en el cielo que recorren sin cesar al son de la armonía de las tres jerarquías de coros angélicos.

No hay tiempo aquí y el cambio es imposible, la eternidad hace que el orden se conserve perpetuamente. Se produce entonces la consumación del mundo orgánico forjado en la mente del hombre barroco; en la sublimación religiosa —recuerda, alma, que has de ser hombre— halla su principio y su fin, su mejor reflejo. Quizá, también, su último refugio, a la vista de que lo único que la locura del mundo no se había atrevido todavía a alterar era la lejana patria celestial de los hombres.

CAPITULO XII

COLECCIONISTAS Y LECTORES. LA ENCICLOPEDIA DE LAS PARADOJAS

por Fernando Jesús Bouza Alvarez

¿Qué leer y qué escribir? El papel y la tinta

SI los libros tuvieran la oportunidad de juzgar a sus autores —y a los críticos—, ¿qué sucedería? ¿Qué, si hartos de que el ama les reparta hisopazos y de que el cura y el barbero los condenen a la hoguera, fueran ellos quienes hicieran inquisición y escrutinio de lectores? De producirse esto, sin duda, asistiríamos a una revolución en la república de las letras.

Relatar el juicio general que siguió a un amotinamiento libresco es el divertido argumento de *Pleytos de libros y sentencia del juez*, obra supuestamente escrita por el licenciado Rodrigo Rodríguez y publicada en Tortosa en 1664 [1].

Un día de patrono, los libros de la plaza de Santa Cruz, que era adonde iban los madrileños si querían comprar qué leer, se amotinaron por culpa de los destrozos causados por un encierro que se dirigía a la plaza Mayor y a resultas de cuyo paso habían quedado sus cuerpos «rotos y desnudos (...), entabladas las piernas y llenos de parches» [2].

En semejante estado, y viéndose en la deshonra de que sus hojas ya empezaban a confundirse con las más verdes que caían de los puestos de las fruteras y verduleras que

habían sido echadas de la plaza, los maltrechos libros decidieron —es de suponer que hirviéndoles la tinta— hacer
una reforma general de la república literaria y encargar de
la defensa de sus derechos a un «juez conservador» que
debía velar por el cumplimiento de sus fueros y privilegios.
Los motivos del descontento libresco eran anteriores al paso
del accidentado encierro y se resumen en la siguiente queja
general, manifiesto de las razones últimas de su rebelión:

> Viendo, pues, esta miserable y desdichada república de libros la baja
> y abatida fortuna a que los había traído la persecución universal de los
> muchachos en la escuela y los viejos en la chimenea, y que habiéndose
> hecho para ellos solos la encuadernación, no había gente en el mundo
> más desencuadernada, que los ociosos del siglo los trataban como a va
> gamundos y en las religiones los tenían a todos con cadenas como a locos
> furiosos y los más justos los condenaban como a públicos pecadores [3].

Mártires de los muchachos que aprendían a leer a costa
de destrozar cartillas y silabarios; víctimas del frío de los
ancianos en inquisición casera; condenados a no tener cobijo por culpa de la extendida costumbre de andar prestándose libros, en especial si eran lecturas de diversión; atados
con cadenas a las mesas de las bibliotecas conventuales para
que nadie los robase, y por último, materia de reprobación
de teólogos y moralistas que, en algunos de ellos, solamente
oían hablar «la lengua de la sensualidad» [4]. Con tantos vejámenes, los libros del motín inventado por Rodrigo Rodríguez parecen justificados si se sienten objeto de una «persecución universal»; sin embargo, podríamos conjurar sus
lamentos con igual número de elogios hechos en alabanza
del «maestro» libro que da el pasado al futuro. Si no los
hubiese, escribía Maldonado y Pardo, «infructuoso fuera el
trabajo, que se habría de reducir a preceptos de una tradición desnuda» [5].

Mucho tiempo había pasado desde que los primeros impresos fueran vistos como el fruto de un pacto diabólico [6],
y aunque los manuscritos seguían estando presentes en mucha mayor medida de lo que se suele creer, lo cierto es que
la imprenta se había alzado con el privilegio de ser el gran

medio de difusión del conocimiento. Cada vez en mayor número y a un precio menor —esto, a costa de perder belleza formal y de una calidad media que va empeorando de forma paralela al descenso de sus gastos de producción—, los libros llegan a todas partes, y aunque no van a ser el factor decisivo en el descenso del analfabetismo, ayudan a incrementar los niveles de lectura y facilitan la alfabetización [7].

En aprender a leer la letra redonda, a escribir con letra bastarda y a operar con las «cinco» reglas (sumar, restar, multiplicar, «medio partir y partir por entero») consistía la enseñanza básica. Para impartir tales conocimientos había en Madrid, en 1600, unos veinticinco maestros que hubiesen pasado examen; un cuarto de siglo más tarde, su número apenas llegaba a la cincuentena [8].

Lo normal es que se enseñara repetitivamente utilizando el silabario, la copia y la cartilla, pero también existían mayores primores pedagógicos; así, en el *Libro de la buena educación y enseñanza de los nobles*, Pedro López de Montoya vincula la enseñanza al juego:

> Ha de haber mucha consideración de que el ejercicio que se les diere no sea carga contra su voluntad, sino juego a su gusto. Y de esto ha de servir la prudencia y destreza de los que los tuvieren a cargo, que del trabajo pesado hagan juego gustoso; haciéndoles un juego de letras cortadas en metal o en madera y jugando con ellas, a pocos juegos las conocerán y llamarán por sus nombres; y como se hacen tejuelos o bolillos, les podrían hacer letras del a,b,c, para que los niños comenzasen a jugar con ellas, aunque yo soy del parecer que el escribir y el leer se han de enseñar juntamente [9].

Silabarios y cartillas constituían, por así decirlo, el arranque de un proceso que conducirá a los niños hasta las lecturas de los adultos. Tracemos ahora un breve diseño de la historia natural de éstas, empezando por sus rudimentos: el papel y la tinta.

El papel se hacía con hilo de los trapos, que se molturaban en molinos hidráulicos y que, una vez prensado, se dejaba encolar hasta que las grandes resmas quedaban completamente tiesas. Cada papelero firmaba, valga la expresión, su producto con una filigrana o marquilla transparente que permitía reconocerlo. El mejor era «delgado, blanco y suave», como el importado de Génova —con un corazón por marquilla—, quedando el «de la tierra» muy por debajo en calidad, como se puede observar al tocar las hojas de la primera edición del *Quijote*, hecha con papel del molino de los monjes de El Paular.

Se escribía con cañón de pluma de ave, «derecho, no muy grueso, claro y transparente, redondo y liso, sin nudos, su casco delgado, porque si es muy gordo es peloso»; con evidente discriminación de los zurdos, se opinaba que debía ser arrancada del ala derecha «porque se pone mejor en la mano» derecha, que es la que mandan utilizar los cánones [10]. La tinta más barata era la que resultaba de mezclar con hiel de jibia la tinta que usaban los curtidores para teñir los cueros de negro, pero la mejor tenía esta receta:

Echa a remojar en azumbre y medio de agua o de vino seis onzas de agallas partidas y déjalas cuatro o cinco días; luego sácalas y echas en aquel vino cinco onzas de caparrosa molida [sal férrica] trayéndola alrededor y tres onzas de goma arábiga por moler. Después échalo todo junto y menéalo muy bien y tenlo al sol dos o tres días o más [11].

Según fuera la suavidad del papel —inversamente proporcional a la cantidad de cola que se le hubiera dado para atiesarlo— así sería la calidad de la escritura, porque cuanto más basto menos lo impregnaba la tinta. Si caía algún borrón, se podía elaborar un polvillo con albayalde molido y leche de higuera que, una vez seco, dejaba el papel de nuevo blanco y preparado para la escritura.

De la imprenta a la biblioteca. Historia natural del libro

De la misma forma que los gallos que los muchachos pintaban en carnaval con un poco de azafrán y almagre, eran considerados la forma más baja de la pintura y servían de contrapunto a las creaciones de los grandes artistas [12], así esos rimeros de hojas de papel blanco dispuestos para recibir los renglones manuscritos de los que están aprendiendo a escribir son la raíz última del libro impreso. Una vez que ha nacido como manuscrito, el libro inicia el moroso recorrido de trámites que ha de superar antes de llegar a las manos de los lectores, si no se queda en alguna de las muchas aduanas que debe atravesar. Conozcámoslos siguiendo, en lo fundamental, un texto clásico de González de Amezúa y Mayo [13].

Lo primero que debe hacer el autor es conseguir aprobación y licencia de los censores que, según sea el contenido del manuscrito, le designará el Consejo de la Cámara; aprobado el texto, se necesita conseguir un nuevo privilegio: el de impresión, por el que se garantiza al autor que ningún impresor podrá editar su obra sin su consentimiento durante un período de tiempo que solía ser de diez años; después, ha de buscarse la licencia eclesiástica que da el vicario episcopal.

Con estas licencias y privilegios, el libro puede ya imprimirse, pero el autor tiene que llegar a un acuerdo con un impresor que esté dispuesto a editar esa obra que ya está aprobada; de no contar con el mecenazgo de algún potentado que, en recompensa de una dedicatoria elogiosa, ayude a cubrir los gastos de publicación, lo normal era que un librero aceptase editar la obra a su costa a cambio de la cesión de la exclusiva dada por el privilegio. Si consigue el dinero, pasa a concertar con el impresor las condiciones de edición de su obra mediante un contrato en el que se especifica la calidad del papel, el tamaño de la plana, su número de líneas, el tipo de letra con que se ha de componer, quién ha de encargarse de la corrección de pruebas, el tiempo máximo que se tardará en sacarla a la luz, el número de ejemplares de cada tirada y, por último, el precio definitivo de la edición.

Veamos un ejemplo concreto, tomando los datos de las pormenorizadas cláusulas del concierto celebrado en Madrid, en febrero de 1602, sobre la impresión de la *Declaración de los salmos penitenciales*, entre su autor fray Pedro de la Vega y el mercader de libros Juan de Sarria: se editarán 1.800 ejemplares, la tirada más frecuente, de los que 300 son para el autor; 150 tendrán que remitirse a América; se habrán acabado los trabajos a finales del mes de mayo de aquel mismo año; la impresión habrá de hacerse en Madrid; el papel será del molino de El Paular —no muy bueno—, al precio de once reales y cuarto la resma y de siete y cuarto la impresión; fray Pedro participa en la empresa de edición con mil reales, y tendrá derecho a un número de ejemplares a precio de costo hasta llegar a esa cantidad [14].

Como estipulan estas condiciones, será de una imprenta madrileña, la de Luis Sánchez, de la que salga el tratado ascético de fray Pedro de la Vega en 1602. Para hacernos idea de lo que podía ser la actividad de una de éstas, entremos con don Quijote a la imprenta barcelonesa —pasa por ser la de Sebastián de Cormellas— en la que el hidalgo manchego terminará viendo cómo corrigen nada menos que el *Quijote* de Avellaneda:

> Sucedió, pues, que yendo por un calle, alzó los ojos don Quijote y vio escrito sobre una puerta, con letras muy grandes: «Aquí se imprimen libros»; de lo que se contentó mucho, porque hasta entonces no había visto imprenta alguna, y deseaba saber cómo fuese. Entró dentro, con todo su acompañamiento, y vio tirar en una parte, corregir en otra, componer en ésta, enmendar en aquélla y, finalmente, toda aquella máquina que en las imprentas grandes se muestra [15].

Una vez que ha salido el libro de las prensas, se ha de afrontar un nuevo trámite: la confección de la fe de erratas por los correctores de cada imprenta, y una segunda por el corrector general, que dependía del Consejo de la Cámara de Castilla. También era obligatorio añadir al comienzo del libro la tasa, el precio máximo al que podía venderse el libro sin encuadernar, y que se fijaba según el número de pliegos. Ahora, por último, sólo quedaba encuadernarlo, normalmente en pergamino de oveja, y llevarlo a la librería donde, con suerte, se venderá.

Cuando el libro deja los estantes, las cajas o los serones en los que sus vendedores los apilan por rimeros, y lo to-

man las manos de su dueño, se convierte en lectura [16]. Como
tal, el libro, al que habíamos visto casi como una manufactura, presenta nuevos problemas, puesto que empezará a
discutirse la utilidad o la diversión de su género.

En *El día de fiesta por la tarde* [17], Zabaleta examina la
bondad o maldad de los libros según las manos que los
cogen, bien de los estantillos humildes que solía haber en
los dormitorios, bien de las grandes bibliotecas para las que
se ha ordenado una sala especial. Primero, se ve aparecer a
la doncella que sin poder salir a la calle, ni siquiera a la
ventana, porque es día santo, toma uno de comedias para
entretenerse; después, a la mujer casada cuyo marido ha
salido porque es fiesta, que elige uno de novelas amatorias;
más tarde, es un seglar con algún conocimiento del latín
quien abre un volumen de poesías de enamorados o de rimas de afecto humano; por último, un tomo de poesía española cae en las manos del joven que, asistente a una de
las muchas academias poéticas, debe componer algunos versos para el certamen de aquella misma noche.

El riguroso autor de *El día de fiesta* se muestra descontento con todos: con la doncella por poner su atención en
«dos mil boberías de sonido agradable», en vez de edificarse
leyendo rimas sacras; con la casada por haber elegido «plato
de tan corta sustancia» y no ejemplares vidas de santos; con
el medio latino por dejarse prender de «suspiros sonoros»,
y con el mozo por querer ser poeta de los que «requeman
y no regalan, que abrasan y no sustentan». Sólo es alabado
un quinto personaje que, después de comer «deseando que
pase el rato en que no se ha de poner estorbo a los primeros
hervores de la digestión», elige un libro de historia que
«entretiene dulcísimamente», siempre que —vuelve a las an-
dadas Zabaleta— se lea lentamente dejando que su lección
se grabe en la mente del lector.

Juan de Zabaleta debería contarse, por méritos propios,
entre aquellos «justos» a los que se referían los levantiscos
libros de la plaza de Santa Cruz cuando se quejaban de que
había quienes «los condenaban como a públicos pecadores».
Su ambigua actitud hacia el libro impreso, reprobatoria y

panegírica a la vez, es un buen ejemplo del temor que provocaba, desde el siglo anterior, la inmensa posibilidad de difusión que se reconocía a la imprenta y que, en su versión negativa, explica la aparición de los índices expurgatorios y, en su perfil positivo, es la justificación de la propaganda publicitaria. Lo que alaba Zabaleta es el «libro [que] quiere decir Maestro que enseña cosa buena»; lo que condena es que algunos de ellos sean objeto de mera fruición, de un disfrute similar a las vanidades terrenales, que se cierran en sí mismas y que, por tanto, son inútiles.

La ambigüedad de este autor se extiende también a las bibliotecas, en las que ve vanidad y enseñanza al mismo tiempo. Pero antes de hablar de ellas, hay que hacer una pequeña aclaración léxica y decir que en el siglo XVII era librería el término aceptado para designar el lugar de una casa o de una institución destinada a los libros; por el contrario, la palabra biblioteca era un cultismo, tachado de pedante y ridículo, por ejemplo, por Lope de Vega, que crea, a su imagen, el neologismo quiroteca (armario de dedos) para llamar al guante [18].

Las grandes y ricas librerías —y había muchas en la España del XVII: las universitarias, las monásticas y conventuales, la de San Lorenzo el Real, la de Olivares, la de Ramírez de Prado, la de Uceda, la del canónigo Sora, la de Lastanosa, la de Fernández de Velasco, la del marqués de Montalegre y un larguísimo etcétera de bibliófilos— eran consideradas auténticos tesoros del saber cuando sus propietarios permitían la consulta —la «comunicación»— de sus fondos a los estudiosos, y sin embargo, si la vanidad de sus dueños las cerraba al conocimiento general eran tildadas de ser tumbas de libros y denostadas con la invectiva de «bibliotafios».

Lo que caracteriza a las librerías del Siglo de Oro, como más adelante explicaremos por extenso al hablar de las colecciones artísticas, es su condición universalizante, tendente a reunir en un conjunto todas las autoridades que en el mundo eran y habían sido, tanto en manuscritos como en impresos. Los tratraditos de biblioteconomía de la época

—por ejemplo, el *De bene disponenda bibliotheca* de Araoz [19]— muestran que en estos conjuntos, siempre abiertos a añadir nuevas piezas a la colección de autoridades, los criterios de ordenación interna eran muy distintos a los actuales y pueden llegar a sorprendernos; así, las poesías profanas se unen a las series de grabados mitológicos, o el *Lazarillo* es considerado obra que debe incluirse en la rúbrica de los «Historiadores Fabulosos», justo al lado de los «Historiadores Profanos Verídicos».

Las grandes librerías de bibliófilos eran visitadas como si de museos famosos se tratase, de modo que lo más parecido a nuestras actuales bibliotecas eran las librerías de las universidades o, más modestamente, la costumbre general de pedir y dejar impresos y manuscritos, tanto de consulta como de entretenimiento. Magnífico ejemplo de esto último es el registro de préstamos, propios y ajenos, abierto por Juan Vázquez de Mármol en Granada durante la década que va de 1605 a 1615 [20]. Merced a su registro —en el que va anotando y tachando títulos y autores, los nombres de los dueños o de los peticionarios y las fechas del préstamo y de la devolución— podemos conocer la mecánica de un sistema muy extendido de lectura que ignoran los estudios sobre la producción editorial.

Escritos con letra menuda al lado de títulos y fechas, sus escuetos «volvílo» y «volviólo» nos hacen pensar que alguna razón tenían los amotinados de Santa Cruz en aquello que decían que se había hecho de los libros vagabundos. El que había sido corrector general durante más de treinta años y a la sazón capellán en la Capilla Real de Granada, había leído de prestado, entre otros, sonetos de Estaço, discursos de Herrera, las *Repúblicas* de Román, manuscritos genealógicos, epigramas de Marcial, salterios, ceremoniales, martirologios, calendarios, relaciones de endemoniados... Por el contrario, había permitido que otros leyeran a Ercilla, a Teresa de Jesús, a Antonio de Herrera, a Lope de Vega, a Garcilaso comentado por Herrera, a Erasmo de Rotterdam (*Adagia*), a Tácito, a Justo Lipsio y a otros tantos.

Algunos de estos libros «vagabundeaban» para mero disfrute de lectores; otros, sin embargo, eran pedidos para ser consultados con vistas a la redacción de nuevos manuscritos. De modo que, de nuevo, empieza el largo recorrido de la historia natural del libro.

De Vázquez de Mármol conservamos, además, el extraordinario documento de su horario diario, en el que señala, según sea la estación, las actividades que corresponden a cada una de las horas, y entre ellas los distintos pasos en que se dividía la escritura de un nuevo libro:

1. Desde que me levanto hasta las seys y media, en invierno, y cinco y media, en verano, passar una y muchas vezes las reglas del breviario y del misal... yendo sacando en suma las ceremonias y reglas para hazer dello un librito breve por abecedario.

2. De seís y media o cinco y media, rezar hasta yr a prima.

3. Venido de la capilla hasta comer, las cosas de estudio por haver entonces luz, como es notas y passar libros a propósito dellas. Sacar lo notado en los libros que he passado onomásticos, vocabularios, latinos y castellanos.

4. Desde la una después de medio día hasta ora de vísperas... passar libros de Arismética...

5. Después de vísperas, mientras hubiere luz, lo que antes de comer mientras ay mucho y luego lo que tuviesse que escribir o sacar en limpio assí de las notas, vocabularios y otros libros que tengo comenzados... [21]

Leer, anotar, pasar, ordenar, rezar, volver a leer, a anotar, a pasar, a ordenar, a rezar. Todas las actividades de Mármol se vinculan a su condición de autor; la acción cotidiana de dividir el día para escribir es su moral. Otros personajes de la época harán algo parecido, elevando el coleccionismo a la categoría de una ética [22].

Juan de Espina, coleccionista de postrimerías

Don Rodrigo Calderón, marqués de Siete Iglesias, anduvo con tanta honra en el cadalso, que consiguió arrebatarle al altivo don Alvaro de Luna el protagonismo de un viejo refrán castellano, y desde un jueves madrileño, 21 de

octubre de 1621, ha sido lugar común decir que alguien
tiene más orgullo que don Rodrigo en la horca. Varios sucesos se unieron para hacer permanente el recuerdo de la
ejecución del que había sido todopoderoso en la corte de
Felipe III y cuyo proceso por asesinato y robo fue uno de
los más sonados del siglo; primero, aún en su casa, don
Rodrigo dio muestras de entereza en querer aligerar su
muerte cuando, para que se le facilitara el trabajo al verdugo, mandó que recortasen el cuello de su jubón; más tarde,
ya sobre el patíbulo, mostró su orgullo de hidalgo celoso
de los privilegios de su estado cuidando que no le degolla-
ran a la villana, es decir, por detrás, y esto «no sólo con
brío, sino con gala y, se puede decir, con desprecio»; por
último, la prisión había significado un cambio radical en la
conducta del marqués, y quien había alcanzado renombre
como político y cortesano, enriquecido rápidamente hasta
llegar a amasar una increíble fortuna, manifestó su renuncia
a las vanidades del mundo y su deseo de volver a «nacer
entre el cuchillo y las sogas» [23].

Por alguna de estas tres causas, o quizá por su barroca

Francisco de Quevedo.
C. 1635. Velázquez, Col.
Wellington Museum,
Londres.

combinación, el caso de don Rodrigo Calderón se convirtió en un suceso peregrino, tan raro, que su singularidad hizo que fuera recordado en un refrán hasta nuestros días. Su fama, en su tiempo, llegó a tal extremo, que varios de los objetos que habían tenido que ver con la muerte del orgulloso marqués de Siete Iglesias alcanzaron la consideración de bienes dignos de formar parte de una colección de maravillas.

Cuenta Quevedo que uno de los más importantes y ricos coleccionistas de Madrid, don Juan de Espina y Velasco —cuya extraña vida nos va a servir de guía como ejemplo de la pasión barroca por los objetos—, había juntado «con gran fatiga todos los instrumentos de la muerte de don Rodrigo Calderón: cuchillo, venda y Cristo con que murió y la sentencia, y pudo decir que parte de su alma y lo mejor de su vida en un libro de memorias, donde está de su mano propia escrito su arrepentimiento y las mejoras de su espíritu» [24]. En 1642, estos «instrumentos» le debieron ser entregados al marqués de Villanueva del Río para cumplir una de las mandas testamentarias de su dueño; por ella sabemos que todos se guardaban en la misma arqueta en que don Rodrigo Calderón había tenido sus joyas en vida [25].

He aquí una buena muestra de la pasión barroca por el contraste y la paradoja: guardar las pruebas de la muerte desgraciada de uno de los más encumbrados personajes en el mismo sitio que el cortesano había destinado para atesorar sus riquezas. Quizá porque disfrutara haciendo gestos de este tipo, al propietario de tales maravillas del desengaño le llamó estoico Gracián, y en la descripción novelada de la casa de Espina que escribió Juan de Piña, se da razón moral de tan rara conducta, diciendo que «tenía los cuchillos con que de muchos siglos a esta parte habían cortado las cabezas a los más famosos de adversa fortuna que decayeron de la próspera» [26].

Es la obsesión barroca por la crisis la que reinterpreta aquí el viejo tópico de la fortuna variable y lo lleva a sus últimos extremos de expresión. Se diría que nos hallamos ante una escena de *vanitas*, como las que muestran los cuadros de postrimerías pintados por Pereda o por Valdés Leal, y quizá no nos desmintiera ni siquiera el mismo Espina, sabiendo que tenía «debajo de su cama... *ataúd y mortaja como alhajas* que por la naturaleza tenían la futura sucesión de este sueño de la vida» [27].

¿Cómo es posible —se preguntará alguno— que un rico prebendado cuya colección pasaba por ser una de las mejores de Madrid, pudiera mezclar pinturas de los artistas más prestigiosos de España y de Italia con el cuchillo de un verdugo? ¿Cómo la sentencia de un reo de asesinato compartía la estima de su propietario con dos magníficos códices de dibujos y manuscritos originales de Leonardo da Vinci? La sorpresa puede ser general si a esto añadimos que, junto a los objetos que hoy consideramos propios de una colección artística (cuadros, esculturas, medallas, restos arqueológicos..., armas, incluso), en las colecciones del siglo XVII era habitual la presencia de reliquias, monstruos de la Naturaleza, figuras grotescas de barro, cera y cristal, exotismos etnográficos, piedras curativas; en resumen, todas cuantas extravagancias podamos imaginarnos y que, más tarde, el juicio de la crítica artística ha acabado desterrando de los museos [28].

A comienzos del siglo XVIII, en una relación burlesca de El Escorial se suponía que en el monasterio se guardaban cosas tan peregrinas como el buche del Ave Fénix, el áspid que mordió a Cleopatra, la cerradura del Arca de Noé, el pelo de Ana Bolena —«bueno para venenos»—, la *Ilíada* de Homero escrita en el ala de una mosca, el palillo con que se mondaba los dientes Moctezuma cuando le prendió Hernán Cortés, y otras tantas «drogas insignes y cosas memorables» [29]. Evidentemente, esto es una humorada, aunque no demasiado inverosímil si tenemos en cuenta que el propio fundador de San Lorenzo menciona en su testamento que poseía seis unicornios; que según Carducho, el citado Juan de Espina tenía «cosas de marfil de tanta sutileza que apenas puede la vista percibirlas», o que Vicencio Juan de Lastanosa, el patrón de Gracián, era dueño de un hueso del gigante Caco y de un «basilisco acecinado» [30].

Antes de los museos. Las cámaras artísticas y de maravillas

Durante mucho tiempo, se supuso que estos increíbles conjuntos de objetos no eran otra cosa que el fruto de una corrupción del gusto correcto, carentes de toda voluntad artística y resultado de una enfermiza pasión por lo oculto y lo desagradable. Eran éstas, por así decirlo, colecciones de la Edad de Fausto, de los tiempos en que luces y sombras convivían creando esos conjuntos inarmónicos e irracionales donde lo más exquisito y lo más absurdo se las ingeniaban para hallar lugar y acomodo. Sin embargo, desde comienzos de siglo [31], la moderna museología ha rescatado del destierro del mal gusto estos peculiares museos (cámaras artísticas y de maravillas o *Wunderkammern*) y ha pasado a considerarlos expresión de la cultura de su siglo, buscando el porqué de semejante confusión de objetos en las ideas de la propia época. Habrá que preguntarse qué debía tener un objeto para que el siglo XVII lo creyese tan precioso como para convertirlo en pieza de colección.

Santa Teresa de Jesús describe en *Las Moradas* la impresión que le produjo hallarse ante la «barahúnda de cosas» (barros, vidrios, etc.) que guardaba la duquesa de Alba en el camarín de su casa, *sancta sanctorum* de una cámara de maravillas. A la salida, recuperada del espanto inicial que le había causado la visita, confiesa la santa que no conseguía recordar, en particular, la hechura de ningún objeto, pero sí la sensación que le había producido el conjunto, afirmando que detrás de la disposición de «tantas diferencias de cosas» como allí habían sido reunidas, ella veía una alabanza a Dios creador [32].

Eso es una cámara de maravillas, un universo recreado en pequeño, un lugar en el que la curiosidad humana intenta reunir los objetos provenientes de las más alejadas partes del mundo, de cualquier tamaño y material y de no importa qué arte. Algo parecido vienen a decir los versos que Pantaleón de Ribera dedicó a la colección de Espina:

«Tesoro rico de curioso dueño / cuanto estudió naturaleza y cuanto / obró imitando artífice ingenioso» [33].

Una especie de enciclopedia universal que pretendiera dar noticia de todo lo que es y ha sido, pero cuyos artículos estuvieran presentes allí mismo, desplegando su realidad en las paredes o en los armarios de la casa de su curioso propietario. Un léxico que no contuviera tan sólo las palabras con que se nombra la realidad del mundo, sino también la experiencia de las cosas.

Encuentran aquí su lugar la increíble variedad de los *naturalia* y de los *artificialia;* calaveritas de enanos y fémures de gigantes, ídolos precolombinos y vidrios rojos de Venecia, autómatas y antiguallas, relojes astronómicos y conchas marinas de mil colores y formas, cuadros de los pintores y escultores más renombrados, rodelas y alfabetos..., todos los frutos que ha logrado el ingenio humano o que ha ofrecido la Naturaleza, tanto en el presente como en el pasado.

Pero también hay sitio en esta miscelánea extremada para los sorprendentes cruces con que el arte hace dudar a los ojos, haciendo que no sepamos qué creer ante un aguamanil cuya jarra es un coco con pie de plata y su bandeja es una concha de carey, ante una perla barrueco cuya deformidad un joyero ha engastado en oro. Artificios del hombre constructor que reduce la rusticidad de la Naturaleza a su gusto y la deja a merced de su voluntad creadora.

Todos los materiales, desde la cera al hierro, todas las formas, desde el cristal de roca al mercurio y, además, todas las edades, desde la perennidad de los animales conservados en ámbar a la fugacidad de la voz humana, porque hasta sonidos y músicas se pueden coleccionar. Por ejemplo, doña Brianda de Guzmán, abadesa de San Clemente de Sevilla, reunió en su monasterio:

...músicas grandiosas que exceden a todas las que hasta ahora tenemos noticia, así de gargantas naturales y velocísimas y distintas, y quiebros veloces y dilatados como de largueza y sonido de voces en contrabajos, tenores, contraltos, tiples en voz y en falsete [34].

En la colección de Juan de Espina eran parte sustancial los instrumentos musicales, violones, violines y, en especial, las «guitarras científicas», que decía haber inventado modificando los trastes a las usuales y que, en respuesta a la petición de donativos que periódicamente se hacía desde comienzo del reinado para hacer frente a los gastos de la monarquía, dejó en herencia a Felipe IV, con buena parte del resto de su colección y el secreto de su especulativa «música por distancias cortas», arbitrio del que había dado aviso al rey años antes y con el que pretendía evitar que se empleara «gran parte de la renta de las iglesias en música corta y mentirosa, pudiendo hacer que se tenga con el mismo dinero la cabal y verdadera», que no era otra que la que pedía, en 1632, a Felipe IV que impusiera, mandando que todos los músicos tocasen y compusiesen de acuerdo con una nueva escala matemática que él había conseguido fijar [35].

Junto a estos instrumentos, don Juan tenía en su casa de la calle de San José, cerca del Tiro de la Ballesta, en Madrid, una serie de autómatas en «figuras de personas», que mandará que se deshagan a su muerte según consta en su testamento de 1624 [36]; libros —recuérdense los dos códices de Leonardo ya citados y que Carlos I de Inglaterra quería comprarle a toda costa a este *foolish gentleman* [37]—, armas, la silla rica y grandiosa cuya comodidad era alabada y que también dona al rey [38], así como «modelos originales, pinturas, dibujos, iluminaciones, estampas y todos originales y de diferentes materias de maestros artífices insignes; y así mismo extraordinarios y costosísimos relicarios, escritorios, escribanías, cajas y cofrecillos de ébano, marfil y nácar de extraordinarias hechuras y embutidos, y dentro de ellas muchas curiosidades de pájaros, camafeos, cornerinas y otras muchas cosas de marfil, cera, bronce, plata y otras materias» [39].

Por todo ello, es fácil comprender que don Francisco de Quevedo no dudara en llamar a su casa la «abreviatura de las maravillas de Europa»; escribe de ella en estos términos:

Y él solo cerró en sus aposentos aquellas pinturas que no han podido atesorar en Roma el poder y el dominio de los nepotes, ni la grandeza de los potentados; antes ha conducido a sí con grandes gastos, las más raras que tenían todos en diferentes provincias; y muchos años, en todo género de cosas, fue su casa abreviatura de las maravillas de Europa, frecuentada en gran honra de nuestra nación de los extranjeros, que pudo ser muchas veces no diesen otra cosa que nuestra España que guardar a sus memorias [40].

De este texto de Quevedo se desprende que poseer una de estas maravillosas colecciones redundaba en la estimación, en la honra, que merecía su dueño. En los *Diálogos de la Pintura*, impreso en Madrid en 1633, Vicencio Carducho hace que un maestro y su discípulo recorran los camarines y las salas de las casas de los más importantes coleccionistas de la Corte: duque de Monterrey, almirante de Castilla, marqués de Leganés, conde de Benavente, príncipe de Esquilache, marqués de la Torre, Jerónimo Villafuerte Zapata, Jerónimo Funes Muñoz, Suero de Quiñones y otros muchos [41]. La impresión de que la nobleza se muestra por medio de la posesión de obras de arte y de maravillas es innegable.

En su memorial-arbitrio de 1632, don Juan de Espina explica las murmuraciones que continuamente se hacían contra su persona, aludiendo a que es el «dedo malo de todos» porque desprecia las vanidades, porque su riqueza es enorme y porque su colección, en la que tanto ha gastado, «puede competir con todo lo excelente del mundo y dejarlo atrás» [42]. La posesión de una de estas cámaras de maravillas era un evidente signo externo de distinción, que también se reflejaba en que los que eran admitidos a visitar sus casas se debieran considerar honrados de que se les hubiera permitido gozar tales tesoros; y usamos la palabra tanto en su sentido cultural como crematístico, ya que era altísimo el valor material tan sólo de los objetos de oro y plata labrados y de las piedras preciosas.

Por otra parte, es frecuente encontrar en los testamentos de los coleccionistas referencias a sus piezas más estimadas; así, el inefable Espina mostraba su preocupación de amante de las artes porque, cuando él muriera, pudieran ser vendidas sus cosas en almoneda pública a personas que no supiesen apreciar «los unos lo que vendían ni los otros lo que compraban», y para impedirlo, ordena que se vendan sólo a «Vuestras Majestades, Vuestras Altezas, Vuestras Excelencias y Vuestras Señorías», y que el fruto de la venta se dé en limosnas [43].

«Sólo lo raro, único y singular puede alcanzar el nombre de precioso, grande y lleno de estimación», había dicho fray Andrés de Villamanrique [44]; sin embargo, pese a la complacencia que pudieran sentir sus dueños por la posesión de tantas maravillas, la imposibilidad de completarse es inherente a estas *Wunderkammern* en una medida mucho mayor que lo es a los museos modernos, puesto que éstos, por los fines que persiguen, se guían por principios sectoriales y didácticos mucho más estrictos y alcanzables; sin embargo, la posesión de rareza es un criterio tan abierto, que el coleccionista de maravillas está condenado a la melancolía de saber que nunca podrá poseer la última pieza de ese pequeño universo que recrea.

En la casa de Juan de Espina, quizá la melancolía que al hombre barroco le provocaban las cosas terrenales se viera magnificada por gestos voluntarios, como guardar ataúd y mortaja debajo de la cama, de creer a Quevedo, o atesorar los instrumentos de la muerte del marqués de Siete Iglesias, mucho más rico y celebrado de lo que pudiera llegar a ser Espina pese a sus muchas rentas eclesiásticas. Cuando éste muere, en los últimos días del año 1642, encuentran en su casa un busto de jaspe de don Rodrigo Calderón y la «arquilla de baqueta colorada tachonada con clavos y hierros dorados» que había guardado las joyas del marqués y que entonces atesoraba el puñal con que fue degollado.

Por deseo de Espina —expresado en un documento hológrafo de abril de 1642 [45]—, el busto, formando parte del cuerpo de bienes de la casa, debía ser entregado a la Hermandad del Refugio «para hacer bien a pobres»; la «arquilla», a don Antonio Alvarez de Toledo y Enríquez de Ribera, séptimo duque de Alba y quinto marqués de Villanueva del Río, señor de la Casa de las Dueñas de Sevilla.

Sin embargo, la creencia general fue que esta última había sido mandada al rey, advirtiendo que «cuando tomase el cuchillo fuese por tal parte, porque siendo por otra amenazaba ruina a una grande cabeza de España» [46]. Cuando esto se supo, se recordó que el valimiento del conde-duque había empezado, precisamente, con la muerte de don Rodrigo Calderón, y muchos supusieron que aquel presagio se refería a la caída de don Gaspar de Guzmán, cuya conducta era equiparada a la del marqués ejecutado más de veinte años antes. Ahora le tocaba caer en desgracia al de Olivares —exonerado de sus obligaciones el 17 de enero de 1643—, y en un cuchillo que había sido guardado por la pasión de un coleccionista se leía la variabilidad de la fortuna. Buena muestra es ésta de la violenta pedagogía con que enseñaba la política barroca, aunque quizá tampoco fueran tan inocentes ni la pasión coleccionista ni las mandas testamentarias del estoico don Juan de Espina, alabado por Gracián y por Quevedo.

CAPITULO XIII

LA IGLESIA Y LA RELIGIOSIDAD

por Carlos Gómez-Centurión Jiménez

Introducción

F UE la extensa y vasta monarquía que durante los siglos XVI y XVII dirigieron los Austrias madrileños, católica por definición. Frente a una Europa políticamente dividida, religiosa y socialmente convulsionada por las sacudidas del movimiento reformador, la Monarquía española pretendió durante más de un siglo encarnar un ideal de unidad. Unidad de un mismo dominio político, el de la augusta Casa de Austria, y de un mismo credo religioso, el católico. Y más que otros territorios de esta monarquía —algunos, como los Países Bajos, contaminados por la fe protestante—, serían los reinos peninsulares los que respondieran a esta precisa identificación con la religión y el catolicismo.

Al parecer, en la propia conciencia de los españoles llegó a instalarse, durante toda una época, el convencimiento de ser el pueblo elegido por Dios y de constituir el reducto más firme y más puro de la doctrina católica. Pagarían un alto precio por ello.

Al tiempo, la imagen que el resto de Europa se forjó de España tuvo mucho que ver con estas aspiraciones. La ban-

dera de la fe católica que guiara a sus ejércitos por los campos de batalla europeos, determinadas manifestaciones de
piedad colectiva, o la Inquisición, fueron en gran parte res-
ponsables de esa imagen de «sede universal de la intolerancia» que España acabó ofreciendo a sus vecinos europeos.

La uniformidad de esta ortodoxia religiosa fue, sin embargo, más aparente que real, y es mucho lo que todavía
nos resta por saber respecto a la Iglesia o la religiosidad de
aquella época. Conocemos relativamente bien los perfiles de
la Iglesia como institución, o cómo evolucionaron sus doc-
trinas al compás de la reforma tridentina. Conocemos los
rasgos más sobresalientes de la religiosidad de las élites,
pero apenas conocemos la práctica y las vivencias religiosas
de la mayoría de la población. La religiosidad popular, en
particular, presenta numerosos perfiles que todavía hoy permanecen en penumbra para la generalidad de los estudiosos.
Adivinamos su estrecha vinculación con el resto de la cultura profana popular, e intuimos cómo esta religiosidad
constituyó una amalgama compuesta por innumerables elementos, no todos procedentes del cristianismo. Una religiosidad que debía mucho —más de lo que sospechaba la mayoría— al contacto secular con el islamismo y el judaísmo
o, incluso, a la tradición pagana y el pensamiento mágico.

Se trata, por su misma naturaleza, de «formas complejas» de una vida religiosa que resultan casi imposibles de
sintetizar en tan pocas páginas.

El inmenso poder de la Iglesia

Dos cosas impresionaban sobre todo a los viajeros extranjeros que recorrían España: el enorme número de religiosos existentes y la riqueza de sus iglesias: «Las iglesias
de Francia no son más que establos en comparación con las
de Portugal y España, en las que hay tesoros inmensos»,
escribiría a finales del siglo XVII un capuchino francés [1].

Esta casi mítica riqueza de la Iglesia española estaba
constituida por cuatro grandes capítulos: los diezmos, la

propiedad rural —con frecuencia señorial—, la propiedad urbana y la inversión en préstamos, a lo que había que añadir los estipendios cobrados por misas o por la administración de sacramentos, así como las limosnas y las donaciones de los particulares.

El diezmo era uno de los ingresos fundamentales del clero español. Considerado como un derecho divino, consistía en la décima parte de toda la producción agropecuaria —estimado el producto bruto, sin deducción alguna—, por lo que pesaba duramente sobre labradores y ganaderos, y en los malos años agrícolas podía representar hasta la tercera parte de sus ingresos. La legislación recordaba la obligación de pagar «bien y lealmente» el diezmo, de no defraudar la parte de la cosecha debida a Dios y de no enfrentarse violentamente a los recaudadores, lo que prueba que el diezmo no se cobraba siempre sin resistencias.

En cuanto a la propiedad rural, las posesiones de la Iglesia eran inmensas, aunque no tan amplias como las de la nobleza. Se calcula que a finales del siglo XVII la Iglesia poseía alrededor de una sexta parte de las tierras cultivables, casi siempre las de mejor calidad. También la propiedad urbana era fabulosa, fruto de compras, legados o donaciones, y convertía a la Iglesia, en su conjunto, en el principal propietario de inmuebles de la mayoría de las ciudades españolas. Baste por ejemplo el hecho de que la tercera parte y la mitad de las casas de Sevilla y Zaragoza, respectivamente, le pertenecían.

En cambio, su participación en actividades industriales y comerciales era muy pequeña, pues los eclesiásticos mostraban una gran predilección por las inversiones seguras y tranquilas, como eran los juros (deuda pública) o los censos (préstamos hipotecarios).

No es posible olvidar, dentro de este patrimonio eclesiástico, joyas, plata u otros objetos artísticos que adornaban iglesias y conventos, y que tanto llamarán la atención de los extranjeros por su fastuosidad y riqueza.

Si tenemos en cuenta que a los bienes institucionales de la Iglesia había que añadir los poseídos por los eclesiásticos a título particular —y no pocas veces como testaferros de parientes o amigos, que trataban así de eludir los impuestos—, podemos concluir diciendo que durante el siglo XVII las rentas eclesiásticas debieron representar alrededor de la sexta parte del total nacional.

Además, la Iglesia, en cuanto institución, estaba autorizada para adquirir bienes, pero no para enajenarlos, lo que conducía a una acumulación creciente de riqueza. A lo largo de la centuria este proceso continuó rápido e ininterrumpido, y no sólo gracias a nuevas compras o inversiones. Los testamentos de la época atestiguan lo arraigada que estaba la práctica de legar bienes a la Iglesia. A veces, el testador sólo podía otorgar una pequeña cantidad, suficiente para la celebración de misas y sufragios por la salvación de su alma o el reparto de alguna limosna entre los pobres de la localidad, pero no era extraño que un noble o un rico burgués dejara hasta 150.000 ducados o más para la fundación de un convento o una capellanía, o que al morir sin descendientes directos, la herencia del difunto fuese íntegra a parar a manos de una comunidad religiosa.

Durante todo el siglo se dejaron oír voces que protestaban contra este desmesurado aumento de la propiedad eclesiástica. Las Cortes de Madrid de 1621 denunciaron «los perjuicios de tantas fundaciones y capellanías y tanta acumulación de bienes raíces en el brazo eclesiástico». En varias ocasiones Felipe IV prometió frenar toda nueva transferencia de propiedad a la Iglesia, pero el proceso de amortización continuó.

El reparto de todas estas rentas eclesiásticas era, sin embargo, asombrosamente desigual. Había sedes episcopales que disfrutaban de elevadísimas rentas —como la toledana, con 250.000 ducados de renta anual, o la sevillana con 100.000—, mientras otros obispados no sobrepasaban unos niveles de renta modestísimos —el caso de Almería o Mondoñedo, con 4.000 ducados cada uno. Las mismas desigualdades se daban entre el clero catedralicio y el parroquial. Coexistían las parroquias que proporcionaban 100.000 ducados de rentas, e incluso más, a sus titulares, con aquéllas instaladas en las comarcas más pobres, donde el párroco dependía de la caridad de sus feligreses para no morir de hambre. Parecidos contrastes se daban entre unos conventos y otros, incluso dentro de la misma orden.

A ello habría que añadir una pésima distribución geográfica no sólo del clero parroquial, sino también de las órdenes regulares, que se arracimaban en torno a las ciudades y las comarcas agrícolas ricas —donde encontraban más fácil sustento— y abandonaban, en cambio, las aldeas y las zonas rurales pobres.

A estas alturas, sin embargo, sería injusto no aludir a otro extremo: una parte importante de estas rentas eclesiásticas se destinaba al socorro de los sectores más pobres y necesitados de la sociedad y a mantener un complejo sistema de instituciones asistenciales. Desde la «sopa boba» que repartía todos los días la mayoría de los conventos —gracias a la cual sobrevivían esas legiones de pobres y menesterosos que abarrotaban las ciudades más populosas—, hasta la distribución —gratuita o a muy bajo precio— de grandes contingentes de cereal en épocas de hambre y carestía, pasando por el ejercicio cotidiano de la limosna, las prácticas de auxilio llevadas a cabo por los eclesiásticos eran innumerables. Sin olvidar la inmensa cantidad de establecimientos benéficos que como escuelas, hospitales, asilos, casas de expósitos, etc., se repartían por toda la geografía peninsular bajo dependencia del patronato eclesiástico. Pese a sus deficiencias, este sistema de asistencia social cumpliría durante siglos una labor inapreciable, muy superior a la beneficencia secular instaurada durante la primera mitad del siglo XIX por el Estado liberal [2].

El excesivo número de clérigos

Sea cual fuere el nivel económico que cada individuo tuviese la suerte de alcanzar dentro de ese variado y complejo entramado que componía el estamento eclesiástico, pertenecer a él y disfrutar de sus privilegios constituía algo muy apetecible para una parte importante del resto de la sociedad, y no demasiado difícil de alcanzar, teniendo en cuenta que, al contrario que el estamento nobiliario, el eclesiástico permanecía abierto a todos los medios sociales con escasas restricciones, al menos en teoría.

Por ello el número de clérigos aumentó de forma espectacular durante todo el siglo XVII. Si a comienzos de la centuria la población eclesiástica se elevaba a unas cien mil almas, a finales del siglo superaba ya las ciento cincuenta mil, lo que representa un incremento de más del 50 por 100, experimentado además durante un período de estancamiento demográfico alarmante. El «excesivo número de clérigos» se convirtió así en motivo de preocupación y de denuncia para las autoridades, tanto civiles como eclesiásticas, en vista de los múltiples inconvenientes —merma en las actividades productivas, aumento del celibato, falsas vocaciones, etc.— que aquel fenómeno ocasionaba:

> Muchos se ordenan por la perfección del estado —escribía al rey el Consejo de Castilla—, y no falta quien lo apetezca por conveniencias temporales y excusarse de las cargas reales y concejiles de ir a la guerra y otras contribuciones, gozar el privilegio del fuero y vivir con más libertad. Y al mismo paso que han crecido los tributos va creciendo el número de clérigos, con lo que el estado secular se disminuye y falta la población y las cargas gravan demasiado a los que permanecen en el estado secular [3].

Los motivos que inducían a tantos y tantos españoles a ingresar en el estado eclesiástico eran, en efecto, muchos y no todos igual de dignos. Es cierto que existió en gran cantidad de casos un fervor religioso sincero que actuó como motor de vocaciones, empujando a individuos de la más variada extracción social hacia el sacerdocio. Y es cierto además que la fundación de nuevas órdenes, entre ellas la Compañía de Jesús, o la reforma de otras antiguas, como la de los carmelitas o la de los agustinos, contribuyó bastante a renovar la espiritualidad de los claustros españoles, animando a muchos a ingresar en ellos. Pero también lo es que había otra larga lista de razones menos espirituales: a los segundones de las familias nobles, privados por los mayorazgos de buena parte de la herencia familiar, la Iglesia les ofrecía una salida honorable, teniendo en cuenta, además, que su cuna les garantizaba una buena posición económica y social entre la más alta jerarquía; a los individuos de extracción humilde les ofrecía una forma eficaz de superar su oscuro origen y ascender en la escala social; a las mujeres solteras o viudas, el claustro les proporcionaba el único lugar digno en la sociedad al que podían aspirar fuera de la familia; para unos y otros, en fin, constituía frecuentemente el único medio de asegurarse el sustento y huir de la miseria o el ostracismo. El protagonista del *Guzmán de Alfarache* lo exponía con absoluta crudeza: «Tomé resolución en hacerme de la Iglesia, no más de por que con ello quedaba remediado, la comida segura y libre de mis acreedores.» [4] «Hay quien diga que se ha hecho ya la religión modo de vivir, y que algunos se ponen a fraile como a oficio», se lamentaba en 1624 el obispo de Badajoz [5].

Este respaldo social y económico que la Iglesia ofrecía, añadido a los peculiares criterios que regulaban el reclutamiento del clero —a menudo bastante indulgentes—, favoreció muchas veces el bajo nivel moral y espiritual de los eclesiásticos, y con frecuencia una relajación casi escandalosa en sus costumbres. Al contrario de lo que sucede hoy en día, las fronteras entre el mundo laico y el eclesiástico eran enormemente difusas; en teoría, el simple tonsurado era miembro del clero, pero en la práctica nada le impedía llevar una vida perfectamente aseglarada.

Los ocho arzobispos y cuarenta y seis obispos que sumaban las coronas de Castilla y Aragón eran elegidos —en uso del llamado «patronato regio»— personalmente por el monarca de turno. Y como a menudo se ha señalado, mientras que Felipe II puso siempre el mayor cuidado en la selección de estos prelados, sus sucesores tuvieron bastantes menos escrúpulos, de manera que la impronta nobiliaria de estos cargos se acentuó. Segundones o bastardos de la alta nobleza —o de la propia familia real— ocuparon las sedes más ricas. Quizás el caso más llamativo —pero también el más extraordinario— fuera el del cardenal-infante don Fernando, hijo de Felipe III, quien recibió a los diez años el capelo cardenalicio y la dignidad de arzobispo de Toledo. Fiel a su vocación de soldado, sobresalió por sus éxitos en los campos de batalla europeos y fue gobernador de los Países Bajos, pero nunca ocupó realmente su sede. El estilo de vida de estos altos dignatarios de la Iglesia era, en sus formas, plenamente aristocrático: grandes palacios, mobiliario fastuoso, mesa bien servida, incontable servidumbre... La virtud sacerdotal o la entrega a la labor pastoral se daban entre ellos —algunos acabarían arruinados por la cuantía de las limosnas y los socorros que diariamente prodigaban—, pero en medio de unas condiciones que favorecían también las actitudes opuestas. Algo parecido sucedía con los cabildos catedralicios —aunque de rentas más modestas en la mayoría de las ocasiones—, cuyos beneficios eran ocupados mayoritariamente por miembros de la pequeña y mediana nobleza y de las oligarquías locales.

En el extremo opuesto de la jerarquía eclesiástica se encontraban los curas párrocos y los pequeños beneficiados y capellanes. En todo el norte español, desde Galicia hasta Cataluña, se hallaba muy extendido el «patronato de legos» —en auge durante el siglo XVII— por el cual los laicos nombraban a los titulares de los beneficios, fundados a menudo por ellos mismos o sus antepasados, frecuentemente con el objetivo de asegurar una renta a uno de los miembros de la propia familia. Tres rasgos eran comunes a este amplísimo y variopinto colectivo que constituía el bajo clero español: extracción social humilde —preferentemente rural—, ingresos más bien modestos y baja cota de instrucción. Su escaso nivel intelectual y moral favorecía a menudo comportamientos y formas de vida poco ejemplares, pese al cuidado que ponían algunos prelados por vigilar y moralizar a su clero. Los curas que vivían con su concubina no eran raros, sobre todo en las regiones más apartadas. Tampoco lo eran los sacerdotes errantes y pedigüeños, en búsqueda permanente de algún beneficio, o incluso aquellos que acababan mezclándose entre los sectores más marginales de la sociedad y convirtiéndose en auténticos delincuentes [6].

Los regulares: la vida en el claustro

El sector del clero que experimentó un mayor crecimiento durante la primera mitad del siglo XVII fue el de las órdenes regulares. Mientras los monacales (benitos, bernardos, cartujos y jerónimos) habían perdido su ímpetu fundacional, los mendicantes crecieron de forma alarmante para la mayoría de los observadores contemporáneos. Respecto a los primeros —que jamás ocultaron su preferencia por los aspirantes de ilustre sangre—, la vida en la mayoría de sus monasterios —opulentos, según la voz popular— se relajó indudablemente durante el siglo: abandono progresivo del trabajo manual a la responsabilidad de criados laicos, celdas espaciosas y bien provistas de muebles y libros —por las que hasta se podía cobrar un traspaso—, mejor alimentación, libre disposición del peculio propio...

Las órdenes mendicantes, en cambio —surgidas en la Europa bajomedieval al calor del renacimiento urbano y de las nuevas demandas de tipo social y espiritual—, habían respondido en su origen al deseo de practicar en su mayor pureza el ideal de la pobreza evangélica. Tales ideales, empañados con el transcurso del tiempo, fueron rescatados por el intenso movimiento reformador que, impulsado en gran parte por su burguesía —muy a menudo de origen converso— y financiado por la nobleza, vivió Castilla durante el siglo XVI.

Muchas órdenes experimentaron un vigor renovado gracias a este movimiento reformador de los llamados «descalzos», símbolo de mayor austeridad y más estrecha observancia de la regla: los carmelitas —cuyo prestigio estaba indeleblemente unido a los grandes nombres de santa Teresa y san Juan de la Cruz—, los agustinos, los trinitarios y los mercedarios, reformados tardíamente en 1603. Pero la orden más numerosa y popular siguió siendo la de los fran-

ciscanos, con cerca de setecientos conventos sobre un total
de tres mil existentes, mientras que los dominicos sufrieron
un importante descalabro social al oponerse, contracorrien-
te, al dogma de la Inmaculada Concepción.

Quienes más y mejor crecieron fueron, sin duda alguna,
los jesuitas. Su implantación, rápida e intensa en casi todas
las grandes ciudades españolas, estuvo avalada por el apoyo
de las clases media y alta. E incluso en la Corte —superada
ya esa etapa de aguda desconfianza hacia la Compañía que
se vivió en época de Felipe II—, su influencia no dejó de
crecer merced al acaparamiento casi total que sus miembros
hicieron del confesionario real. Su capacidad para adaptarse
a los nuevos tiempos y a las nuevas formas de vida, su
incesante actividad en la enseñanza, su excelente reputación
en el púlpito y su escaso rigorismo en el confesionario,
fueron algunas de las claves de su éxito, con el que se ga-
naron, además, fama de arrogantes entre las demás órdenes.

De hecho, las rivalidades y conflictos entre las diferentes
órdenes eran repetidos y constantes, llegándose a veces a
suscitar tales escándalos que forzaban la intervención directa del monarca o del papa. Las contiendas fueron muy numerosas: debates doctrinales e interminables disputas teo-
lógicas, pleitos jurisdiccionales, afán de emulación social,
ambiciones personales o simples piques, enfrentaron a jesuitas con dominicos y carmelitas, a trinitarios con mercedarios, a observantes con reformados y, con frecuencia, a
los diferentes miembros de una misma comunidad entre sí.

La extracción social de los regulares fue tan amplia y
variada como el abigarrado mosaico que componía aquella
multitud de monasterios, casas y conventos que albergaban
a las distintas órdenes. Como en el resto del cuerpo social,
se extendieron entre las comunidades religiosas las exigencias de limpieza de sangre y de oficios en la selección de
sus miembros [7], sobre todo entre las monacales. Ni siquiera
entre las órdenes mendicantes, que tenían en principio un
cariz más popular y abierto, faltó en la mayoría de los casos
el deseo de seleccionar —social o racialmente— a sus aspirantes. Y aunque algunas órdenes poco populares —como

los basilios— debían conformarse con admitir a cualquiera que llamara a sus puertas, se trataba de casos excepcionales. Los jesuitas tenían a gala reclutar lo mejor de sus filas en medios sociales elevados, y cualquier orden se congratulaba de tener entre sus miembros un noble titulado. La preferencia hacia los aspirantes de alta cuna radicaba en motivos obvios de prestigio, pero también en la sospecha —muy extendida— que recaía sobre las personas de origen humilde de buscar en el claustro no tanto la satisfacción de un anhelo espiritual como un refugio contra el trabajo y la pobreza.

Ya hemos aludido antes a cómo esta acusación estaba avalada por la desahogada situación económica que disfrutaban muchas de las comunidades. Incluso entre los mendicantes, y a pesar de su nombre —con la sola excepción de los franciscanos—, era corriente la posesión de fincas rústicas y urbanas, ganados, censos, etc., de manera que la mendicidad, si la practicaban, no era más que un ejercicio de humildad o un complemento a sus ingresos principales. Las donaciones y los patronazgos particulares solían tener un especial significado para la vida de estas comunidades. Pero no todas tuvieron patronos poderosos; bastantes conventos se crearon sin base suficiente, y se desenvolvieron con dificultades. En especial a partir de 1640, el descenso en el proceso fundacional es patente, ante todo porque la prolongada crisis económica que vivía Castilla ponía de relieve las dificultades de mantener con limosnas, dádivas y ofrendas tantos conventos, cuando ya el campesinado entregaba una parte muy importante del producto de su trabajo al clero secular en forma de diezmo. La crisis se puso de manifiesto con especial crudeza en aquellas ciudades antes ricas y pobladas, como Medina del Campo, Burgos o Alcalá, en cuyas calles se arracimaban iglesias y conventos, en apariencia indiferentes a la decadencia económica que les rodeaba de no ser por la miseria en que podían llegar a vivir las comunidades que los habitaban [8].

Monjas, locutorios y galanes

Los niveles más agudos de miseria material en la vida cotidiana solían darse con mayor frecuencia en los conventos femeninos. Mientras las órdenes masculinas se dedicaban al estudio, la predicación, las enseñanzas o la actividad misional —gracias a lo cual vivían y eran reputadas como útiles a la sociedad—, a las monjas, retiradas en clausura, les resultaba mucho más difícil adquirir una base económica sólida, lo que explicaría también su inferioridad numérica frente a los religiosos [9].

La mayoría de estas casas de religiosas eran pobres. Casos como el Real Monasterio de las Huelgas, la Encarnación o las Descalzas Reales de Madrid son excepcionales. El resto vivía con estrecheces —y aun con hambre—, dependiendo de fincas y rentas mal administradas o de las labores manuales: coser, bordar, fabricar confituras.... De ahí que se exigiera a las aspirantes una dote para entrar en los conventos, aunque fuese más reducida que la de casamiento. Esto, además, facilitaba el que las familias que no disponían de capital suficiente para casar a todas las hijas de acuerdo con su rango, enviasen a una o varias de ellas a profesar en un monasterio.

> Son [las monjas] una grandísima parte de la nobleza de España, adonde los grandes señores y toda la gente ilustre que no puede casar de seis ni de cuatro hijas más que una, y para el remedio desta, por ser las dotes excesivas, van las otras hermanas a los monasterios, compelidas por la necesidad [10].

Naturalmente, al estar las plazas a veces tan limitadas en los conventos, las monjas que procedían de familias nobles o de clase media superaban en número a las de origen más humilde, de forma que aun dentro del claustro se mantenían frecuentemente las jerarquías sociales, provocando conflictos y tensiones.

No pocas mujeres, ante la dificultad de ingresar en un convento, formaban los llamados «beaterios» o «emparedamientos», congregaciones de señoras que se recluían en una

Jerónima de la Fuente.
C. 1620. Velázquez, Museo del Prado, Madrid.

casa contigua a un templo con el que comunicaba a través de una reja; vivían bajo la dirección de un sacerdote y se mantenían con el producto de sus labores.

Los conventos femeninos cumplían, entonces, funciones variadas: eran en parte centros de vida religiosa, en parte obligado destino para muchas mujeres que no habían podido contraer matrimonio, en parte refugio de viudas y ancianas, en parte internados para niñas y doncellas —enviadas a educarse en el claustro por sus familias—, y en parte lugar de retiro temporal para alguna dama que se hospedaba en ellos, rodeada de sus más preciados objetos personales, amigas y sirvientes.

La vida en estos conventos y monasterios solía transcurrir de forma monótona, piadosa y honesta, pero no exenta de esparcimientos ni de una relativa buena comunicación con el mundo exterior. Los grandes conventos madrileños destinados a acoger a las hijas de la más alta y linajuda nobleza, como los de las Comendadoras de Santiago y Calatrava, la Encarnación o las Descalzas Reales, fueron claros exponentes de un estilo de vida relajada y mundana. Refiriéndose a uno de ellos escribía Madame D'Aulnoy a finales de siglo:

La casa de estas señoras es magnífica, disponiendo cada una de varias habitaciones, tan bien amuebladas como pudieran tenerlas en sus propias casas. Disfrutan de grandes pensiones y tiene cada una tres o cuatro mujeres que la sirven... Hay conventos en donde las religiosas ven más hombres que las señoras que permanecen en el mundo. No son menos amables que éstas, y no es posible tener más delicadeza ni más ingenio del que tienen [11].

Se refería a un convento rico y socialmente muy exclusivo, pero las aspiraciones a un tren de vida parecido podríamos encontrarlas en muchos más casos. No era raro que los locutorios fueran frecuentados por visitantes de ambos sexos, que se organizaran allí tertulias, reuniones y representaciones teatrales, se intercambiaran billetes y regalos o que en ellos fueran acogidos los llamados «devotos» o «galanes de monjas» —encarnación del ideal del amor cortés vivido por un caballero y una religiosa—, de cuya existencia tenemos noticia por la literatura de la época.

Todas estas costumbres —a menudo bien inocentes—, reputadas como excesos, trataron de refrenarse desde el Concilio de Trento, partiendo de las concepciones más rigoristas de la vida monástica. La mayoría de los esfuerzos se concentró en reforzar la clausura, encerrar a las monjas en ella y privarlas de cualquier comunicación con el exterior. Una reforma que sería decididamente apoyada por Felipe IV, dentro de un vasto plan de moralización social emprendido en los peores años de su reinado, cuando el monarca decidió achacar a sus propios excesos y a los de los españoles la pérdida del favor divino y la decadencia de la monarquía. Como señalara el gran historiador Domínguez Ortiz:

Las rejas con pinchos que todavía se ven en las severas paredes conventuales fueron producto, sobre todo, de la voluntad decidida de aquel rey galán, convertido en su senectud en un obseso del ascetismo; por lo menos, del ascetismo de los demás [12].

No conviene llamarse a engaño. El comportamiento moral de aquellos hombres y mujeres pertenecientes al clero fue, en términos generales, equiparable al del resto de la sociedad de su época, ni mejor ni peor. Quizás, el problema radicó en que se esperaba de ellos una postura ejemplar que no siempre supieron o pudieron mantener. Los ataques y sátiras contra los eclesiásticos fueron corrientes en la literatura de la época, y el hecho de que la Inquisición los dejase correr es un buen indicio de que las acusaciones no carecían de fundamento.

Pero las bases sobre las cuales descansaban los cimientos de la Iglesia eran mucho más sólidas que toda la tradición anticlerical junta; eran demasiados los temores y prejuicios heredados, demasiados los intereses creados, los pactos sellados en torno a aquel tinglado —complicado y espeso— que constituía el estamento eclesiástico del Antiguo Régimen. Por ello, el poder social de la Iglesia era tan inmenso. Y por ello desplegaba confiadamente sus pesadas alas y proyectaba la sombra de su poder sin asomo de inquietud sobre aquella pobre España que Velázquez inmortalizara.

La práctica religiosa

La vida de todo individuo, desde el nacimiento hasta la muerte, estaba tutelada por la Iglesia. Ya desde la recepción del bautismo —o el «agua de socorro» que los padres o la comadrona administraban a los recién nacidos en caso de necesidad—, algunos de los momentos más importantes de la biografía de cada hombre y mujer quedaban fielmente registrados en los archivos parroquiales. Mediante la matrícula, el cura comprobaba que, a partir de los siete años, el niño cumplía con el precepto de la confesión, y desde los doce o trece años, con el de la comunión pascual. En los libros de la parroquia se registraban asimismo el matrimonio y la defunción de cada uno de los fieles.

De hecho, la práctica asidua y puntual de los sacramentos fue uno de los caballos de batalla de la reforma católica auspiciada por Trento. La comunión y, sobre todo, la confesión frecuente garantizaban un mayor control de la Iglesia y de los eclesiásticos sobre las conciencias de los fieles, uno de los medios más idóneos para combatir la heterodoxia. No guardar las fiestas —lo cual era relativamente frecuente, teniendo en cuenta su elevado número— se consideraba motivo de escándalo público y daba lugar a la imposición de multas y castigos que, en caso de reincidencia, podían incluir la cárcel. Igualmente, el cumplimiento pascual constituía una de las obligaciones de los fieles que se vigilaba con mayor cuidado: a los que cumplían el precepto se les entregaba una cédula como comprobante; se tomaban precauciones minuciosas para evitar las falsificaciones y para que los arrieros, los gitanos u otra población transeúnte no pudieran eludir su cumplimiento. Por su parte, los médicos tenían asimismo la obligación de avisar a los enfermos graves para que confesaran, y dejar de asistirlos si no lo hacían al tercer día.

El despliegue misional fue otra de las actividades típicas de ese amplio movimiento de recristianización que puso en marcha la Contrarreforma. No se trataba, como en tierra de infieles, de catequizar, sino de enfervorizar al pueblo, inducirle a un mejor cumplimiento de sus obligaciones religiosas y mejorar sus costumbres. Fruto de la iniciativa y del entusiasmo de las órdenes regulares en la mayoría de los casos, el movimiento misional se extendió como una mancha de aceite por toda la Península durante el siglo XVII. Los misioneros, que solían actuar por parejas, se dirigían a una localidad en la que, durante varios días, dirigían una especie de ejercicios espirituales colectivos en los que participaba todo el vecindario. Se sucedían los sermones y las prédicas, las oraciones y las confesiones en masa, para terminar con una procesión penitencial integrada por la comunidad en pleno. Buenos conocedores de los resortes de la psicología de masas, los misioneros, para impresionar más a sus oyentes, utilizaban en su predicación todo tipo de efectos y recursos teatrales: exhibían calaveras o tétricas representaciones del infierno y de las almas condenadas. Hacían gala de un ardor y de una vehemencia en su oratoria —directa y sencilla para ser entendida por todos— que no podían por menos que conmover a su auditorio, provocando, eso sí, alguna extrañeza en los asistentes extranjeros:

> En su predicación hacen uso de una vehemencia demasiado grande —anota un viajero francés. ...Por eso, dos cosas me turban en los sermones de España: esa impetuosidad extrema, casi turbulenta, del predicador, y los continuos suspiros de las mujeres, tan grandes y vehementes, que perturban toda la atención [13].

Y así describía otra francesa, la marquesa de Villars, a una amiga, la actuación de uno de estos predicadores en los alrededores de Madrid a finales de siglo:

> Voy a pasearme en una carroza de incógnito a un paseo público en medio del campo, donde hay un predicador que predica durante cuatro y cinco horas y que se abofetea desesperadamente; se oye, en cuanto comienza a darse los bofetones, un ruido terrible de todo el pueblo, que hace lo mismo. Vamos a asistir a ese espectáculo que se ve en Cuaresma tres veces a la semana. El detalle de las devociones de este país sería cosa divertida de contar [14].

Artificiosidad y efectismo teatrales, desmesura y ostentación parecen ser algunas de las claves de la religiosidad barroca española, que concediendo una importancia cada vez mayor a la expresión exterior y visual del sentimiento religioso —poniendo las letras y las artes, más que nunca, al servicio de la religión—, opera un amplio viraje con respecto a los años dorados de la explosión mística y ascética del siglo anterior. Las ceremonias del culto se complican y enriquecen, se multiplican los actos de piedad colectiva, las grandes solemnidades religiosas dan lugar a espectaculares manifestaciones que pueden prolongarse durante varios días, como sucedió con las fiestas organizadas en 1622 para celebrar la triple canonización de santa Teresa, san Ignacio de Loyola y san Francisco Javier, o las que organizaron los franciscanos en Madrid, en 1627, en honor de los mártires de su orden.

El culto a los santos también fue reforzado por el Concilio de Trento, en cuanto que sus vidas ejemplares respaldaban el papel del mérito y de las buenas obras en la salvación eterna —frente a la doctrina herética de la justificación por la fe—, de manera que las biografías de santos —más o menos noveladas— se convirtieron en uno de los temas preferidos por la literatura religiosa del Barroco. Junto a este culto a los santos, la veneración de sus imágenes —suntuosamente adornadas— y de sus reliquias desempeñó un papel fundamental en la devoción popular, constituyendo dentro del catolicismo español un elemento de diferenciación clarísimo no sólo frente al protestantismo, sino también respecto a la tradición islámica presente en la Península durante tantos siglos. El papel mediador ante Dios que la Iglesia concedía a los santos, los favores que —según la tradición— éstos otorgaban a sus fieles más leales o las facultades curativas que se suponía a sus reliquias, daban lugar a demostraciones colectivas de piedad popular difícilmente igualables en otro tipo de manifestaciones religiosas.

Por supuesto que era el culto rendido a la Virgen —bajo sus infinitas advocaciones, ligadas la mayoría a tradiciones locales— el que ocupaba un lugar primordial. Las más famosas eran objeto de una veneración preferente y atraían hasta sus santuarios a peregrinos llegados de todas las partes de España: la Virgen del Pilar, la de Guadalupe, la de Montserrat... Pero el culto mariano tomó en tierras españolas unas dimensiones desconocidas en otros lugares, llevado por un extraordinario fervor popular. Ante la disputa que periódicamente enfrentaba a franciscanos y dominicos en torno a la Inmaculada Concepción —que los teólogos españoles habían intentado infructuosamente que aceptara como dogma el Concilio de Trento—, el pueblo apoyó siempre con pasión las tesis de los franciscanos, que sostenían que María había estado exenta del pecado original.

En este culto a la Virgen y a los santos, las cofradías desempeñaron un papel esencial. Ligadas a la vida de los gremios, de las profesiones liberales o a la de casi cualquier otro grupo con algún peso en la vida local, su número no dejó de incrementarse desde la Edad Media hasta alcanzar aproximadamente la cifra de veinte mil a mediados del siglo XVII. La mayoría de ellas estaba orientada a cumplir funciones de socorro mutuo y de asistencia a los pobres, pero todas se preocupaban por dar el mayor brillo posible al culto de su santo patrón y por mantener y embellecer su capilla o santuario, en reñida competencia con las demás. A ellas se debe la plenitud de la imaginería barroca y el esplendor de las procesiones de Semana Santa en Sevilla, Valencia y tantas otras ciudades de España [15].

Poder inquisitorial y disidencia religiosa

Fue la Inquisición muralla impuesta, durante más de tres siglos, para defender la ortodoxia contra la herejía y contra todas las desviaciones del pensamiento o de la práctica religiosa. Pero a lo largo de tan prolongada existencia la institución no permaneció inmutable, sino que experimentó cambios más o menos significativos, de acuerdo con la mudanza de los tiempos [16].

La persecución antijudaica —origen del Santo Oficio— fue perdiendo virulencia durante el siglo XVI, conforme se disolvía el peligro converso. Sin embargo, en la centuria siguiente, fueron los marranos, los judíos conversos llegados desde Portugal, quienes se convirtieron en víctimas de la Inquisición, a pesar de que el conde-duque de Olivares, durante su privanza, se ocupara de protegerlos, consciente de la importancia que este sector de la burguesía peninsular podía tener para el desenvolvimiento económico del país, en general, y para las finanzas de la monarquía, más en particular [17]. Los moriscos, expulsados de los reinos de España en 1609, dejarían también de dar quehacer al Santo Tribunal después de tan drástica operación quirúrgica [18].

Ya entrado el siglo XVII, tampoco abundan los procesos por luteranismo, si no es contra extranjeros y en casos contados. Los círculos de alumbrados, en cambio, continúan apareciendo —pese a la vigorosa represión llevada a cabo contra ellos en épocas anteriores—, desarrollándose nuevos focos en Andalucía, y particularmente en Sevilla. Buen número de estos círculos iluministas brotaría, en parte, como

secuela tardía de la explosión mística vivida en tiempos de
santa Teresa y san Juan de la Cruz, y en parte como rechazo al ritualismo progresivo por el que discurría la religiosidad barroca. Así, la búsqueda de la unión directa con
Dios, sin intercesión terrestre alguna y sin recurrir a las
prácticas exteriores de la fe, pareció convertirse en la aspiración máxima de muchos. Y mientras unos no anhelaban
sino elevarse hasta un estado de pura contemplación, otros
pretendían encontrar en el amor carnal una especie de ini-
ciación en el amor divino, desterrando cualquier noción de
pecado en sus actos por considerar que su voluntad había
quedado anulada en Dios.

Las religiosas fueron presas fáciles para esta ilusión mística, originándose un auténtico *boom* de beatería y santidad
que hacía surgir de cada rincón de la geografía española una
monja cuya vida estaba marcada por el éxtasis y los arre-
batos místicos, y su cuerpo plagado de marcas de santidad:
«Cunde tanto esto de las llagas —escribía en 1634 un jesuita—, que no se tiene ya por sierva de Dios la que no tiene
las cinco llagas.» [19] Uno de los casos más famosos fue el de

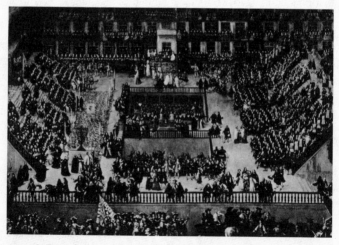

Auto de fe en la plaza Mayor.
J. Rizzi, Museo Municipal, Madrid.

la madre Luisa de la Ascensión, la monja de Carrión, cuya fama de santidad sobreviviría entre el pueblo muchos años después de su muerte —y aun a pesar de haber sido desacreditada en vida por la Inquisición—, conservando sus más fieles seguidores reliquias y recuerdos de la monja como si se tratara de auténticos tesoros [20]. Otra de estas beatas, Catalina de Jesús, estuvo al frente de uno de los círculos iluministas sevillanos investigado por el Santo Oficio en 1627. Y en los años siguientes estallaría en la Corte otro escándalo sonado, protagonizado en esta ocasión por las monjas del convento de San Plácido, a quienes sedujo su director espiritual mediante las tesis iluministas y con la ayuda del demonio, según atestiguaron las religiosas [21].

Pese a estos u otros escándalos parecidos, los grandes procesos inquisitoriales escasean. Desterrados del suelo español los mayores enemigos del cristianismo y de la fe católica, los tribunales inquisitoriales reorientarían en adelante su actuación concentrando la mayor parte de sus esfuerzos en conservar a toda costa la pureza de la ortodoxia. Se desata así una lucha sin cuartel contra cualquier libro, idea o práctica religiosa que atufe lejanamente a protestantismo o se aparte lo más mínimo de la doctrina oficial de la Iglesia. La mayor parte de los procesos se abre ahora contra cristianos viejos, convertido el Santo Tribunal en atento y feroz vigilante de las ideas y de las costumbres de sus contemporáneos, en instrumento de disciplina y reforma del pueblo español.

Un papel primordial en la lucha contra las ideas heréticas o simplemente consideradas peligrosas lo desempeñó la censura de libros. Cuatro Indices de libros prohibidos elaboró la Inquisición durante el siglo XVII —en 1612, 1632, 1640—, de manera que a las obras de contenido herético se fueron añadiendo paulatinamente otras consideradas como anticlericales —*Vida del Lazarillo de Tormes*— o dignas de ser censuradas, porque al decir de los inquisidores, «tratan, cuentan y enseñan cosas de propósito lascivas, de amores u otras cualesquiera, como dañosas a las buenas costumbres de la Iglesia Christiana, aunque no se mezclen en ellas heregías y errores en la Fe». El control del pensamiento se ejerce cada vez con mayor rigidez, y la Inquisición actúa censurando o prohibiendo totalmente obras de autores variadísimos; libros religiosos, científicos o de entretenimiento, autores españoles y extranjeros, lo mismo laicos que religiosos, se incluyen en los Indices; se expurgan bibliotecas, se vigila a los impresores, se ejerce una presión que acaba aislando al país, en definitiva, de las nuevas corrientes intelectuales que alumbran en Europa la «revolución científica» [22].

Control del pensamiento, pero también control de las costumbres. A los tribunales inquisitoriales llueven en tropel procesos por multitud de delitos que no son juzgados como heréticos, sino como «sospechosos en la fe», aplicándose a quienes los cometen las más diversas penas y penitencias.

Las cuestiones relacionadas con la doctrina ocuparon un lugar preferente: se persiguió todo tipo de «proposiciones» que pudieran parecer, no ya heréticas, sino escandalosas o deshonestas, irrespetuosas hacia el dogma o las instituciones eclesiásticas, o las blasfemias, un recurso cotidiano si atendemos al número de procesos que se conservan al respecto.

Y al tiempo que la Iglesia exaltaba el sacramento del matrimonio, pasaron a un primer plano los delitos relacionados con el sexo: la bigamia, la fornicación —cuando el pecador aseguraba, de acuerdo con una extendida creencia popular, que el acto no constituía falta si se había pagado por realizarlo— o los pecados abominables y «contra natura», la sodomía y el bestialismo, juzgados en Castilla por tribunales civiles y en Aragón por los inquisitoriales. Especial atención prestaría asimismo la Inquisición a las transgresiones al sexto mandamiento cometidas por eclesiásticos, en una época en que también se reafirma la superioridad del celibato sacerdotal sobre el matrimonio: el concubinato o el matrimonio de sacerdotes y religiosos, y sobre todo, la solicitación —es decir, la tentativa de seducción de una penitente por parte de su confesor—, que desacreditaba tanto al sacerdocio como al propio sacramento de la confesión.

Toda Europa vivió durante el siglo XVII —especialmente en su primera mitad— la obsesión por las brujas y el demonio, y España no fue una excepción. Contemporánea a la obra de Descartes es esa abundantísima literatura demonológica —obra de teólogos— que se difunde por todos los países, y en la que se estudiaban los poderes y facultades del Maligno y se describía con todo lujo de detalles la corte infernal regida por los más variados demonios: Satanás, Lucifer, Belcebú, Barrabás, Leviatán, Auristel, Astarot..., o el popular Diablo Cojuelo, sobre el cual —a pesar de su pierna renqueante— recaía la culpa de haber introducido en el mundo los bailes pecaminosos, la zarabanda y la chacona, para perder a los humanos con su concupiscencia [23].

Cualquiera de estos espíritus infernales podía aparecerse al hombre, y lo hacían frecuentemente —manifestando una especial predilección por los conventos— a juzgar por la cantidad de apariciones que se reseñan, como sucesos habituales, entre las noticias de la época. Más graves eran los casos de posesión diabólica, que exigían el concurso de un exorcista, especializado en hacer frente a los demonios, a los que se debía dirigir en latín para obligarlos a obedecer.

Pero no todos eran víctimas de Satanás. Había quienes buscaban su ayuda con el propósito de beneficiarse de sus oscuros poderes: los brujos y brujas. Había entre ellos diversos grados, desde los curanderos que sanaban heridas pronunciando conjuros secretos, o las hechiceras que componían filtros de amor y libraban de los maleficios, hasta aquellos «malos hombres que hacen concierto de amistad con el demonio y procuran de hablar y platicar con él, para que les revele algunos secretos y les dé favor y ayuda para alcanzar algunas cosas que ellos desean» [24]. Poco hay de novedad en los procesos inquisitoriales por brujería con respecto a la antigua tradición medieval conocida en todo el Occidente cristiano [25]. La propia moderación de los castigos infligidos por los inquisidores a estos delitos —exilio, prisión, picota— atestigua el escaso crédito que les merecían a los clérigos instruidos muchos de los testimonios y confesiones que eran arrancados a aquellos pobres desgraciados presas del pánico. En cambio, el rigor con que los jueces seculares juzgaron iguales delitos refleja muy bien el odio popular que despertaron las brujas, acusadas de hacer morir a los niños y animales, de propagar las tormentas o de echar a perder las cosechas. Un odio que quedó patente en Cataluña a comienzos de la centuria cuando, en menos de una decena de años, la caza de brujas se cobró más de trescientas víctimas [26].

No se ponen de acuerdo los historiadores acerca de si los efectos de la Inquisición sobre la sociedad española han sido tan desastrosos o no como alguna vez se ha dicho: propensión a la intolerancia, rastros de mentalidad inquisitorial, aislamiento ideológico y cultural, etc. Pero de lo que no cabe duda es de que el Santo Oficio llevó a cabo su labor de control ideológico y social basándose en una «pedagogía del miedo» que habría de marcar profundamente no sólo a quienes fueron víctimas de sus procedimientos —penitenciados públicamente en los autos de fe, despojados de sus bienes y marcados sus descendientes por la infamia hasta la cuarta generación—, sino a toda una sociedad que tuvo que modificar a la fuerza muchos de sus hábitos, creencias y costumbres, temerosos del largo brazo de un tribunal que se alimentaba con las denuncias y delaciones de sus propios conciudadanos. La perseguida uniformidad del catolicismo español no se logró, y en cambio se creó tal clima de suspicacias y recelos en el ambiente espiritual de la época, que por fuerza se acabó por engendrar una religiosidad formalista y hueca:

se insistió en los aspectos externos de la devoción, en la representación continua de la muerte y el infierno como motivos de obrar, en la inanidad de lo temporal como excusa para no intentar su reforma. Se exageró el tabú sexual hasta convertirlo en el centro del problema moral, y en su nombre se combatieron bailes, comedias y otras diversiones que eran harto inocentes. A la moral social caballeresca que había predominado en el Renacimiento, cristiana en el fondo pero libre en las formas y de fuerte acento secular, se le fue sustituyendo por otra, en apariencia más religiosa, pero de una religiosidad estrecha, que sólo era aceptada por la masa con muchas reticencias y compromisos [27].

El precio que se pagó parece demasiado alto.

CAPITULO XIV

COLONOS Y MILITARES: DOS ALTERNATIVAS DE PROMOCION SOCIAL

por Juan Antonio Sánchez Belén

ABORDAR en tan breve espacio una síntesis sobre lo que representó la conquista de América y la carrera militar para los españoles de los primeros siglos modernos, no es una tarea sencilla. La abundante bibliografía disponible, enfocada y renovada continuamente desde perspectivas muy distintas, dificulta dicha labor, así como la amplitud del tema objeto de nuestro estudio nos impone centrar la mira sólo en aquellos aspectos que permiten comprender un poco mejor la realidad social de la España del siglo XVII.

Condicionados por estas limitaciones trataremos de analizar, por una parte, los móviles y la procedencia geográfica y estamental de quienes decidieron emprender el camino de la emigración o se enrolaron en el ejército, y por otra, el «provecho» obtenido en el transcurso de su vivir en un continente apenas explorado o en una Europa desgarrada por la discordia religiosa y la guerra entre príncipes. Dos opciones, no siempre voluntarias sin duda, de repercusiones importantes en el desarrollo demográfico de la Península Ibérica y de los reinos de Ultramar, cuya impronta encontramos asimismo en la formación de nuevos grupos sociales que, sin cuestionar la organización estamental vigente y sin alterarla de modo visible, van a introducir una serie de valores, como la estima al dinero y la exaltación del mérito personal por encima del nacimiento, que se irá menoscabando poco a poco, aun cuando se mantenga casi intacta en apariencia.

El sueño del Nuevo Mundo

Desde su descubrimiento, América se convirtió para los españoles —también para los súbditos de otras naciones— en un polo que los atrajo con fuerza irresistible, en la medida en que satisfacía unas expectativas de promoción rápida, alentadas por las informaciones orales y escritas de los viajeros y repatriados que ponderaban, con lógica hipérbole, la abundancia y riqueza de sus tierras, invitando a familiares y amigos a embarcarse en un viaje no desprovisto de riesgos, y durante el cual muchos podían perder la vida por enfermedad o naufragio. Los envíos de oro y plata de los emigrantes afortunados, las herencias y las fundaciones de capellanías —una forma de invertir las ganancias obtenidas—, dotadas en ocasiones con sumas elevadas (las hubo que ascendieron a 10.000 ducados), fueron otros tantos elementos que configuraron al Nuevo Mundo como tierra de promisión [1].

Esta idea, expuesta nítidamente en 1524 por el humanista Hernán Pérez de Oliva en un escrito dirigido al cabildo de Córdoba, se extiende muy pronto por toda Castilla, siendo objeto de discusiones y hasta de chanzas, algunas no exentas de causticidad, como la que tuvo lugar en 1536 en Caleruela (Toledo), donde un vecino llegó a decir que si la abundancia de Perú procedía de haber hollado su suelo Nuestro Señor Jesucristo, que de buena gana «le trajera trasteando por mi huerto, porque todas las hierbas se tornaran oro y plata» [2]. Así se explica la hipoteca de las haciendas o su venta para costear el pasaje al otro lado del Atlántico —en 1622, por ejemplo, Catalina González enajena con este propósito un «pedaço de olivar», y en 1631 lo hace de todos sus bienes Leonor de Santa Ana—, la solicitud de préstamos, a menudo difíciles de reembolsar si no se esperaban beneficios considerables, e incluso la cesión de propiedades a los parientes más allegados, por cuanto, según exponen los hermanos onubenses Cristóbal y Pedro Rodríguez, «estando en aquellas partes no las habremos menester» [3].

Aunque las Indias representaban una vía asequible para muchos en su deseo de adquirir riqueza y honores, y por tanto la oportunidad de romper las barreras estamentales que coartaban todo intento de movilidad social, permitiéndoles insertarse en el grupo de los privilegiados, lo cierto es que una inmensa mayoría veía en la emigración el remedio único de sus penalidades cotidianas. Se emigra «a buscarse la vida» o, en palabras de la mujer de un pasajero de Huelva, «por hallarse con bastantes atrasos en su caudal y (...) lograr el alivio que desea a fin de salir de ahogos» [4]. Expresiones análogas, nada infrecuentes en la época, reflejan sin paliativos la penuria en que se desenvolvía un sector amplio de la sociedad española de entonces.

Esta escasez de recursos, agravada por el crecimiento demográfico del siglo XVI y después por las crisis de subsistencia, el retroceso de la agricultura y la ganadería, la recesión de la actividad artesanal y mercantil, la presión tributaria y los cambios introducidos en el valor de la moneda, con su secuela en la dinámica de los precios, obligó a numerosos jóvenes a dejar sus hogares, tal como se percató de ello en 1609 el francés Marc Lescabott [5]. Es muy significativo al respecto que entre 1561 y 1650 emigraran a las Indias 351.998 personas, de las cuales un 44 por 100 lo hizo en el período 1561-1600, un 31,6 por 100 en los años 1601-1625 y un 23,7 por 100 en el segundo cuarto del siglo XVII. Una tendencia confirmada en la mayoría de las regiones —en Huelva, la fase más expansiva se sitúa entre 1595 y 1633— y de la que se hace eco en 1597 Martín de Porres, cuando solicita en las Cortes que se suplique al soberano «mandar tener la mano en la saca que de gente se hace destos reinos para fuera dellos, atento que de ninguna cosa están tan faltos como de gente, y de mandar que no pasen a las Indias por algunos años» [6].

Si analizamos la procedencia geográfica de los pasajeros

registrados en la Casa de Contratación, nos encontraremos
con que las dos terceras partes residían en ciudades y villas
superpobladas de la meseta sur y en ciertos núcleos urbanos
mercantiles de Castilla la Vieja (Burgos, Valladolid). Así se
observa en las provincias de Sevilla, Córdoba, Huelva, Cáceres, Badajoz, Toledo y Ciudad Real. En Granada, por el
contrario, durante el quinientos sólo emigran legalmente 543
individuos, cifra que se reduce a 30 entre 1640 y 1699, lo
cual se explica no ya por los decretos que prohibían el asentamiento de moriscos en América, sino por las enormes posibilidades que ofrecía a sus pobladores, acrecentadas a partir de 1570 cuando el reino se convierte en un foco de inmigración nada desdeñable. La presencia, cada vez mayor
desde 1600, de gallegos, asturianos y vascos en las Indias,
debe relacionarse asimismo con una demografía en ascenso
que rebasa la estructura socioeconómica de estas zonas, provocando oleadas de emigrantes hacia Madrid en una primera etapa y después a México y Perú, con lo que se inaugura,
al menos en el caso de Galicia, un éxodo continuado hasta
fechas cercanas. Y lo mismo se puede afirmar de la corriente de pasajeros canarios con destino a Cuba y otras islas de
las Antillas [7].

El incremento del poder señorial, al que no fue ajena
la venta de lugares de realengo practicada por los monarcas
españoles, también contribuyó a potenciar la emigración. En
las *Relaciones Topográficas*, varios pueblos de Castilla la
Nueva justificaron la pérdida de su vecindario por esta causa. En Valenzuela (Ciudad Real), «muchos se han ido del
pueblo y otros no se quieren casar (...) por ser de señorío»;
en Castillo de Garcimuñoz, en Cuenca, los testigos interro-
gados aseguraron que su disminución se debía a «haberlo
dado los reyes a señores particulares» [8].

Ciertamente, estos testimonios omiten indicar el destino
de sus emigrantes y nada nos induce a suponer que fueran
las ciudades americanas quienes los recibieron, pero tampoco podemos descartar sin más averiguaciones tal posibilidad.
En Trujillo, sin embargo, sabemos que la concesión de privilegios de villazgo a los lugares de su tierra, contra lo que

se opuso el cabildo sin demasiada fortuna, acarreó graves trastornos a sus moradores, provocando un éxodo casi ininterrumpido a lo largo del siglo XVI; en otras zonas extremeñas incidió la venta de lugares pertenecientes a los maestrazgos. En Córdoba, distintas poblaciones protagonizaron serios altercados contra la voracidad de sus señores, como Lucena, una localidad, por cierto, que experimentó una fuerte emigración. En Huelva, los lugares de señorío dieron asimismo un saldo mayor de emigrantes que los de realengo, aun siendo su hábitat mejor: 497 pasajeros durante el quinientos frente a 112, de los cuales 178 correspondían al condado de Niebla. Un fenómeno que sin duda debió proseguir en el siglo XVII, pues las dificultades financieras de los señores repercutieron en el bienestar de sus vasallos —no siempre aconteció así, es verdad— al intentar resarcirse de las pérdidas sufridas en sus ingresos por la crisis económica, insuficientes ya para cubrir sus cada vez más cuantiosos gastos en el servicio al rey. Cobra sentido entonces la denuncia formulada en 1623 por el catedrático de la Universidad de Sevilla, Juan Alvarez Serrano: la muchedumbre de individuos y familias que se trasladan a las Indias no sólo destruyen aquellos reinos y a España, sino de paso también a la nobleza, que ve impotente cómo se despueblan sus estados y disminuyen sus rentas [9].

Ignoramos el volumen de viajeros en la segunda mitad del siglo XVII, aunque con toda probabilidad las epidemias que asolaron la Península en aquellas décadas tuvieron que actuar de forma negativa, reduciéndolo. Por el contrario, la contienda hispano-portuguesa, con sus frecuentes *razzias*, favoreció al parecer la huida masiva de habitantes de los lugares fronterizos, en especial de Extremadura, con destino a Cádiz y Sevilla para, desde allí, embarcar en la primera flota, lo que un buen número de personas consiguió a pesar de los esfuerzos de las autoridades por evitarlo. No obstante, al espaciarse las salidas hacia América, en lo que estaban interesados los mercaderes y armadores —mayor frecuencia hubiera saturado el mercado colonial, abastecido además por un fluido tráfico de contrabando, originando un descenso de los precios y una menor rentabilidad en las ventas—, el flujo de emigrantes debió de disminuir comparativamente respecto a épocas anteriores. Con todo, en 1681 el embajador francés, marqués de Villars, informaba a Luis XIV que en los galeones de dicho año se habían embarcado «más de seis mil españoles por no poder vivir en España»; en 1686 el representante veneciano calculaba en tres mil los individuos que emigraban «un año con otro» [10].

Sea como fuere, un hecho es casi seguro: el sueño del Nuevo Mundo se mantenía vivo todavía a pesar de que la sociedad colonial de los primeros tiempos había evolucionado hacia otra fuertemente jerarquizada, reglamentada y dirigida por una oligarquía criolla orgullosa de sus orígenes. Fray Benito Peñalosa así lo constata cuando afirma que los españoles podían aspirar a cargos mejores que en Castilla. La mayoría, sin embargo, ya no buscaba tanto ganancias fáciles y ascensos sociales meteóricos como la seguridad de una existencia libre de penalidades en unas tierras más feraces que aquellas que les habían visto nacer [11].

Pasajeros a Indias

De los 351.998 emigrantes calculados por Magnus Mörner para el período 1561-1650 —hay autores que reducen este cifra y otros, por el contrario, la consideran muy inferior a la real—, apenas si disponemos de datos que nos permitan identificar su *status* socioeconómico. A ello contribuye, por una parte, que no todos los pasajeros registrados en la Casa de Contratación informaban de su actividad profesional —este hecho nos puede indicar una baja extracción social que se pretende ocultar con miras a un futuro más prometedor—, y por otra, la ambigüedad de ciertas profesiones, como pajes, criados y soldados, pues los primeros eran muchachos de «calidad», los segundos sirvientes y familiares, y los terceros un abigarrado conjunto de hidalgos, caballeros y jóvenes del estado llano que aspiraban a mejorar su posición dentro del estamento al que pertenecían o, cuando no, a ennoblecerse; así, en el siglo XVIII, el 64,2 por 100 de los soldados que servían en América había ejercido antes de su recluta oficios «mecánicos» o «civiles», según la terminología de la época [12].

Teniendo en cuenta estas apreciaciones, todo parece indicar que los conquistadores de los tres primeros decenios del siglo XVI eran un puñado de hidalgos y una mayoría de hombres de armas, marineros, labradores, unos cuantos eclesiásticos y una pequeña representación de mercaderes, artesanos y escribanos, con frecuencia de origen judeoconverso; hasta 1570 en Lima y hasta 1571 en México no se establecieron tribunales de la Santa Inquisición, lo cual hacía de las Indias un paraíso para este grupo religioso [13]. Un estudio reciente sobre las huestes de Hernán Cortés, Pizarro y Valdivia corrobora lo dicho: frente a un 27,9 por 100 de hidalgos notorios, el 64,8 por 100 lo constituían plebeyos, algunos humildes y otros con pequeñas o medianas propieda-

Pelea.
C. 1630. Velázquez, Palacio Pallavicini-Rospigliosi, Roma.

des en sus primitivos lugares de residencia. La composición de los primeros encomenderos de Panamá también arroja luz suficiente sobre este aspecto: de los 93 que aparecen registrados en 1519-1522, 43 habían sido artesanos y labradores, 10 procedían de sectores urbanos medios y 44 se autodefinían como hombres de armas o soldados [14].

Desde mediados del siglo XVI en adelante, los inmigrantes constituyen un grupo más homogéneo. Las leyes españolas, que excluían a determinados colectivos de la empresa colonizadora de Ultramar (moriscos y judeoconversos), procuraban, en cambio, el asentamiento de individuos útiles y dignos de confianza. Ya no se requerían sólo marineros y hombres audaces, sino mercaderes, mineros, labradores y artesanos, éstos siempre que no fueran del ramo textil, para no perjudicar la industria pañera castellana. En 1561, dos contingentes numerosos de pasajeros de Guadalcanal con destino a Nicaragua y Santo Domingo, estaban integrados por familias campesinas. En la expedición de Hernández de Sarpa en 1569 a Nueva Andalucía, el 95,3 por 100 de sus miembros, incluidos mujeres y niños, se dedicaba a la agricultura y el pastoreo. Este porcentaje apenas variará en años sucesivos. Los hidalgos se mantienen en una proporción muy baja (alrededor del 4 o 5 por 100); los mercaderes aumentan su presencia (uno de cada seis emigrantes) lo mismo que los letrados, y éstos pese a las quejas reiteradas de los virreyes por los litigios innecesarios que fomentaban —en 1509, una Real Orden, renovada periódicamente, prohibía a los funcionarios de la Casa de Contratación concederles el pasaje sin permiso expreso del rey—; labradores, artesanos y gentes sin oficio, con toda probabilidad hijos de campesinos sin posibilidad de acceder a la tierra, constituyen el grueso de la emigración. Un tipo de colonos a quien la Corona proveerá en ocasiones del pasaje y los medios necesarios para iniciar una nueva vida, especialmente si se dirigían a las Antillas, donde la repoblación era fundamental para asegurar su dominio, amenazado por las potencias rivales y los corsarios, interesados en establecer una base de operaciones desde la cual hostigar a los navíos españoles en su camino de regreso a Sevilla —la escasez de habitantes será la causa de que los ingleses ocupen Jamaica en 1656 [15].

Carecen, por tanto, de credibilidad, al menos en términos generales, los juicios adversos contra la calidad moral y social de los emigrantes, calificados en su conjunto como una pandilla de pícaros, intrigantes, aventureros, mujeres de mala vida, maridos engañados, parientes ávidos de cobrar una herencia, mercaderes ambiciosos y nobles de hidalguía dudosa. Individuos así no escasearon, como tampoco faltaron ministros de las Audiencias que, devorados por el ansia de adquirir fortuna, minados por la nostalgia de su tierra, amparados por los virreyes o juzgando a los descendientes de los primeros colonos ingratos y rebeldes, sólo buscaron el logro de su beneficio cometiendo toda suerte de tropelías, no obstante las «visitas» y los «juicios de residencia». Una actitud rechazada por los criollos, opuestos además a cualquier advenedizo peninsular que intentara arrebatarles sus privilegios o compartirlos sin ofrecer nada a cambio, origen de enfrentamientos numerosos entre ambas comunidades y que la Corona trató de evitar, no siempre con éxito, otorgándoles títulos nobiliarios y hábitos militares aun cuando sus antepasados hubieran sido de raza negra, algo impensable en la Castilla de los Habsburgos [16].

Gachupines y chapetones. Los españoles en América

Las expectativas económicas que los emigrantes resaltaban en su correspondencia, factor importante, como ya hemos visto, para que otros emprendieran el viaje, aun teniendo cierto fundamento no reflejan con exactitud la vida de miles de españoles. La imagen del indiano enriquecido, tan menospreciada o ridiculizada en nuestra literatura —recordemos a Lope de Vega, por ejemplo—, oculta un hecho indiscutible: no todos los que marcharon consiguieron la meta deseada. Los distintos testimonios de que disponemos en la actualidad sobre estas gentes, nos permiten determinar en buena medida el éxito o el fracaso de su aventura.

Es obvio que quienes tuvieron más facilidades para triunfar fueron los primeros en establecerse, es decir, los conquistadores. El sistema de la encomienda (adjudicación de
indígenas para ser empleados como mano de obra forzada
en la minería y la agricultura) facilitó a sus beneficiarios amasar fortunas considerables que algunos invirtieron en el comercio, en las manufacturas (obrajes), en la instalación de ingenios azucareros o en la compra de cargos públicos, transformándose en un grupo privilegiado que acapara en pocos
años el gobierno de los municipios y que refuerza sus preeminencias sociales emparentando con funcionarios llegados
de España, sobre todo con ministros de las Audiencias y con
gestores de las rentas reales, quienes, a su vez, se insertaban
por esta vía en la cúspide de la sociedad colonial. Como denuncia en 1560 el infatigable buscador de El Dorado, Lope
de Aguirre, a los oidores peruanos «se les va todo el tiempo
en casar hijos e hijas y no entienden de otra cosa, y su refrán entre ellos, y muy común, es: "A tuerto y a derecho,
nuestra casa hasta el techo."» [17]

Críticas análogas, en las que se ven involucradas las máximas autoridades —así, el virrey Velasco—, inducen a la
Corona a prohibir, en 1575 y en 1582, los matrimonios en Indias, tanto de los oidores, fiscales y alcaldes del Crimen de
las Audiencias, como de los corregidores, gobernadores y alcaldes mayores, y también de sus descendientes, a fin de evitar la corrupción administrativa; en 1646, Felipe IV hace extensiva esta interdicción a los tenientes de dichos oficios.
Para dar mayor fuerza sancionadora a estas leyes, se arbitra
la pérdida de los cargos y penas pecuniarias, que oscilaron
en torno a los seis mil ducados.

De nada sirvieron tales disposiciones, vulneradas por varios procedimientos (matrimonios secretos, raptos supuestos de hijas, etc.) y dispensadas a menudo por el monarca.
Refiriéndonos sólo a los regidores de Lima, Juan Arias de
Valencia contrae matrimonio con la viuda del tesorero del
Tribunal de la Cruzada, que a su vez era la tía de la esposa
del licenciado Martín de Arriola, oidor de la Audiencia;
Pedro del Castillo Guzmán entronca con Leonor de Virués,

hija del contador Antonio de Arana y Vela que había pasado a Perú en 1602 —uno de sus nietos será nombrado marqués de Otero—; y Francisco de Valenzuela Loaysa, hijo del fiscal y alcalde del Crimen de la Audiencia, desposa en 1585 a la hija de un rico hacendado limeño, propietario de un ingenio de azúcar y armador, elegido varias veces alcalde de la ciudad [18].

El matrimonio como lucrativo negocio para ambos cónyuges no estuvo ausente de las miras de los emigrantes, ya fuesen funcionarios, hidalgos o miembros del estamento llano. Los hubo que una vez enriquecidos se casaron con mujeres de su mismo *status* social y económico —es el caso de Antonio Enríquez del Castillo, regidor de Lima, que viudo de su primera esposa, de la que heredó 100.000 patacones, contrae segundas nupcias en 1634 con la sobrina de un acaudalado encomendero—, o que desempeñando un oficio de escasa relevancia lo hicieron con viudas solventes; así, Tomás de Parada, procurador del común del Ayuntamiento de Lima, «hombre humilde y de bajo nacimiento», al decir de un enemigo, se casa con Francisca de Aguilar, encomendera que aporta a su matrimonio 12.000 pesos y varias fincas [19].

Otros, para ascender, no dudaron en desposar a mestizas e incluso a indígenas hijas de caciques. Uno de los muchos ejemplos que podemos aducir de este tipo de enlaces desiguales presididos por el dinero, es el del albañil Alonso de Aguilar, quien tras haber participado en distintas empresas conquistadoras y en las guerras civiles de Perú apoyando al bando realista, al parecer sin obtener el beneficio que esperaba, logra dar un paso decisivo en su promoción casándose con la viuda de un amigo, «mujer que tiene indios», y después con la hija mestiza de uno de los hombres más destacados de Quito, el hidalgo toledano Rodrigo Salazar, de azarosa y apasionante vida. En 1680 sabemos también que el gobernador de Chile, con el propósito de aquietar la provincia, alienta el matrimonio de hijas de caciques con soldados, garantizándoles cargos superiores que por la carrera militar no habrían quizás alcanzado tan rápidamente, no obstante saber que sus vástagos no tendrán las mismas oportunidades que los criollos —en 1697, sin embargo, una Real Cédula equiparará a los indios principales con los hidalgos castellanos y a los menos principales, sin mezcla de sangre negra, con los «cristianos viejos» [20].

Pero los funcionarios reales no necesitaron recurrir al matrimonio para enriquecerse. Defendiendo los intereses de las oligarquías locales o prevaricando a expensas del Tesoro, como sucedía en España, en un breve período de tiempo podían amasar fortunas enormes. El hecho mismo de que durante el siglo XVII se den los cargos al mejor postor, incluidos los virreinatos, pone de manifiesto las ganancias que sus beneficiarios esperaban obtener. Los corregidores de indios, por citar un caso de corrupción muy frecuente, valiéndose de su autoridad falsificaron censos y matrículas de indios para dar una cifra inferior de los tributarios bajo su custodia y recaudar en su provecho el dinero abonado por aquéllos, logrando reunir por este medio hasta 30.000 pesos anuales, cuando su salario oscilaba entre los 800 y 1.200 pesos [21].

La actividad mercantil también deparó sumas fabulosas a quienes la ejercieron. Es cierto que los mercaderes de barato y los intermediarios vivieron a veces en unas condiciones próximas a la pobreza —Antonio Trapero, cuando fallece, sólo deja 87 ducados a sus herederos, y Antonio de Vargas Baladés tiene tales deudas, que subastados sus bienes no llega el importe para liquidarlas—, pero otros adquirieron un mediano caudal que invirtieron en la fundación de capellanías en sus lugares de nacimiento, beneficiando con ello a sus parientes más allegados —a 1.870 ducados asciende la capellanía del montillés Martín Alvarez y a 2.756 la del cordobés Juan Rodríguez Morales [22].

Los mayores ingresos correspondieron, como cabía suponer, a quienes mantuvieron un comercio activo con la metrópoli, bien por su cuenta, destinando parte de las ganancias obtenidas en otras empresas —Juan de Figueroa es uno de estos dinámicos hombres de negocios, pues su fortuna, adquirida en Potosí, la emplea en beneficiar cargos municipales y en la compra de géneros procedentes de España para su venta en un almacén abierto en Lima, cuyas existencias son evaluadas a su muerte en 20.000 pesos—, o bien como agentes de mercaderes sevillanos de conocida raigambre, fuesen judeoconversos o hidalgos, pues éstos no desdeñaron dedicarse a una profesión que no gozaba de demasiadas simpatías, según lo puso de manifiesto Ruiz de Alarcón en *El semejante a sí mismo*:

> *Es segunda maravilla*
> *un caballero en Sevilla*
> *sin rama de mercader* [23].

Frente a estos grupos, los sectores más humildes que se establecieron en América tuvieron menos oportunidades. Marineros y soldados vieron, además, muy mermadas sus posibilidades de medro en fechas posteriores a la conquista, y aun los que participaron en ella no siempre salieron beneficiados, dependiendo el botín recibido en función de su arrojo y de su grado en la milicia. Tampoco prosperaron mucho los que desempeñaron un oficio «mecánico», aunque los salarios percibidos eran superiores a los que se pagaban en España —también es verdad que la inflación alcanzó valores más altos en América, principalmente en los géneros importados. En efecto, mientras en Castilla carpinteros y calafates, por citar dos profesiones de una cierta pericia, ganaban a mediados del siglo XVI entre cuatro y medio y seis reales al día, en Panamá cobraban 32 reales. En 1606, la necesidad de cordoneros en Perú para confeccionar jarcias obliga a la Casa de Contratación de Sevilla a ofrecer 400 ducados anuales y ración de artillero a quienes decidan ejercer dicho oficio en aquel reino; a duras penas se reclutaron cuatro oficiales y tres aprendices con sus familias, todos ellos de Zaragoza. En la primera mitad del seiscientos, Puerto Rico y Cuba adolecían de tal escasez de mano de obra especializada, que los carpinteros, herreros y albañiles ganaban entre 16 y 20 reales diarios, cuando en Castilla no sobrepasaban los diez por estas fechas [24].

Estos salarios, que sin duda permitieron un desahogo mayor a los artífices emigrados que a los peninsulares, no bastaron para enriquecerlos y, desde luego, no les facilitaron un ascenso social inmediato. En España, claro está, su situación hubiera sido peor aún. En Sevilla fueron escasos los maestros artesanos que a su muerte habían logrado una modesta fortuna, incluidos los más prestigiosos, como el platero Miguel de Monegro, quien lega a sus herederos 200 ducados en juros y varios inmuebles, y muchos tenían sus bienes hipotecados; es el caso del también platero Juan de Oñate, que sobre unos bienes tasados en 1.444 ducados pesaban créditos por valor de 1.800 ducados. En América bastantes fallecieron en la miseria, otros dejaron pequeñas herencias a sus familiares y los hubo que adquirieron una posición económica envidiable. Según un informe elaborado en Panamá sobre las personas más acaudaladas, poseen fortunas superiores a los 5.000 ducados un zapatero, dos herreros, un boticario, un pescador, un carpintero y un arriero. En el ejercicio de la arriería consiguió medrar asimismo Sebastián de Aparicio, un gallego fuerte e inocente que tras llevar una vida itinerante por varias regiones españolas, se traslada a Puebla de los Angeles, donde se dedica al transporte para luego invertir las ganancias en la adquisición de tierras y ganado, que en 1572 deja a las clarisas de la ciudad cuando decide profesar en la orden de san Francisco —será beatificado en el siglo XVIII [25].

El éxito entre los emigrantes, aunque no estaba al alcance de todos, no era desconocido para muchos, lo que explica la atracción que ejerció el Nuevo Mundo en amplios sectores españoles y también las diatribas de moralistas y teóricos políticos contra esas personas «mediocres» o «viles» que mediante su trabajo y su buena estrella lograban encaramarse en la sociedad colonial, primer paso para su integración posterior en los grupos oligárquicos peninsulares, si bien la mayoría prefirió permanecer allí donde sus sueños se habían materializado como nunca hubieran imaginado poderlos realizar en España.

Provecho y dignidad de las armas

La carrera militar, una actividad aristocrática por excelencia, supuso para los plebeyos de los primeros siglos modernos unas oportunidades de ascenso social parecidas a las que ofrecían las Indias, sobre todo a medida que la política exterior de la monarquía requería de año en año nuevos contingentes de tropas. Imbuidos de ideales, los castellanos del siglo XVI no dudaron en alistarse en la hueste de un capitán, convencidos además de que el desempeño de profesión tan eminente los distinguía, por humildes que fueran sus orígenes, del resto de la plebe, pudiéndolos encumbrar a un nivel estamental superior a través del mérito de sus hazañas en los campos de batalla europeos. Los oficiales que durante largos años habían combatido de simples soldados de Infantería, contribuyeron con sus escritos a difundir esta idea. Jerónimo de Urrea, en su *Diálogo de la verdadera honra militar,* publicado en 1566, aseguraba que los héroes antiguos, «siendo no más nobles que yo, subieron por la espada y fuerça de sus braços a grandes dignidades y honores», y Sancho de Londoño, en su *Discurso sobre la forma de reducir la disciplina militar a mejor y antiguo estado,* lo corrobora cuando escribe que las armas permiten «ganar libertad y nobleza» [26].

Aparte de la estima social que conllevaba el pertenecer a la milicia y de sus posibilidades de promoción interna —se ascendía a los grados superiores tras varios años de permanencia en el ejército, de lo que daban fe certificados emitidos por las autoridades competentes, donde junto a la antigüedad se resaltaban las capacidades personales—, la paga, sin ser lo más importante, determinó a menudo el ingreso en la vida militar, sobre todo de aquellos jóvenes que no disfrutaban de unos recursos saneados. Impulsado por la falta de medios, Alonso de Contreras se alista en el ejército, abandonando a su madre cargada de chiquillos que alimentar. Por motivo idéntico se dirige hacia Cartagena un paje con quien se tropieza don Quijote en su camino y que canturrea la coplilla siguiente, de enorme significado:

A la guerra me lleva mi necesidad;
si tuviera dineros, no fuera, en verdad [27].

Entre 1534 y 1634 el salario de un soldado no era ciertamente cuantioso, unos tres ducados al mes, salvo para los coseletes, mosqueteros y arcabuceros, mejor retribuidos en razón de su mayor especialización. Aun así, esta cantidad daba para vivir con cierto acomodo si se recibía con puntualidad —el retraso en la percepción de los haberes no fue un obstáculo grave, puesto que la mayoría compraba lo que necesitaba a crédito, amparándose en su *status*— y si no se derrochaba en juergas, mujeres y trajes suntuosos, a los que eran tan aficionados. Su poder adquisitivo, por otra parte, sobre todo en los Países Bajos, era superior al de España; el alojamiento era gratuito —no así la manutención, el vestido y el armamento—, no tenían que mantener una familia —todo lo más, un peón o una concubina—, aunque en la práctica muchos se casaron, a pesar de que la Corona no lo veía con agrado, y estaban exentos de derechos señoriales, diezmos e impuestos [28].

Desde finales del siglo XVI en adelante parece decaer el interés por la vida militar. El reclutamiento voluntario resulta cada vez menos operativo, y a medida que crecen las dificultades para encontrar soldados, se impone la presencia en las ciudades y en los pueblos de capitanes reclutadores investidos de un cierto carisma entre sus convecinos, bien por pertenecer a familias de conocida raigambre o por el prestigio adquirido en las campañas por su audacia y valentía. Como se expone en 1694, en un escrito anónimo, «el maestre de campo y los capitanes con los oficiales siempre conviene sean naturales del mismo partido, porque obliga mucho a los soldados el que los cabos que los gobiernan sean todos de una misma patria» [29].

El estímulo que la presencia de capitanes bizarros podía ejercer en la respuesta de los jóvenes a enrolarse no dio los frutos deseados, y al final la Corona tuvo que recurrir a levas forzosas con el apoyo de los municipios, de la nobleza local e incluso de reclutadores particulares a pesar de los abusos y desmanes que causaban en los pueblos, máxime cuando los hombres en edad militar se ausentaban para no ir a la guerra, según lo testifica en 1641 un sacerdote jesuita: «si no los pueden prender, prenden a las mujeres y a los padres hasta que aparezca el soldado». Nueve años después, Jerónimo de Barrionuevo se hace eco de este proceder en sus *Avisos*: «Del reino de Toledo dicen sacan cinco mil hombres de las milicias y gentes que prenden, casados y por casar.» En 1694, el corregidor de Córdoba no encontró medio más eficaz para cumplir la leva que le había sido encomendada, que detener a los asistentes a la comedia conforme iban saliendo [30].

Tal desinterés estuvo sin duda condicionado por la actitud de la nobleza, ya que si en 1588 se alistó todavía de forma masiva en la Gran Armada, desde esta fecha comienza a desentenderse de una actividad que de antiguo había sido su razón de ser. Es verdad que en ocasiones muy determinadas reasume sus funciones militares —así ocurre en 1625, cuando el asedio de Cádiz por los ingleses—, pero lo frecuente fue negarse a las llamadas del monarca —ésta es una de las razones por las que se impone a la nobleza el impuesto llamado «de lanzas», es decir, el pago de una suma de dinero para costear un número dado de infantes. Suárez de Figueroa lo denuncia con acritud en *El Pasajero*: «si les tratan de servir a su rey con hacienda y persona, tuercen el rostro y estrechan el ánimo, alegando corta salud y largo empeño. O responde, a bien librar, el que se precia de más alentado, no ser posible salir a la guerra sin plaza de general, por desdecir de quien es servir en puesto menor» [31].

A partir de 1632, el conde-duque de Olivares intentó en vano reavivar su espíritu combativo adoptando una serie de medidas encaminadas a formar un ejército nacional cimentado sobre una amplia base nobiliaria. El fracaso de su proyecto se puso de manifiesto en 1640, cuando un significativo número de aristócratas abandonó el ejército tras la movilización decretada a raíz del levantamiento catalán. Tal vez influyó en esta actitud la animadversión de dicho sector al valido, pero años más tarde, don Luis de Haro tampoco

encontró el apoyo solicitado, pues en la defensa de Badajoz
sólo pudo contar con la presencia de unos pocos nobles,
permaneciendo el resto en la Corte por considerar en mayor grado los placeres que el valor de las armas. En 1659
es el embajador veneciano quien constata este fenómeno, al
señalar que no llegaba a una decena los hijos de grandes y
títulos que servían al rey con las armas, mientras que un
cuarto de siglo antes sólo en Flandes había más de trescientos. A finales de la centuria la situación es todavía peor. La
crisis profunda que aqueja a la milicia en España se debe,
según un escritor de la Regencia, a «la mala influencia de
no aplicarse su nobleza a nada de lo que debe ser su profesión, sino a todo lo que debe ser más ajeno de ella»; idea
que suscribe asimismo otro autor en 1694: «si la asistencia
de los señores y caballeros falta, ni los exercitos se hacen
respetados ni las ocasiones se logran» [32].

Indudablemente, los nobles, fuesen o no titulados, disponían en el siglo XVII de varios medios para promocionar-
se sin tener que arriesgar la vida portando una pica en los
frentes de batalla. Junto a las expectativas que ofrecían las
Indias, hay que resaltar las oportunidades que deparaba el
servicio al rey en la administración del Estado, al que también se consagran los hijos de mercaderes y de labradores
acaudalados, toda vez que les eximía de las levas, motivo
por el cual en 1644 Felipe IV decide incluir en las reclutas
a quienes hubiesen adquirido «oficios supernumerarios» en
los últimos años y no fueran imprescindibles para el correcto gobierno de las instituciones. Con ello se piensa solucionar dos graves problemas del momento: el abandono
de los campos por falta de mano de obra y la escasa preparación de los soldados por nutrirse de individuos de
dudosa capacidad y arrojo, pues al no ser «hombres de
obligaciones», es decir, hidalgos, están más atentos a su provecho que a defender las máximas del honor militar, sacrifi-
cándose por su rey y por su patria. Una valoración no exenta de fundamento. El caso de Estebanillo González es harto
representativo. Su obsesión es tener el estómago lleno y
rehuir cuantas ocasiones de peligro le acechen; sobrevivir y

acumular por cualquier procedimiento una pequeña fortuna para la vejez. Nada en su actitud es heroico, y su ejemplo contradice las palabras grandilocuentes que Lope de Vega había puesto unas décadas antes en boca de un capitán en *La nueva victoria de Gonzalo de Córdoba*:

> *Cuanto honor*
> *la nobleza hidalga encierra*
> *se alista con el soldado*
> *debajo de la bandera*
> *de la verdad, que no fuera*
> *soldado a no ser honrado* [33].

Las ilusiones perdidas

La sociedad guerrera de los primeros Habsburgos, desamparada del soporte nobiliario que la sustentaba, va sucumbiendo progresivamente a lo largo del seiscientos al mismo tiempo que nuestros ejércitos son derrotados. El nombre de «Infantería española», antaño tan temido y ahora aplicado por el vulgo a la chusma que en los corrales de comedias se ejercitaba en silbar o aplaudir los estrenos, carece ya de toda estima: «yo vi en un lugar de España ir un hijo de labrador a sentar plaza de soldado (...) y andar el padre y parientes llorando por la calle y diciendo que quería su hijo ser infamia de todo su linaje» [34]. En este proceso, al que no fue ajeno el estancamiento demográfico —se refiere a ello el embajador veneciano Giustiniano en los años cuarenta y el duque de Medina de las Torres en 1659 [35]—, repercutió de manera muy especial la falta de incentivos que tenían los soldados y oficiales.

La promoción interna era desde luego difícil, en parte por la debilidad cuantitativa de los cargos de oficiales superiores —en 1567, cuatro maestres de campo mandaban a 45 capitanes—, y en parte porque las plazas no siempre se asignaban a quienes las merecían, como lo indicó en 1582 un alcalde de Corte y en 1694 el marqués de Villena: «muchas veces se distribuyen los cargos militares dándose a los que no tienen ningún mérito y pericia militar (...), con exasperación de los soldados viejos que habiendo servido a V. M. muchos años en la guerra y recibido en ella muchas heridas, nunca reciben condigna remuneración (...), de que resulta tanta repugnancia a la guerra en nuestra Nación» [36].

Por regla general, el grado máximo que alcanzaba un soldado después de ejercer antes varios cargos inferiores (cabo, sargento, alférez) era el de capitán, en el que se mantenía hasta que los veedores, tras determinar su ineptitud para el servicio activo, procedían a jubilarle. En este momento de su vida, transcurridos treinta o cuarenta años de fatigas y penalidades, podía beneficiarse con una plaza muerta en un castillo, con una encomienda, con un cargo de gobernador o de castellano, según la calidad y graduación de cada uno, o gozar de un beneficio en el seno de las órdenes militares. Lo frecuente, sin embargo, era regresar a sus casas en condiciones poco mejores de las que salieron y engrosar las filas de los que buscaban una intendencia en las numerosas instituciones de caridad, cuando no obtener el permiso de regentar una casa de juego o expender vino en Madrid. Los veteranos de los tercios de Flandes prefirieron, al parecer, los castillos del Milanesado y el Reino de Nápoles, auténticas «casas de retiro», si bien muchos debieron conformarse con destinos menos apetecibles en la Península. De cualquier modo, todos percibían una pensión, y a pesar de las diferentes pragmáticas dirigidas a moderar los gastos estatales nunca se vieron privados de ella, en parte o en su totalidad, como tampoco sus viudas y huérfanos, pues según reconoce una Real Cédula de 1693, «no es justo que remuneración de méritos personales y de efusión de sangre en mi servicio estén sujetas a lo que otras, en que [no] concurren circunstancias tan singulares y dignas de ser atendidas» [37].

Oficiales y soldados se sintieron, además, agraviados por no recibir los honores que les eran debidos, en tanto que recaían con demasiada frecuencia en civiles que no arriesgaban sus vidas al servicio de la Corona, pero que estaban relacionados magníficamente con el personal de las secretarías. Así lo denuncia el Consejo de Castilla en 1690: «la grande facilidad que hay en las secretarías y oficios (...) de expresar servicios que no tienen la debida comprobación (...) no sólo quitan la sustancia de los reinos, sino también el aliento a los vasallos beneméritos» [38]. Especialmente arbitraria fue la concesión de hábitos militares, si nos atenemos a las críticas coetáneas, que recomendaban se otorgasen a quienes hubieran participado en la guerra, de lo que se hace eco el Capítulo de las órdenes celebrado en Madrid en 1652: tan sólo deben optar a esta merced caballeros de linaje ilustre y soldados, porque estos últimos «con sus servicios y acciones valerosas esclarecen su sangre y les es debida esta honra por militar, que es el fundamento con que se establecieron» [39].

No obstante esta sugerencia, que no excluía, por supuesto, la previa comprobación de la limpieza de sangre de los aspirantes, pocos fueron los militares que se beneficiaron de tan preciado galardón, como pocos lo habían sido en épocas anteriores aun gozando de mayor estima. Si analizamos las concesiones a caballeros vasconavarros de hábitos de la orden de Santiago entre 1580 y 1620, sólo un 29 por 100 de los agraciados desempeñó la profesión militar, siendo todos, por otra parte, de ilustre nacimiento. Este porcentaje debió reducirse en años sucesivos, pues aunque los hábitos nunca se enajenaron sí se otorgaron en compensación de créditos contra la Real Hacienda, permitiendo de este modo el acceso a la nobleza de mercaderes y asentistas enriquecidos que aspiraban a elevarse socialmente, sobre todo cuando las necesidades financieras de la Corona eran más acuciantes. Tanto es así, que en 1692 un Real Decreto ordena reservar los hábitos de la orden de Santiago a individuos que hayan destacado en la marina o en el ejército, destinándose las de Alcántara y Calatrava a sujetos de progenie o que hayan servido con fidelidad al rey en cuantas ocasiones les fuera demandado [40].

Ni siquiera la paga representaba ya un incentivo importante como antaño. Aparte del retraso en el cobro de los haberes, un fenómeno casi crónico en la época —en 1662, por ejemplo, el gobernador de Mahón advierte sobre «la falta de medios con que se halla para la defensa de aquellas plazas (...) por haber cinco años que no se paga su dotación» [41]—, hay que señalar el deterioro experimentado en los salarios de los soldados, inferiores a mediados del seiscientos al jornal percibido por los peones del campo, que se benefician con la subida real producida a lo largo de la centuria, lo cual repercutió asimismo en la oficialidad, como lo admiten varios miembros del Consejo de Estado en 1672, proclives a subir sus haberes para hacer más atractivo el servicio de las armas [42]. En estas circunstancias, agravadas en ciertos momentos de moderación del gasto público con recortes en los salarios —en 1692 se suspenden los incrementos que debían percibir los militares ascendidos—, no puede sorprender que la disciplina entrara en franca decadencia ni que las deserciones aumentaran o proliferasen los actos de pillaje indiscriminado en los pueblos donde se alojaban las tropas o por los que transitaban, ni tampoco que algunos militares, amparados por sus jefes y protegidos por su fuero, recurrieran a la práctica de actividades delictivas, tales como el contrabando o la intimidación a particulares, lo que le aconteció a Raimundo Lantery, mercader saboyano afincado en Cádiz, que a altas horas de la noche fue apremiado por un grupo de soldados a entregarles 100 doblones, si bien acabaron por conformarse con un doblón para el gasto de la cena [43].

La suerte del soldado

Aun cuando algunos escritores —Cristóbal de Lechuga, por ejemplo— descartaban toda posibilidad de enriquecimiento con la profesión militar, y había soldados que fallecían de inanición por no recibir con puntualidad sus pagas —los del presidio de Mahón en 1568 y los acuartelados en Barcelona en 1574—, lo cierto es que tan desalentadora situación, sin dejar de ser real y afectar a muchos, no puede considerarse habitual. Pese a carecer de estudios exhaustivos sobre los testamentos de los soldados y oficiales, sabemos que un porcentaje no demasiado pequeño gozó de una posición económica desahogada, sin la cual no se comprende que se casaran y mantuvieran una familia —sin embargo, al decir de Von Grimmelshausen en *El aventurero Simplicius Simplicissimus*, sus esposas no llevaron una vida cómoda ni exenta de fatigas—, llegando incluso a acumular un capital de 1.000 ducados con el que vivir decentemente el resto de sus días [44].

Aquellos que sobresalían en el asedio de una fortaleza o que llevaban varios años de servicio fueron gratificados con sumas de dinero en reconocimiento de sus méritos: en 1567, Juan de Texada, alférez de una compañía, obtiene seis ducados, lo mismo que Juan Vázquez. Otros militares destacados, como el capitán Lope Zapata, Francisco Verdugo o Lope de Figueroa, consiguieron del rey el favor de una renta vitalicia cifrada en torno a los cuatrocientos y los quinientos ducados anuales. Por último, los hubo que en un momento dado de su carrera se beneficiaron de ciertas exenciones (normalmente del pago de su equipo y municiones) y «ayudas de costa» con las que sufragar gastos extraordinarios (medicinas, viajes forzosos a España, etc.). Con todo, el salto de la pobreza a la riqueza casi siempre se producía cuando se aunaban tres factores esenciales: la percepción del botín de guerra tras la captura de un personaje importante o el asalto a una ciudad; el impago de sus deudas a los mercaderes que les habían abastecido, por estar el territorio en rebeldía, y el pago de sus haberes atrasados con motivo de licenciarse, de promulgarse una desmovilización general o, simplemente, por evitar la Corona los perjuicios que podían derivarse del descontento de las tropas. Así, en 1577, los veteranos de Flandes cobraron en Maastricht un promedio de 92,4 escudos, sin contar lo que dejaron de abonar a sus proveedores por la revolución de las provincias meridionales en 1576. Tras la rendición de Amberes, en 1585, recibieron una media de 80 escudos, y en la década de 1590 alrededor de 212,8 escudos. En 1601, ocho soldados percibieron letras individuales por valor de 496 escudos de promedio en Diest, alcanzando algunos de los 2.000 a los 3.000 escudos.

Tampoco faltaron los hombres y las oportunidades de promoción, por restringidas que fueran en el siglo XVII, para los soldados que buscaban afanosamente mejorar su *status* social.

El nacimiento, sin duda, determinó en la mayoría de los casos, como sucedió en otras profesiones, incluida la eclesiástica, el fracaso o el éxito de los aspirantes. Los nobles, por el mero hecho de pertenecer a un estamento privilegiado, aun siendo de familias poco relevantes, tuvieron mayores posibilidades que los pecheros. El capitán de caballos corazas del ejército de Lombardía, Juan de Occo y Ciriza, obtiene en 1617 un hábito de Santiago, quizá no tanto por su trayectoria militar como por su ascendencia —es hijo de un oidor del Consejo de Navarra—, lo que también se puede decir de Lorenzo de Zuazola y Loyola, de Pedro de Villela y Morge o de Antonio Vélez de Medrano y Hurtado de Mendoza [45].

Diego Benavides de la Cueva, octavo conde de Santisteban del Puerto, asimismo debe su fortuna en buena parte a su nacimiento. En 1612 entra en Palacio de «menino» y en 1637 le encontramos de soldado en Milán, donde alcanza el grado de capitán. En 1643 acompaña al rey en su viaje a Aragón, y en 1644 se le asigna el mando del ejército de Badajoz. En 1652 es nombrado virrey y capitán general de Navarra, y en 1660 está al frente del virreinato de Perú [46]. Otro ejemplo notable es el de Antonio Pimentel de Prado. De simple soldado se eleva en tan sólo cinco años a maestre de campo en Flandes. Gobernador de Nieuport, es designado embajador en Suecia, interviene en las negociaciones que condujeron a la Paz de los Pirineos y entre 1660 y 1665 desempeña el cargo de gobernador de Cádiz y general de las costas y ejércitos de Andalucía. Su final, sin embargo, no fue tan brillante como su carrera: sometido a proceso por corrupción y apartado de sus cargos, se le intenta dar la embajada de París, pero la negativa del jesuita Nithard echa por tierra el proyecto. En 1671 fallece en los Países Bajos después de ocupar por dos años la plaza de castellano de Amberes [47].

Personajes de hidalguía dudosa, y hasta pecheros, se vieron igualmente recompensados. Julián Romero es uno de ellos. Erigido por el Greco en símbolo de toda una generación de caballeros españoles y convertido por Lope de Vega en adalid de quienes por «la fuerça de sus braços» logran incardinarse en la cúspide de la sociedad, este oscuro hidalgo, que a sus dieciséis años se enrola de tambor, alcanza, gracias a su valentía en la batalla de San Quintín, el grado de maestre de campo y una rica encomienda de Santiago, con la oposición de la orden, que le exige presentar las pruebas de limpieza de sangre para su disfrute.

Tan fascinante como la suya es la trayectoria de Francisco Verdugo. De ascendencia plebeya, todo lo más hidalgo pobre —un autor contemporáneo asegura que ha nacido de una humilde tocinera de Talavera—, a los veintiséis años se enrola en una compañía que en 1557 se recluta para combatir contra Francia, adquiriendo en San Quintín un cierto renombre. Trasladado a Flandes, logra rápidamente los galones de capitán, ascendiendo en 1573 a coronel y luego a gobernador de la plaza de Haarlem. Nombrado en 1578 maestre general de campo, desempeña desde 1581 el cargo de gobernador y capitán general de la provincia de Frisia. Ennoblecido por su matrimonio con la hija del conde de Mansfeld, sus hijos bastardos se integrarán sin dificultad en la sociedad castellana, dando lustre a su linaje mediante matrimonios ventajosos con miembros del estamento nobiliario [48].

Sin alcanzar tales preeminencias, se puede decir que Alonso de Contreras es también un triunfador, pues de simple corneta asciende a capitán de corazas de Capua, después de haber sido desertor, aventurero, soldado, corsario, oficial reclutador, espadachín, jugador, marido complaciente y caballero de Malta. Mucho nos tememos, sin embargo, que entre sus contemporáneos esto no fuera así en modo alguno y menos todavía para aquéllos de humilde cuna que aspiraban a más altas dignidades y provechos. Con todo, y a pesar de su mediocridad, muchos soldados se hubiesen conformado con una vida análoga, como Jerónimo de Paramonte, a quien el ejercicio de las armas no le permitió realizar ninguno de sus sueños, ni siquiera obtener el grado de capitán, quedándole al final de una vida marcada por la enfermedad, la fatiga, el cautiverio y la miseria, la recompensa de una pensión no demasiado pingüe, y acaso el consuelo de las palabras pronunciadas por don Quijote acerca de la gloria del soldado: «Si la vejez os coge en este honroso ejercicio, aunque sea lleno de heridas y estropeado o cojo, a lo menos no os podrá coger sin honra, y tal que no os la podrá menoscabar la pobreza.» [49]

CAPITULO XV

LA ALIMENTACION

por Matilde Santamaría Arnáiz

T RATAREMOS de exponer qué se comía en la España del Siglo de Oro, como se ha dado en llamar a aquellos tiempos. Y es tarea difícil, porque teniendo mucho que contar, hemos de hacerlo en un espacio necesariamente muy limitado.

No pudiendo dar cuenta de todo, intentaremos plasmar algo del espíritu del siglo, del discurrir y pensar de las gentes en este negocio de los «mantenimientos». No basta con incluir una larga lista de platos y alimentos. Para eso ya tenemos los libros de cocina de la época, algunos muy completos, como el de Martínez Montiño. Pero esta clase de datos, con no ser falsos, dan una visión parcial del tema, y además se refieren a un grupo social pequeño, el de los ricos. Trataremos de explicar el sentir de entonces, dando precios, incluyendo algunas anécdotas, intercalando ciertos textos literarios, pero siempre con datos rigurosamente exactos, procedentes de los libros de gobierno de la Sala de Alcaldes de Casa y Corte.

Escribir, a un mismo tiempo, sobre la alimentación de los españoles durante los siglos XVI y XVII, es difícil, porque fueron épocas muy distintas, pese a lo que se suele creer. Tenemos la íntima convicción de que eran absolutamente diferentes incluso en la forma de pensar, pero afirmamos tajantemente que, de hecho, no coincidieron en la forma de comer. Raramente el comienzo de un siglo coincide con un cambio de mentalidad, pero en este caso sí sucedió así. Una serie de circunstancias de índole diversa, hizo del seiscientos el siglo de la frivolidad en materia de alimentación, en contraste con la austeridad —y mayor desigualdad social— del siglo anterior.

En ambos, la olla fue el plato nacional. Pero en el siglo XVI, para la mayoría, era plato único, y parece como si los cocineros no hubieran sabido más que cocer, asar a la manera alemana o freír en grandes cantidades de aceite. Después, la ciencia culinaria adelantó mucho, quizá por las lecciones francesas, pero desde luego porque disponía de elementos nuevos que antes no tenía. Las mejores comunicaciones —con la modernización del transporte y la mayor libertad para ir y venir— y las exigencias sociales hicieron indispensables cosas que antes nadie hubiera imaginado que pudieran serlo. Por ejemplo, el «regalo» de la nieve al alcance de todas las clases sociales.

Y la facilidad de conseguir nieve trajo un nuevo y agradable menester: inventar bebidas para luego enfriarlas, discurriéndose de esta suerte toda clase de «aguas», algunas extravagantes. No bastando, se pensó en hacer sorbetes y garrapiñas, máximo placer. Pero si se vencía con éxito el calor del verano, no iba a pasarse por alto el rigor invernal, por lo que se inventaron otras mixturas, tales como el hipocrás.

Hablando de nuevas costumbres —extendidas todas ellas con inusitada rapidez—, es difícil decidirse por la nieve, que tanto estimaron los médicos; el hipocrás, que gozó del favor de los madrileños; el chocolate, protegido del clero, o el tabaco, solaz de aquellos que no usaban rapé. Pero, tal vez, fue más importante la divulgación del azúcar, para deleite de los golosos y beneficio de los confiteros, que antes tenían muy pocas cosas que hacer. Azúcar había desde los árabes, pero en la época de los dos primeros Austrias quedaba reservada a los poderosos. El pueblo llano debía conformarse con la miel. Pero al comenzar a llegar de América, todos la probaron —y la disfrutaron— como cosa natural,

y los confiteros pudieron confeccionar aquellos dulces y
exquisitas creaciones que sólo soñaron hacer antes. Reinan-
do Felipe II, se prohibía en Madrid la venta incontrolada
de dulces sencillos, como melcochas, suplicaciones y buñuelos, que era lo acostumbrado. Años más tarde, en 1627,
encontramos un arancel con ¡ciento dieciséis dulces! [1] Y,
naturalmente, no acababa allí el talento creador de los confiteros.

Cosas éstas insignificantes, quizá, pero que nos hacen
pensar que si se hacían tantos dulces o bebidas era porque
la gente compraba, mejor dicho, porque quería y «podía»
comprar.

También cambió el espíritu popular, de una manera su-
til, pero radical. Asombra comprobar que, en 1594, se llamara al orden a unos establecimientos con pretensiones de-
sorbitadas, los figones, que osaban ofrecer a todo el mundo
cosas como caza, pescado fresco, tortadas, manjar blanco...
causando indignación y asombro que quisiera «mucha gente
común gozar de este regalo que es sólo para los principales». Naturalmente, la Sala de Alcaldes dictó auto fulminan-
te, prohibiendo tal atrevimiento [2]. Por si no bastaba el auto,
en el pregón que siguió se advertía claramente que no tuvieran «ni manjar blanco, ni tortadas, ni pastelillos, ni otras
cosas dulces» [3].

También se olvidó, de repente, que las «natas» estaban
reservadas para las personas reales, que así era en la época
de Felipe II, hacia 1592. Cincuenta años más tarde, lo único
que preocupaba a los señores alcaldes era evitar que las
natas se falsificaran, tarea difícil, porque se vendían por do-
quier.

¿Qué más podemos decir? Estudiando la alimentación
de los colegios mayores, a mediados del siglo XVI, nos asom-
braba la rutina cotidiana, con gran cantidad de carnero los
días ordinarios y de gallina los de fiesta. Es sabido que estos
estudiantes, aunque pobres de dinero, no lo eran en consideración social. Les correspondía comer carnero. Cuando
Cervantes describía el yantar del señor don Quijote, éste,
que era hidalgo, ya comía olla de «más vaca que carnero».

Jesús en casa de Marta y María.
C. 1618. Velázquez, National Gallery, Londres.

Estamos seguros que de haber tenido hijos, éstos hubieran comido olla de vaca (la que antaño era para el escudero). Pero en los bodegones, donde comían los «pobres» (los trabajadores), el arancel estaba encabezado siempre por el plato de carnero (cocido, estofado o asado). *Tempora mutantur...*

El cotidiano sustento

La hora de la comida, la del «yantar cotidiano», la del «pasto que se haze a medio día», coincidía con la más alta del sol para la mayoría. Alguno se retrasaba, quizá porque las tablas de la carnicería, que en verano abrían de seis a diez, volvían a abrir a las tres (a las dos en invierno) para que los clientes pudieran comprar de nuevo. Por entonces nadie pensaba guardar comestibles en casa. Para cada comida se compraba lo preciso. Nadie tenía despensa, salvo los grandes señores, y aun a éstos muchas veces les pidió la Sala que la eliminasen.

Si se perseguía tanto las despensas y a los despenseros,

era porque no se veía utilidad en tenerlas y sí grandes inconvenientes, como el acaparamiento y posterior venta de los mantenimientos a precios más caros que la postura.

Por otra parte, era muy raro que se autorizase a un vendedor a ofrecer cualquier cosa al precio que quisiere. Todo tenía su postura. La autoridad vigilaba y no permitía el menor fraude, ni en el peso ni en el precio. Los «ministros de justicia» merodeaban, ya entre las tablas o cajones de la plaza, ya por los bodegones y tabernas, o cerca de cualquier puesto de nieve, y vendedor y clientes sabían que era muy probable que, terminada la venta, tomaran el artículo comprado para remedirlo o repesarlo, siempre con la esperanza de que anduviese escaso. Si así era, se armaba gran alboroto, se hacía «denunciación», y al tablajero o al vendedor que fuere le caía una gran multa.

Volviendo a la hora de la comida, Covarrubias, en su *Tesoro,* decía que la principal era la de mediodía, salvo para la gente cortesana, hombres de negocios y campesinos. En general, la gente rústica se solía reservar para la noche lo más sustancioso de las comidas:

> *La olla del labrador*
> *¿cuándo se suele comer*
> *menos que al anochecer?* [4]

Estos campesinos, de ideas muy conservadoras, alejados de la Corte y de sus frívolas modas, así siguieron haciéndolo durante mucho tiempo, tomando al acabar el día una sustanciosa olla.

Respecto a los cortesanos, si eran ricos y poderosos, es difícil precisar a qué hora comían más, ya que de ordinario lo hacían «a la borgoñona», es decir, sentados ante una espléndida mesa, rebosante de todo tipo de platos, para elegir a su gusto los que más les apetecieran. Pero naturalmente, eran los menos.

En general, ¿qué era lo que se comía? El plato más antiguo, casi único en el siglo XVI y que se sostuvo durante mucho tiempo en el XVII, era la olla, guiso muy simple y de fácil receta: carne, tocino y verduras, cocidos largo tiempo. Claro que tenía tantas variantes, siempre en virtud de la cantidad y clase de carne, que merece explicación aparte.

Pero puntualicemos. Que si lo ordinario era comer olla (algunos para comer y cenar, como Lope de Vega; otros sólo en la comida), también sin salirse del «ordinario», se tomaban, a veces, otros platos. Calderón nos habla de algunos en la curiosa *Mojiganga de los guisados*: en nombre de doña Olla, combate don Estofado contra don Gigote, que defiende a la princesa Albondiguilla, su esposa, contra don Carnero Verde, paladín de la princesa Pepitoria, contra el mismísimo Carnero Asado, aliado de doña Ensalada, e incluso contra el infame villano don Mondongo, esposo de doña Chanfaina, cuya presencia entre tan encumbrados guisados hace que el Arroz con Leche y el Manjar Blanco salgan a la palestra, en ayuda del Estofado, para prenderlo y echarlo, sin que al osado Mondongo le valga su parentela de Salchichas y Adobados.

Todos son nobles guisados —para Calderón— excepto el mondongo asado, pero sobre todos ellos quedan triunfantes la olla y el estofado.

Algo exageraba, no cabe duda, pues gigote, albondiguillas, carnero verde, manjar blanco, etc., se servían junto a pollas y capones cuando había «extraordinario». Y como platos refinados que eran, figuraban en las cartas de aquellos carísimos figones que, para satisfacer las ya irrefrenables exigencias del público «no regalado», pero que aspiraba a serlo, se crearon en 1617 con tal éxito, pese a los precios, que se mantuvieron todo el siglo.

En estas listas encontramos platos de gigote (carne picada muy menuda), ya sea de carnero (5 reales), carnero subido (8 reales), liebre (8 reales, 4 maravedíes) o capón (10 reales, 8 maravedíes), carnero verde (7 reales, 14 maravedíes), albondiguillas de carnero (8 reales) o de gallina (10 reales, 14 maravedíes) [5], entre otras cosas exquisitas. Cierto que también hay olla —y carísima—, pero es «olla podrida», con tantos componentes que no supone, según los célebres versos, sino mucho más, «treinta platos o cuarenta».

La olla podrida de este arancel lleva: «pernil de tocino, gallina, vaca, carnero, palomos, solomo de puerco, perdiz, liebre, morcillas de puerco, lenguas, pies de puerco, testuces, salchichones, huevos, harina, manteca, nueces, avellanas, piñones, dátiles, tallos de berza, nabos, garbanzos, cilanto, alcaravea y castañas». Mucho dudamos que aquella que Sancho, como gobernador, anheló probar, sin que su médico-verdugo se lo consintiera, fuera tan completa, por más que el pobre dijera al verla:

...me parece que es olla podrida, que, por la diversidad de cosas que en las tales ollas podridas hay, no podré dejar de topar con alguna que me sea de gusto y de provecho [6].

No hay olla sin tocino

La olla ordinaria era mucho más sencilla. Lo que no podía faltar era el tocino, y no por aquello del refrán: «No hay olla sin tocino ni sermón sin agustino», sino porque era peligrosísimo que andando falta o escasa de él, alguien lo viera y fuera a contarlo a la Inquisición. Muchos procesos se iniciaron por un detalle tan trivial.

Esenciales eran también las verduras, las «zarandajas». Además de darle buen sabor, ¡eran tan baratas! Las verduras solían ser del tiempo, y nunca faltaban ajos y cebollas. En la Corte se preferían las cebollas de Leganés, cuyos tozudos vecinos, sin que sepamos la razón, las escondían, resistiéndose a llevarlas para su venta, hasta que la Sala, harta, enviaba a un alguacil. Contrasta esta actitud con la del resto de los hortelanos próximos a Madrid, que no sólo vendían sus verduras en el sitio señalado de la plaza, sino que estaban obligados a llevarlas frescas, lavadas y limpias de tronchos, pencas y hojas verdes.

Con mucha frecuencia se echaban los que Lope de Vega llamaba «ventosos nabos», y también berenjenas y repollo:

Sacó la olla potente,
con los ventosos nabos
....

> *berenjenas baratas*
> ....
> *el tocino y repollo*
> *con cuatro o seis pimientos* [7].

Las berenjenas se vendían por docenas o por libras. Tomando un arancel al azar, vemos que el 2 de septiembre de 1642 estaban las berenjenas a 8 maravedíes la libra, y a 4 maravedíes la de repollo, la de calabaza y la de judías verdes. Diez años antes, en 1632, se podían comprar calabazas por el mismo precio (4 maravedíes la libra), costando 10 maravedíes la docena de berenjenas. Casi lo mismo, 12 maravedíes, costaban éstas en 1651. Muchas cosas subieron, sobre todo la carne y algo las frutas, pero las baratísimas verduras apenas cambiaron de precio.

Vaca y carnero

No extraña que una olla pobre estuviera bien surtida de estas zarandajas. Lo que sí variaba, antiguamente según la clase social y en tiempos más modernos con el peso de la bolsa, era el componente principal de la olla, la carne. Pero variaba no en la cantidad, que aunque fue cada vez menor era igual para todas (salvo en las muy pobres), sino en la clase. Vaca o carnero llevaba la olla. En la de los ricos había más carnero, que era carne «regalada», más cara y apreciada.

Vaca y carnero siempre tuvieron diferentes precios. Por encima del carnero sólo estaba el cabrito, pero se tomaba asado y no en olla. La ternera era prácticamente imposible de conseguir. Estaba prohibido matarlas y sólo unas pocas se destinaban a los embajadores (como mucho, cuatro a la semana) y a las casas reales.

Hubo un tiempo en que la olla del señor sólo llevaba carnero, y vaca la de su escudero. Pero en el revolucionario siglo XVII, esta costumbre, a lo más, era un recuerdo. La olla de don Quijote, hidalgo, pero con un modesto pasar, era, ya lo hemos dicho, de algo más vaca que carnero, aunque Cervantes no da cantidades.

Sí se dan, en cambio, en estas cuentas que un maestro panadero presentó en 1602 ante la Sala de Alcaldes, entre los demás gastos que tenía, para hacer ver lo bajo de la postura de los panecillos. Estaban a su servicio cuatro hombres: un oficial y tres ayudantes. He aquí, salario aparte, lo que gastaba en su comida, la de los cuatro, cada día:

— de ocho libras de carnero para tres comidas que hacen cada
  día, ciento y diez y seys maravedíes   116
— de seys panes, ciento y dos maravedíes   102
— de bino cada día, ciento y setenta y tres maravedíes   173
— de tocino y especias y legumbres, un Real   034
— de aceite y sal, cada día seys Reales   204 [8]

Estas respetables cantidades de 3.680 gramos de carne,. 5 kilos y medio de pan, medio kilo de tocino, 3 litros largos de aceite (con aceite y azafrán se rociaba la carne cocida) y buena cantidad de vino, aun divididas entre cuatro personas, superan ampliamente las calorías necesarias no sólo para un oficial que amasa pan, sino para un leñador. Hoy día es raro que alguien coma casi un kilo de carne (920 gramos exactamente), incluso repartido en tres comidas. Entonces lo comía un peón. Pero lo significativo, en este caso, es que fuera de carnero, mucho más caro que la vaca.

Cabe pensar que el panadero en cuestión engañara a los señores alcaldes. Pero era público y notorio el celo con que comprobaban las cosas, y cómo su indulgencia —que no faltaba en algunos casos— se convertía en un rigor severísimo si había engaño.

La vaca, que a la viajera francesa Madame D'Aulnoy le parecía dura y oscura, pero muy nutritiva, era, con mucho, bastante más barata. En 1582 sólo valía 10 maravedíes la libra, mientras que el carnero se ajustó, según la estación del año, entre 14 y 16 maravedíes la libra [9]. En 1652 costaba la vaca tres veces lo que antaño: 30 maravedíes la libra, pero el carnero no se podía comprar por menos de 42 maravedíes [10], y un año después ya valía a 12 cuartos la libra. Tan caro se había puesto, que el cabrito, cuya postura era, tradicionalmente, un cuarto más, en adelante fue sólo 2 maravedíes, con gran desesperación de los tratantes. El precio del carnero siguió subiendo, pese a la esforzada política de la Sala. En 1661 valía a 13 cuartos, y en 1668, el carnero del «obligado» se vendía a 16 cuartos, es decir, a 64 maravedíes [11], el doble que en 1646.

Pero no por eso dejó la gente de comerlo. Algo bajó en los años siguientes (costando a 15 cuartos, y en 1671 a 13 y 14 cuartos). En 1694 llegó, por fin, la deseada rebaja. Hasta abril de ese año, el carnero estuvo a 10 cuartos en la carnicería, y a 10 y medio en el Rastro. La libra de vaca, a 9 cuartos (a partir de junio subió el carnero a 14 cuartos y la vaca se mantuvo en 9).

Olvidábamos decir que el sistema que se usaba entonces para la venta de los mantenimientos era muy distinto al de ahora. Por principio, todo se vendía «a postura», es decir, al precio que la autoridad fijase. Pero los mantenimientos básicos: carne, tocino, aceite, etc., tenían su «obligado», concediéndose la obligación a quien ofreciere vender al precio más bajo. Pero con notable injusticia, en el caso del carnero —y en algunos más— se permitía la venta libre en el Rastro, siempre que el precio fuera más bajo que el del obligado. Estos protestaban muchas veces, con plena razón, puesto que ellos debían vender siempre, hubiera escasez o abundancia (las multas eran muy altas si había escasez en las tablas), y los «rastreros» sólo lo hacían cuando obtenían ganancia. Pero el criterio de la autoridad era otro. Su obligación —pensaban— era velar por el bienestar de la población, procurándole los precios más baratos, sin detenerse a considerar si hacían justicia con los tratantes.

El consumo de carne en la capital de España

El cronista Méndez Silva, en su *Población General de España* [12], escribió que, en Madrid,

se halla gastar al año 500 mil carneros, distribuidos la mayor parte en el grandioso Rastro sito fuera de la Villa... 12 mil vacas, 60 mil cabritos,

10 mil terneras, 13 mil cabezas de cerdo, inmensa cantidad de caça y aves domésticas.

Todo esto para una población que afirma ser de más de sesenta mil vecinos. Sus motivos tendría para tales afirmaciones, pero para la obtención de datos ajustados y veraces, creemos preferible acudir a los libros de gobierno de la Sala de Alcaldes. Y éstos muestran que, efectivamente, en Madrid se consumía mucha carne. En el Rastro la carne se vendía un poco a ojo, por carneros, medios carneros o cuartos, y un poco más barata que la del obligado, que se vendía por libras en la carnicería. Los rastreros siempre tuvieron fama de poco gobernables:

> *Yo, en viendo un bravo de aquellos,*
> *pienso que es hombre del Rastro* [13],

y dieron no poco quehacer a la Sala, pero puesto que la daban un poco más barata, en el Rastro se vendía, verdaderamente, grandísima parte de la carne de carnero que se consumía en la Corte.

El extraordinario

Poco espacio nos resta para hablar del «extraordinario», por más que resulte muy interesante. Sí diremos que era muy estimada la volatería, sobre todo las pollas y los capones, así como el jamón (perniles) y los conejos. Algo sorprendente, estudiando los gustos de entonces, la predilección por cosas que hoy no se estiman tanto, como cierta clase de despojos, el manjar blanco y los conejos.

Los conejos gustaban mucho, y más el salvaje que el «manso», que era más barato. Un arancel de 1627 muestra la diferencia de precio: 40 maravedíes la libra de conejo, 32 la del conejo manso [14]. Para poder comparar, diremos que en el mismo arancel, el par de palominos está puesto a 40 maravedíes, la docena de ranas a 24, mientras que un menudo de ave valía medio real. Los pollos costaban menos que las pollas, siempre preferidas, respectivamente dos y tres reales. Una gallina ciega (chocha), un real.

Aún más que el «regalo» de los conejos, se valoraba otro mantenimiento que, además, no era estacional. Nos referimos a las aves, pero no a las corrientes, sino a las extraordinarias «aves de leche».

Entonces se bebía poca leche; se prefería tomar natas. A la leche, que era de cabra, se le añadía algo de harina, y con este amasijo se cebaban con mimo y paciencia, por cebadores especializados, pollas, pavos, capones, etcétera, que además de hacerse enormes, tenían —según se decía— un exquisito sabor. Eran mucho más caras que las aves corrientes. Puesto que el trabajo de cebarlas no era grande y este tipo de volatería, pese a su elevado precio, era muy solicitado, se hacía necesario limitar las licencias, porque de otra manera no hubiera habido en la plaza aves ordinarias. El número de licencias variaba. En 1665 se restringieron a nueve los cebadores de aves. Aquel año, por un pollo cebado se pedían 5 reales; por una polla, 10; por un capón, 12, y 16 por un gran pavo [15]. Como dato curioso, diremos que siendo aún príncipes el futuro don Felipe IV y doña Isabel de Borbón solicitaban regularmente 30 azumbres de leche diarios para cebar sus aves, a los cocineros del rey [16].

Otro mantenimiento muy solicitado entonces, poco apreciado ahora, eran los despojos. Su estima y, en función de ésta, el precio, variaban según el animal. Baratísimos eran los de vaca (excepto la lengua) y, por tanto, «mantenimiento de pobres». Muy baratos los de cerdo. Y muy solicitados y valorados los de carnero. Al parecer, la clase (cabeza, vísceras, sesos...) importaba menos que la procedencia, que contaba mucho.

Cuesta entender que en 1623, el obligado del carnero impusiera como condición no tener que dar los sábados (días de grosura) cabezas, asaduras y vientres, más que al rey, la reina, el infante, señores del Consejo y a unos pocos personajes [17]. Siendo de carnero, eran caros. No digamos ya las turmas, que eran solicitadísimas.

Durante mucho tiempo, costó en los bodegones un so-
lomillo entero de puerco, con su naranja, seis cuartos; pues
bien, unos livianos (pulmones) de carnero valían siete. Y
cuatro cuartos, media cabeza. No cabe duda de que los
gustos eran distintos. Por eso, un aparejo de carnero era
algo muy buscado. Desde las monjas de las Trinitarias Descalzas, que pedían tres o cuatro pagando por ellos menos,
hasta el médico de la cárcel, como los secretarios, todos
solicitaban el acostumbrado aparejo de carnero por semana.

Los días de pescado

Entonces se guardaban escrupulosamente todas las vigi-
lias, tanto los viernes como las vísperas de alguna fiesta.
Incluso los sábados eran días de grosura, una semivigilia
propia de Castilla que no permitía comer carne, pero sí los
famosos «duelos y quebrantos», plato sobre el que tanto se
ha escrito.

Los viernes eran de verdadera vigilia y, o se ayunaba o
se echaba mano de las pocas cosas permitidas: huevos, legumbres (mal consideradas si no iban acompañadas) o pescado.

El pescado marcaba profundamente la posición social y
el desahogo económico. Las clases altas lo tomaban fresco,
de río o incluso de mar, que se traía trabajosamente en
caballerías durante el invierno. Los días fríos, con los caminos nevados, ya se sabía que era muy probable que en
la plaza hubiera besugos. Pero se acababan enseguida. A
falta de pescado fresco, se usaba el escabeche: de ostras, de
besugo, de salmón... Y como tercera opción, para las clases
populares, estaba el pescado seco. Dentro del pescado seco
había dos variedades de muy distinto precio, aunque de
aspecto parecido y que, por tanto, no se permitía en forma
alguna ser vendidos en una misma tabla y al mismo tiempo.
Estos dos pescados —tan parecidos y tan distintos— eran
el cecial y el abadejo.

El cecial era merluza —al menos debía serlo— y con él

Conil. *De la obra* Civitates Orbis Terrarum, *de Braun, ilustrada por Hofnagel (finales del siglo XVI), Servicio de Documentación Geográfico del Ejército, Madrid.* Historia 16.

se hacía el manjar blanco. El abadejo era el bacalao. Lo curioso era que estos pescados secos se vendían en mucha mayor cantidad remojados que secos. En lugar de comprarlo así y remojarlo en casa, como haríamos ahora, la gente lo compraba remojado ya, quizá por no tener dónde hacerlo.

Los tratantes en pescado lo remojaban en sus casas, en unos enormes tinajones, durante varios días. El agua del remojo, que por lo visto no cambiaban suficientemente, en días calurosos olía tan espantosamente mal, que de antiguo había autos prohibiendo verterla por las calles.

La hora del desayuno. ¿Chocolate o torreznos?

Era costumbre madrugar mucho, tanto en invierno como en verano. A las seis —a las siete en invierno— ya estaban abiertos todos los puestos, y en la plaza, dispuestas las tablas de carne y de pescado, y los cajones de fruta. Muy temprano, a primera hora, salía la gente de casa. Los más devotos a oír la primera misa; el resto a solventar sus asuntos. Era la hora del desayuno o almuerzo, el bocado matinal, que recibía este nombre —según Covarrubias— «por no ser pasto cumplido».

Pero esta comida liviana, de escasa importancia entonces, no nos lo parece tanto ahora. Casi hasta la mitad del siglo XVII, este «pasto» se hacía a base de pan —a veces molletes—, torreznos y unos tragos de «lo caro» o de «lo barato», según el bolsillo de cada cual.

Años más tarde, la clase media se aficionó al chocolate (a veces con agua helada), pero los campesinos y los trabajadores siguieron fieles a los torreznos. Eran éstos, ya lo hemos dicho, el almuerzo ordinario de todos (deliberadamente evitamos tratar de la mesa de los nobles) a primeros de siglo.

Los torreznos tuvieron un defensor entusiasta en Lope de Vega, que no sólo se desayunaba con ellos, sino que no perdió ocasión para alabarlos, lo que originó algunas burlas de Góngora. En su comedia *San Nicolás de Tolentino*, Lope defiende lo saludable de esta costumbre:

> *Quien con un torrezno asado*
> *se desayuna, o con migas,*
> *al dotor le da cien higas.*

Aún más, los torreznos superan también a las confecciones de la botica:

> *Confortan y recuperan*
> *la vida, más que pudieran*
> *boticas y confecciones* [18].

Y con dos tragos de vino de San Martín (el «rey» de los vinos preciosos) y unos torreznos, no faltará inspiración al más desdichado poeta:

Tome un poeta al aurora
dos tragos sanmartiniegos,
con dos bocados manchegos
desto que Mahoma ignora

....

y podrá de copla en copla
henchir de versos un cesto [19].

En 1641, el señor corregidor quiso quitar los bodegones de la Puerta del Sol madrileña por aquello del ornato de esa villa, acusándolos no sólo del «mal ornato», sino del «humo que resulta». Pero los señores alcaldes de Casa y Corte defendieron a estos bodegoneros que además de servir de «sustento y alibio de los pobres», no producían otro olor «que el de torreznos y cosas de comer que a nadie ofenden» [20]. Quizá lo del humo se explique porque los torreznos no se freían, se asaban. Recordemos que Ruperto, personaje de Lope de Vega, encarece la bondad del «torrezno asado». Y Covarrubias explica que «pringue es lo que destila de sí el torrezno cuando se asa», y «pringadas», las rebanadas con que se recogía.

Algunos, como Lope, desayunaban sus torreznos en casa. Montalbán escribió en su *Fama póstuma*, cómo habiendo visitado muy de mañana al poeta, éste, que era madrugador, había escrito ya la jornada de una comedia, desayunado y escrito una carta:

... Habrá una hora que acabé la jornada, almorcé un torrezno, escribí una carta de cincuenta tercetos y regué todo este jardín.

Otros, menos afortunados, tomaban sus torreznos en un bodegón, ya fuera de aquellos modestos bodegones de «torreznillos» o de los más selectos «bodegones cerrados». En todos, el torreznillo costaba lo mismo, y muy poco ciertamente: tan sólo cuatro maravedíes, lo más barato, salvo la tajadilla de hígado frito que costaba dos maravedíes. Lo que asombra es que el precio se mantuviera muchísimos años, pese a la subida inevitable del tocino, siempre más caro que el cerdo.

¡Al aguardiente y letuario!

En tiempos de Lope gustaban los madrileños de hacer dos desayunos. Al de torreznos lo precedía otro, apto sólo para estómagos de entonces, pero explicable en aquellas crudísimas mañanas de invierno. Nos referimos al celebérrimo «¡Al aguardiente y letuario!», como se pregonaba en los puestos. Para quitarse el frío, atender al estómago vacío y reconfortar el cuerpo, eran muchos los que, a primera hora, en ayunas, bebían sus buenos sorbos de aguardiente, ayudándose de unas «tajadas de letuario», confitura de miel y naranja.

> Pero ya el día no nos deja pasar adelante; que el agua ardiente y el letuario son sus primeros crepúsculos, decía el Diablo Cojuelo.

Eran muchos los que gustaban de este primer desayuno, pero la autoridad no lo veía con buenos ojos, prohibiéndolo —aunque luego lo autorizaba— muchas veces. Tuvo un gran enemigo en el protomédico Andrés Zamudio de Alfaro, que no sólo esgrimía razones sanitarias, sino también argumentos morales:

> ...Porque de mi parecer, no sólo no es necesario a la salud (...) de más que lo usan mozos recios y sanos, y tomándolo ordinariamente tras una cáscara de naranja echa con miel... y con la ocasión de benderse públicamente en las plaças y calles y por dos maravedíes allan almuerzo y bebida mucha gente que si no tubiesen la ocasión en la mano no quebrantarían los ayunos como los quebrantan en este tiempo con achaque que açe frío [21].

Pero pese a las palabras del malhumorado médico, el aguardiente y el letuario tuvieron gran cantidad de adeptos por mucho tiempo, y no sólo «mozos recios y sanos», sino madrileños ateridos de todas las edades. Un boticario de

Valdemoro, que destilaba un magnífico aguardiente, hizo fortuna dándolo a vender en puestos callejeros.

Cuando los madrugadores se decidían a salir, por muy temprano que fuera, las calles ya estaban llenas de puestos, preparados para brindarles reconfortante consuelo. Así describe Lope la cotidiana rutina:

> La mula el médico ensilla,
> da la purga el boticario,
> pregónase el letuario,
> huele a tocino el bodego,
> canta el gallo, reza el ciego,
> sube el fraile al campanario [22].

Los postres habituales

Réstanos hablar del postre con que se terminaba la comida. Lo diremos brevemente: fruta del tiempo, cuando la había, y queso y aceitunas durante el invierno. Los dulces eran caros. Se reservaban para la merienda o para el «agasajo».

El precio de las aceitunas variaba, como es natural, según su calidad. Tenían fama las de Córdoba y Sevilla. La diferencia de precio entre éstas y las ordinarias se aprecia en un arancel de 1639. Mientras que aquéllas costaban entre 52 y 56 maravedíes la libra, las ordinarias se vendían a 10 maravedíes las verdes y a 12 las negras [23].

El queso era bastante más caro el de oveja que el de cabra, y como es natural mucho más caro cuanto más añejo.

Todos los viajeros extranjeros coincidieron a la hora de alabar las frutas españolas. Incluso Madame D'Aulnoy, siempre dispuesta a la crítica, dejó escrito:

En la estación frutera no hay motivo de queja... el postre te indemniza de todo lo demás.

Resulta admirable la diversidad de frutas que se ofrecía

todos los días en los cajones de la plaza, suficientes para todos los gustos y lo bastante baratas para todos los bolsillos. Eran caras, comparadas con las demás, las fresas. Más de una vez hemos leído que las fresas se introdujeron en España por los Borbones en el siglo XVIII. Es un gran error y resulta increíble que así se diga, porque incluso se habla de ellas en el *Tesoro,* diciendo que se comían con vino y azúcar o con leche. De su precio se ocupan muchas veces los libros de la Sala de Alcaldes.

Se traían a Madrid granadas, limones y naranjas de Valencia y Murcia. También venía fruta de Aragón. En invierno había camuesas, peras de Aragón, peras de Aragón de hocico de puerco colorado, peras de la priora, perazas y varias clases de peros: de Aragón, doncel; de Oña, colorados, blancos, de eneldo, rayados; de Arcos, finos y algunos más. Además de las camuesas se vendían manzanas de escalda, caedizas, etc. También limones, naranjas dulces y agrias, limas y granadas.

En junio ya había guindas —garrafales y jardines— y tres clases de cerezas. También albaricoques de hueso dulce o de la Vera, cermeñas olorosas (una variedad de peras), diferentes clases de peras, endrinas, etc.

Las primeras uvas aparecían en julio y eran algo caras. Para entonces ya había diversas clases de ciruelas: amacenas de Ocaña; de Toledo, de fraile, de la reina, blanquillas y verdales; de la Vera, rosadas y endrinas. Se ofrecían también peras de Aranjuez y matalahúva.

La variedad de peras aumentaba en agosto: vinosas, pintas, vinosas de la tierra, de Francia, asaderas, campanillas, moscateles (algo más caras) y cardenales. Las peras bergamotas, de pico de gavilán y san Miguelín, eran propias de otoño. Un poco anteriores, las peras quintal. A últimos de agosto se ofrecían unas de piadoso nombre: peras de buen cristiano. También peras valencianas. Entre una variedad y otra de la misma fruta, podía haber seis maravedíes de diferencia por libra.

En manzanas, propias del verano eran las de Nájera, nada caras. En conjunto, las frutas más caras, al margen de las fresas, eran los melocotones y después los albaricoques y las guindas. Muy baratos eran los melones y algunas clases de uva.

Las uvas más caras eran las moscatel (hasta 14 ó 16 maravedíes), seguidas de la albilla. Los pobres compraban uvas pardillas (a 5 maravedíes) y jaenes y negras (a 4 maravedíes).

Se vendía también agraz, zumo de uvas verdes y redomillas de limón. No faltaban las limas, los higos y los duraznos.

Como frutos secos, se ofrecían pasas de Corinto (muy caras), de sol (a la mitad de precio), de Almería (aún más baratas) y a bastante menos precio «pasas de lejía». Casi tan caros como las pasas de Corinto eran los dátiles de Túnez (52 maravedíes la libra, en 1627), al mismo precio que los orejones de Valencia.

Mucho más baratos, y en este orden, higos de Córdoba, higos negros de Valencia, higos de la tierra e higos blancos de la Vera. También había varias clases de ciruelas pasas. Y por supuesto, peras, ciruelas, melocotones... secos y cubiertos de azúcar, pero no se consideraban frutas, sino dulces.

Dulces y golosinas

Aunque poco, algo diremos sobre los dulces. Ya comentamos que se hacían con miel o con azúcar. Cuando la onza de miel valía 4 maravedíes, costaba la de azúcar 14 maravedíes, y eso que era a mitad de siglo, en 1651. En el mismo arancel vienen —por onzas y por libras— los precios de los bizcochos del rey y los bizcochos ordinarios: 16 y 221 maravedíes, y 12 y 170 maravedíes, respectivamente [24]. Una libra de confitura valía 220 maravedíes.

Había dulces propios de confitería, como bizcochos (no menos de seis variedades), rosquillas, huevos de faltriquera (yemas), frutas confitadas, etc. Otros se hacían en las pastelerías por Carnestolendas: quesadillas, herraduras y roscones. Había dulces para acompañar la aloja: barquillos y

El almuerzo.
C. 1617-1618. Velázquez, Hungarian Museum, Budapest.

suplicaciones. Los había callejeros: melcochas, tortillas «que llaman de Zaratán», etc. Otros se hacían en casa para agasajo de las visitas: conservas y jaleas; o como postres: arrope y dulces de leche. Algunos eran tan caros como los famosos dulces de Génova, o populares como los tradicionales buñuelos, que se tomaban rociados de miel.

En Navidad, los turrones. Estos sólo estaban en la plaza durante unos días para que el público se abasteciese. Más tarde podían comprarlos los confiteros. Había muchos tipos de turrón. El más caro, el de Alicante; el más barato, el llamado de «alegría», que se hacía fundiendo miel y echándole semillas de sésamo o ajonjolí sobre la oblea.

Los precios variaron, pero no las clases de turrón. Aunque caros, siempre bajaba la Sala los precios la víspera de Navidad o algún día antes. Se vendía: turrón fino de Alicante, turrón contrahecho de Alicante, turrón de almendra, de avellana, de piñón, turrón enalbardado de todo, turrón de alegría (a 26 maravedíes la libra, cuando el de Alicante estaba a 76) y también turrones de alajú fino y alajú ordinario.

A veces, en el correspondiente arancel siguen a los turrones los frutos secos —vendidos por celemines—, higos y «çenaoria con miel que llaman cabello de ángel».

Y aunque nada tenían que ver con los dulces, es obligado hablar algo de los pasteles, que cocían los pasteleros, porque como decía un regidor, era este «negocio de mucha consideración porque la más gente que ay en esta Corte son forasteros y su hordinaria comida es con pasteles» [25]. Los pasteles eran de hojaldre y carne picada (a veces, pescado). Eran baratos. Estando la Corte en Valladolid, se dio un auto mandando no hacer pasteles de a doce sino sólo de a cuatro, de a ocho (cuartos), de a medio real y de a real. No es extraño que se comieran mucho.

Los pasteleros siempre fueron acusados de hacer pasteles pequeños y con poca carne. La acusación era unánime desde aquel regidor, al que antes nos referimos, que decía que esto del tamaño era «cosa ymportante por ser los pasteles de gran govierno y utilidad de los pobres». Los mismos alcaldes, siempre preocupados por los mantenimientos «dañosos a la salud», tuvieron grandes dudas sobre autorizar o no la invención que discurrieron los pasteleros de añadir a la manteca sebo y riñonadas de los carneros, alegando que no sólo no era dañoso, sino útil, porque mezclándolos con la manteca, la ponía más «suabe y mejor». Al final se decidieron a permitirlo, con tal de que las materias primas fueran «frescas, de buen olor y savor» [26].

Vinos y tabernas

Se bebía vino en el desayuno y en la comida y la cena. Bueno, lo bebía casi todo el mundo, excepto el pequeño grupo de los «aguados», que además de ser pocos estaban divididos, porque los había partidarios del agua sola y los que recomendaban mezclar agua y vino. Mucho más numeroso fue siempre el grupo, más bien legión, amante de «lo puro». Quevedo, que no tenía muchos amigos, reconocía con gracia tener «más enemigos que el agua».

Pero si se bebía vino (muy poca cerveza y sólo los extranjeros), y se bebía con suma alegría, alabando cada cual el vino o vinos más de su gusto, ya fueran tintos, blancos o aloques, era gravísimo insulto, que descalificaba socialmente, sentar plaza de borracho. Ni siquiera entre soldados se admitía hablar de borrachera, por mal nombre «zorra».

Por eso es de resaltar la crueldad que mostraron en sus escritos, unos contra otros, nuestros mejores ingenios. Quevedo llamaba a Góngora judío y «pelado» (máximo insulto). Y el cordobés le devolvía puntualmente los cumplidos. En un famoso soneto, que le dedicó cuando le concedieron el hábito de Santiago, le acusaba de que «en forma devota» (de bota), con «esclavina de cuero» navegaba a «Brindis» (Brindisi), «sin hacer agua», en «zorrero bajel», caminando a «san Trago», con su insignia «aloque». Es difícil decir más en catorce versos. La literatura de la época es abundantísima en esta clase de venenosos escritos, tan mal intencionados como ingeniosos y divertidos.

Volviendo a los vinos, muchísimo nos gustaría, si dispusiéramos de espacio, hacer un recorrido por las distintas regiones de España, enumerando sus vinos, cantando sus excelencias y resaltando las preferencias de ilustres personajes. Sólo cabe decir que los vinos, en razón de su calidad, se dividían entonces —cualquiera que fuera su procedencia— en dos clases: la de los caros o preciosos y la de los ordinarios y baratos. Y que estaba terminantemente prohibido vender vino caro y vino barato en la misma taberna, a un tiempo.

Costando casi el doble el azumbre del caro, todos lo preferían, al menos en Madrid. De otra manera no se explica que constantemente hubiera que denegar licencias para tabernas que tenían este tipo de vino. Se autorizaban pocas: cuatro, seis, doce, a veces como mal menor, porque los perseguidos despenseros (de grandes y embajadores) lo vendían a escondidas a precio más alto que en la taberna.

Tampoco se daban muchas facilidades para tabernas de vino barato, porque en la Corte, a lo largo del siglo XVII, rara vez llegaron a quinientas. En 1692 eran exactamente cuatrocientas. Es fácil saber su número y emplazamiento en Madrid, porque cada alcalde tenía una relación completísima de las tabernas, bodegones, posadas, etc., que había en su cuartel.

No era fácil la vida de los taberneros. Mucho debían ganar —así se opinaba— cuando querían serlo. Despertaban la suspicacia y los recelos de todos. «Licor divino», era el vino; «gran invención», las tabernas. Pero mal sujeto, o por lo menos poco recomendable cuando manipulaba lo que vendía, era el tabernero.

Baltasar del Alcázar decía, hablando de vinos y de tabernas:

> *Mídenlo, dánmelo, bebo,*
> *págolo y voyme contento.*

Pero no todos hubieran estado de acuerdo. Los más no se iban contentos, porque el vino, además de ser caro, estaba aguado. El tabernero siempre opinaba que se le pagaba poco. El alguacil, que lo medían mal. Y la Sala de Alcaldes..., lo que pensaba la Sala es largo de contar. Para empezar, veía con malos ojos que el cliente se demorara en las tabernas, por lo que estaba absolutamente prohibido que en ellas se ofreciera cosa alguna de comer y que tuvieran bancos o sillas. Sobre esto, su parecer era: «sino que en dándoles el vino se vayan luego» [27].

Esto en cuanto al cliente, pero, ¿y el tabernero? El tabernero era un individuo de mucho cuidado, con un especial ingenio para aguar el vino, disfrazarlo, adulterarlo y dar lo barato por caro.

Los alcaldes de la Casa y Corte de V. Mag. dicen que por las diligencias que tienen hechas, cada qual por sus personas, tienen averiguado que todo el vino que se vende de lo varato es vino nuevo, ansi en esta Corte como en toda la comarca, porque la malizia de las personas que tienen vino y tratan en vino es tan grande que dentro de seis u ocho días con algunos artificios ocultos que tienen, huevos, tierras de Esquivias y otras cosas, lo adereçan y clarifican de manera que es imposible averiguarse y ninguno lo ve que no lo juzgue por añejo y vino muy bueno... [28].

Si en tan breve plazo los sabios taberneros lograban que el vino aparentase ser bueno y añejo, cuando sólo era barato y nuevo, júzguese de los portentos que, de seguro, obtendrían en prácticas tan viejas como la de volver buen cristiano al que nació sólo moro.

Falta hablar del vino, don del cielo si permanecía tal como Dios quiso que en la tierra se criara, pero peligroso brebaje y dañoso a la salud —y a la Real Hacienda— si se le añadía la tercia parte de agua y, para disimular su floja naturaleza y vil condición, mixturas peligrosas o cosas aborrecibles como la «piedra lumbre» (alumbre), especias y demás ingredientes que la fértil imaginación del codicioso tabernero ideaba sin cesar para poner en grave peligro la salud pública.

Tanto trabajo dieron a los señores alcaldes los taimados taberneros, que aquéllos desconfiaban —hartos ya— de cosas inofensivas, pero que por ser nuevas aumentaban el número de vinos a vigilar. Nos referimos al vino de guindas, de membrillos, la clarea, la carraspada..., novedades que apenas discurridas se apresuraba a prohibir la Sala, excepto a aquella privilegiada «taberna de los cien vinos» que Lorenzo Apoloni, proveedor de Su Majestad, tuvo durante mucho tiempo.

Lorenzo Apoloni, o Poloni, era también visitado por la Sala, y enseñaba sus famosas novedades: la malvasía (luego generalizada), el vino de Candía, los vinos compuestos y dos caldos españoles excepcionales, que tenía especialmente para el rey don Felipe IV: el reputadísimo vino de Lucena y el famoso vino de Pero Ximén o Pedro Ximénez.

Fue un soldado español de este nombre el que, al parecer, trajo las primeras cepas de este vino, cogidas de las del vino del Rhin. Pronto se aclimató en nuestro país, y su calidad era tanta que se exportaba como caldo exquisito de España.

Por la época en que aquí se apreciaban los vinos griegos (italianos, ya), en Inglaterra gustaban del Pedro Ximénez, que quedó inmortalizado en una obra inglesa, *The Spanish Gipsy*, escrita por Thomas Middleton, basada en *La Fuerza de la Sangre*, de Cervantes, tan admirado por los ingleses desde los primeros tiempos. En el acto III, se alude así al famoso vino:

> *Peter-see-me shall whas thy noul*
> *And malaga glasses for thee*
> *If, poet, thou toss not bowl for bowl*
> *Thou shall not kiss a doxy.*

El vicio de la nieve y la moda de las bebidas frías

Si tuviéramos que señalar un vicio en materia alimentaria, propio del siglo XVII, no sería el de comer caliente, sino el de beber frío.

Se empezó enfriando el agua y el vino en los primeros años, para terminar a últimos de siglo tomando todo helado, hasta el caldo. Causa asombro la pasión que los españoles de entonces sintieron por la nieve.

Tanto gustaba la nieve, que se llegaba a cantar las excelencias de tal o cual región o paraje en función de la abundancia o baratura de mercancía tan preciada. Así, se alaban las virtudes de Granada en 1608 por ser «donde la nieve está barata, que no hay pobre que no sea rico para gastarla» [29]. Y el viajero portugués Tomé Pinheiro da Veiga, que visitó España en los primeros años del siglo XVII, cuando la Corte aún estaba en Valladolid, escribió entusiasmado: «Olvidábame el mayor regalo que tiene Castilla, que es la nieve en el verano, que nunca falta, y sólo por ella se pudiera ir allá.» Pero no se codiciaba la nieve sólo en verano. También en pleno invierno se hacía imprescindible.

Un médico, estando en Lima, escribía a primeros de siglo: «Y en España vi que se yva aumentando a todo priesa la costumbre de la nieve.» Y añadía que Madrid estaba tan bien abastecido, «que desde el mayor Señor hasta el más humilde oficial, todos beben con nieve».

En la capital había «obligado» hacía mucho, y la nieve se traía, a lomos de caballerías, desde la sierra. Pero el gran invento, que abarató considerablemente la nieve y la hizo más asequible, fue la ingeniosa idea que tuvo un obligado, Pablo Xerquías o Xerquies: hacer, en lo que hoy es glorieta de Bilbao, unos profundos pozos en los que se conservaba fácilmente. Aquel paraje pasó a llamarse «los pozos de la nieve»:

A los pozos de la nieve
casa un padre ha tomado
¡Fresca vecindad! Agosto
le agradezca el agasajo [30].

En 1607, antes de Xerquías, estaba la nieve a ocho maravedíes la libra. En 1694, con ocasión de una sublevación de los neveros (una de las más antiguas huelgas que conocemos), el administrador de la Casa de la Nieve, haciendo cuentas de la ganancia de los vendedores, dice su precio: diez maravedíes la libra. Es decir, en casi noventa años sólo subió dos maravedíes. Tanto se vendía, que no importaba la disminución del beneficio por libra.

A mediados de siglo ya no se concebía vivir sin gastar nieve, tanto en invierno como en verano. A modo de ilustración diremos que en 1642, en plena guerra y teniendo que hacer frente, además, a las sublevaciones de Cataluña y Portugal, el gobierno se vio obligado a embargar todas las caballerías disponibles. El asunto era grave. Pues bien, los obligados de la nieve se dirigieron a la Sala exponiendo que puesto que se las habían quitado, se veían imposibilitados de traer nieve y hielo a la Corte [31], no pudiendo cumplir con la obligación. Ante la posibilidad de que la Corte quedara desabastecida, la autoridad cedió. Pese a lo sombrío de la situación del país, fuera y dentro de sus fronteras, se prefirió resolver antes el abastecimiento de la nieve. Inmediatamente se les concedió cuarenta acémilas, dictando auto para que no pudieran embargárselas.

No se crea que exageramos. Si los peones y oficiales gastaban una libra de nieve (al fin y al cabo, no era cara), los grandes necesitaban más de una arroba. Los embajadores y el nuncio tenían franquicia de impuestos sobre «dos arrobas de niebe cada día de berano y una de ynvierno» [32].

Las bebidas se enfriaban en cantimploras, garrafas de cobre con el cuello muy largo, que se enterraban en la nieve que llenaba la herrada. Se inventaron vasos especiales, las famosas «tazas penadas», estrechas y largas para facilitar el enfriamiento de la bebida.

Las famosas aguas destiladas

A primeros de siglo la gente se contentaba con el «regalo» de beber fríos el agua y el vino. Pero por muy poco tiempo. Teniendo la nieve tan a mano, la tentación de enfriar, de helar cualquier clase de bebida, se hizo inevitable. Se empezó por enfriar la aloja, antigua bebida hecha a base de agua, miel y especias. Mucho costó a los señores alcaldes decidirse a autorizar cosa tan revolucionaria. La aloja se bebía fría, pero ¿por qué había de helarse? Recelaban que esa novedad supondría un despilfarro, una complicación y algo «dañoso» a la salud. Este último argumento les hizo perder la batalla, porque los avisados alojeros presentaron a la Sala el testimonio de nada menos que tres médicos, que unánimemente aseguraron que no sólo no era «dañoso», sino «necesario para la salud el uso de la dcha. nieve!» Frente a estas declaraciones tajantes, no tuvieron más remedio que rendirse y autorizarla.

A partir de ahí, les fue imposible detener un vicio irrefrenable. A falta de bebidas para helar, se inventaban. Se helaba la aloja, la limonada de aloja, la limonada de vino..., pero era poco. Había que vivir «conforme a la constelación

de los tiempos», tal como se hacía ya en Valencia, Granada,
Sevilla y otras partes. A juzgar por las palabras con que un
antiguo soldado se dirigía a la Sala, los señores alcaldes
estaban muy anticuados. Era en 1630, y les pedía licencia
para vender «agua de canela fría con niebe, de escorçonera
y de anís preparado y otras curiosas conforme a la constelación de los tiempos, de las quales con quatro mrs. se sa-
tisfaze una persona» [33].

Resignados, aceptaron, a pesar de que, como decía en
un informe don Juan de Quiñones, antiguo alcalde, estas
bebidas le parecían «no ser de provecho a los que las beben,
sino al que las vende» [34].

Pero, ¿qué podían hacer? Lo malo no era aquello de
«que cada día ay inventores de novedades», como decía el
mismo don Juan de Quiñones. No, lo malo es que todo el
mundo se perecía por las tales novedades. Los «inventos»
se multiplicaban: agua de guindas, de canela, de jazmín, de
azahar, de claveles, etcétera. La leche que antes se tomaba
sólo en forma de natas, empezó a beberse helada (así lo
cuenta Zabaleta). Hubo un destilador que, entre otras cosas, preparaba aguas de leche de almendras, de pepitas de
melón, de pepitas de calabaza, de agraz.

Las artes progresaban. Pronto, en los aranceles de aguas,
apareció el «sorbete de ámbar», bastante caro por cierto.
En 1656, un destilador, sito en la calle del Lobo, vendía el
cuartillo de este sorbete a dos reales, es decir, a 68 maravedíes. Las aguas más baratas eran las de anís y las de jazmín;
la más cara, la de guindas.

Esta clase de aguas se endulzaban con azúcar de pilón.
Ya no gustaba la miel. Y la aloja —en un tiempo tan solicitada— pasó de moda, aunque seguía vendiéndose por ser
mucho más barata. No extraña que los alojeros quisieran
licencia por hacer, a su vez, las bebidas de moda. Pero no
lo consiguieron Los destiladores formaron gremio y aquéllos hubieron de seguir con sus tradicionales aloja y limonada de aloja.

Lo que no se veía con buenos ojos —la autoridad se
resistía, aunque acababa cediendo— era aquello de los sor-

betes y algunas otras bebidas más complicadas que «pareze más aptas para poder ser adulteradas y se escusan las ordenanças». Pero el sorbete y esta otra clase de bebidas gustaban mucho a quien, por su condición, no era posible prohibírselas. La reina doña Mariana era muy aficionada, y sin preocuparse de si era dañoso o no, bebía de todo durante el año, desde vino de guindas hasta horchata, sorbetes, agua de aurora... Y claro está, tenía su botiller que, continuamente, recibía recados como éste:

Mande Vm. señor Manuel Copela açer para esta tarde quatro açumbres de agua de limón y quatro de sorvete y quatro de canela y dos de aurora y seis de ypocrás, que todo a de estar esta tarde a las tres en este palazio, que espera el servicio de la Reyna nra. señora [35].

Antes mencionamos someramente una bebida que nació en el primer tercio del siglo XVII: el celebérrimo hipocrás, que era vino cocido con azúcar y especias, y que se tomaba caliente. Pese al recelo de la Sala y sus intentos para impedir que se hiciera, los alcaldes tuvieron que ceder entonces, como cedieron siempre, impotentes ante aquella sociedad ingobernable. Pero era una bebida invernal. Se tomaba para reconfortar el cuerpo. Pues bien, a últimos de siglo, el hipocrás se vendía helado.

Se ha escrito mucho sobre la misteriosa muerte de la reina doña María Luisa de Orleáns, atribuida por muchos comentaristas a sus extravagantes hábitos alimenticios. Al parecer, la pobre reina tomó en su última comida (merienda) leche helada y «substancia (caldo) helada con cuatro libras de nieve», ostras, aceitunas y naranjas. Muchos califican de extraño este gusto de la reina, al tomarlo todo helado. Pero lo hacía todo el mundo. Mucho antes, en tiempos de Zabaleta, se obsequiaba a las visitas con leche helada. De la misma forma, como el chocolate encontró en muy pocos años tan calurosa acogida que llegó a ser «el mejor agasajo», inmediatamente se pensó en helarlo. Y así, helado, se tomaba siempre que se podía. Era célebre la garrapiña de chocolate. Si no, se tomaba siempre con agua helada de nieve, más refrigerante que el hielo.

Con todo, es muy probable que la nieve fuera la causa de la muerte de la reina. A pesar de las advertencias hechas por los médicos, era muy frecuente el hábito de enfriar con ella, echándola dentro del líquido que se deseaba helar, bien para acelerar el proceso, bien por ahorrar nieve. Las gastroenteritis por este motivo eran muy frecuentes, debido a la negligencia de los criados o a la avaricia de los vendedores de bebidas frías. En una de sus cartas, escribía Barrionuevo: «Murió don Pedro de la Cantera jueves en la noche de la garapiña de hielos de nieve.» [36] Y era febrero. En verano los casos se multiplicaban. Seguramente, muchas de aquellas epidemias que, a mediados de siglo, la Sala de Alcaldes atribuía a los melones y pepinos, con notoria injusticia, prohibiendo su venta, no tenían otro origen que la nieve que se echaba en los alimentos.

Al fin, en 1663, en vista de los informes del Protomedicato, «ynstando en que se dé horden para que respecto de los daños y perjiçios que se experimentan con la permisión del exçeso de bevidas compuestas y eladas con sal de que se les partiçipa la congelación y otras malas propiedades de que en el tiempo de estío y otoño se originan las frequentes y excesivas enfermedades...» [37], se decidió el consejo a prohibir enfriar con nieve y sal las famosas bebidas. El Protomedicato hablaba crudamente, explicando que aquellos achaques no se dejaban «superar de las diligs. y remedios más efectivos de la Medicina».

Pero el remedio no era bastante para atajar el mal. Durante todo el día, desde las seis de la mañana hasta las once de la noche, se vendía, sin cesar, la nieve en los puestos estratégicamente distribuidos. Y ¡ay de los neveros si faltaba en cualquiera de ellos, aunque sólo fuera un instante! La multa era muy grande. Pero no faltaba, aunque sabe Dios cómo se las arreglaban para transportar tan precaria mercancía por las ardientes calles de Madrid. Si había continuas agarradas y disputas entre neveros, compradores y ministros de justicia, era sobre si se daba o no el peso debido. Mucho costó a los vendedores conseguir que se repesase dentro de sus establecimientos y no fuera, a pleno sol. Pero

la justicia era tan implacable con ellos, que en 1694 se re-
belaron, protestando de las continuas «penas y vejaciones»
y amenazando con dejar los puestos en el caso de no correr
la Casa de la Nieve con las «conducciones».

Nunca se había visto tal osadía. Pero como sin llegar a
ser mantenimiento, era artículo de extrema necesidad, el
caso se resolvió. Era 1694. Justo el mismo año en que volvía
a autorizarse la venta de bebidas heladas y sorbetes. Tan
sólo un año había durado la prohibición.

APENDICE

LA MONEDA

por José Alcalá-Zamora

Primeramente, lo más característico es la existencia de tres tipos de moneda. Por un lado, las de oro y plata, de circulación internacional. Por el otro, las de cobre, o vellón, con corta liga de plata a veces, propias de cada reino. El valor de la moneda en este régimen trimetálico había de referirse al muy oscilante, en esta época, precio de los metales en mercado y luego a la fijación de la ley y cantidad de metal por unidad monetaria, cifras que establecían los respectivos «gobiernos» mediante las oportunas instrucciones a las cecas, o casas de moneda.

La diferencia entre valor intrínseco, incluidos los gastos y beneficios de acuñación, y valor nominal, o de circulación, permitía, en el caso de esa moneda interior de cobre, manipulaciones estatales para la obtención de recursos extraordinarios, expediente que a través de procedimientos como los famosos resellos ocasionaba trastornos inflacionistas o deflacionarios de muy negativas consecuencias. Por supuesto, este género de fraude, bajo ropajes y pretextos más o menos similares, sigue perpetrándose impunemente por las administraciones de nuestros días.

La segunda peculiaridad de la moneda en la Monarquía hispánica consistía en la acuñación independiente por cada uno de los reinos o estados que integraban aquélla, de modo que los territorios de Flandes o Borgoña, o las posesiones, italianas, desde Milán a Sicilia, y también las coronas y reinos de la Península Ibérica disponían de sus particulares monedas, con unas características, por otra parte, semejantes, según se ha expuesto a grandes rasgos en el párrafo anterior.

Sirva de ejemplo el sistema monetario castellano. La moneda de cuenta, que nos remite a las piezas de cobre, se expresaba en ducados, equivalentes a 375 maravedíes, reales de vellón, o 34 maravedíes y, naturalmente, éstos, como unidad de referencia.

El cobre se acuñaba en monedas de dos maravedíes u ochavos, de cuatro, o cuartos, las más usuales, que con los resellos podían aumentar su equivalencia nominal. Otras piezas eran los cuartillos o cuarto de real de vellón, y las blancas, o medio maravedí. A causa de la oferta de bienes y servicios tan distinta de hace tres o cuatro siglos es muy discutible cualquier sugerencia que se proponga para fijar un cambio con la moneda actual: con toda clase de reservas, y prescindiendo, hasta donde cabe, de las oscilaciones inflacionarias que «acribillaron» el reinado de Felipe IV, puede pensarse que un maravedí equivalía a unas tres o cuatro pesetas de 1989.

En oro, aparte de piezas extraordinarias, las más corrientes eran los escudos de a ocho, de a cuatro, de a dos o doblones y el escudo, siendo sus pesos aproximados de unos tres gramos y medio éste y siete, catorce y veintisiete, más o menos, los otros. Con idénticas reservas que antes, asignamos al escudo un cambio de alrededor de dos mil pesetas actuales.

Por lo que se refiere a la plata, los reales de a ocho, también conocidos por pesos duros, pesaban unos veintiocho gramos, existiendo reales de a cuatro, de a dos y sencillos, con los pesos aproximados correspondientes. Aquella primera moneda, quizá la más importante que haya existido nunca en términos de comercio internacional, valdría algo menos de 1.500 de nuestras pesetas, unos dos tercios de un escudo áureo.

Las piezas eran unas regulares, o de molino, y otras más

toscas, como las recortadas o macuquinas, procedentes de América. Como las monedas de metal noble tenían un valor nominal próximo al real, era normal el empleo monetario, «al peso», de joyas o lingotes.

Por último, digamos que en la época de Velázquez, las alteraciones en el valor nominal de la serie cuprífera favorecieron la fabricación de moneda falsa, con la que se obtenían pingües beneficios. En la guerra económica que la República holandesa hizo a la Monarquía de España, este medio ocasionó perjuicios gravísimos a Castilla y sin duda alguna constituyó uno de los factores del derrumbe del reino.

CRONOLOGIA

por Carmen Sanz Ayán

Años	Vida de Velázquez	Acontecimientos nacionales	Relaciones internacionales	Otros Estados	Cultura y ciencia en España	Cultura y ciencia en Europa
1598		— Muerte de Felipe II. — Advenimiento de Felipe III. — Primeros signos de contracción del comercio de Indias.	— Paz franco-española de Vervins.	— Francia: Edicto de Nantes.		
1599	— Bautizo de Velázquez en Sevilla.	— Primera acuñación masiva de vellón. — Matrimonio de Felipe III con Margarita de Austria.			— Mateo Alemán: *Guzmán de Alfarache*. — Padre Mariana: *De rege*.	
1600		— Inicio de la privanza de Lerma.		— Inglaterra: Compañía de las Indias Orientales.	— Nace Calderón de la Barca. — González de Cellorigo: *Memorial*.	

Años	Vida de Velázquez	Acontecimientos nacionales	Relaciones internacionales	Otros Estados	Cultura y ciencia en España	Cultura y ciencia en Europa
1601		— Traslado de la Corte, de Madrid a Valladolid.				
1602		— Fin de la peste que se inició en 1596 en los puertos cantábricos.		— Holanda: Compañía de las Indias Orientales.		— Shakespeare: *Hamlet*.
1603		— Petición de donativo voluntario por parte del monarca.		— Inglaterra: muere Isabel I, advenimiento de Jacobo I.	— Primer viaje de Rubens a España.	
1604		— El rey celebra Cortes en Valencia.	— El marqués de Spínola conquista Ostende. — Paz anglo-española la de Londres.		— Lope de Vega: *El peregrino en su patria*.	
1605		— Nace el futuro Felipe IV.			— Cervantes: *El Quijote*. 1.ª parte.	
1606		— Nace el infante don Carlos. — Regreso de la Corte a Madrid.	— Motín de las tropas españolas en los Países Bajos.		— Quevedo: *Los sueños*.	

1607	— Proceso de Pedro Franqueza, conde de Villalonga y colaborador de Lerma.	— Cese temporal de las hostilidades entre la Monarquía española y las Provincias Unidas.	— Monteverdi: *Orfeo.*
1608	— Nace la infanta María, que casará con Fernando de Habsburgo, convirtiéndose en reina de Hungría.		
1609	— A los diez años ingresa en el taller del pintor Francisco «el Viejo», en el que permanece pocos meses. — Nace el futuro cardenal infante Don Fernando. — Expulsión de los moriscos.	— Tregua hispano-holandesa de los Doce Años.	— Lope de Vega: *Arte nuevo de hacer comedias.* — Galileo termina la lente astronómica. — Kepler: *Astronomia Nova.*
1610	— Entra en el taller del pintor escritor Francisco Pacheco. — Ocupación de Larache, en el norte de África.	— Francia: asesinato de Enrique IV; advenimiento de Luis XIII en minoría. María de Médicis, regente.	

Años	Vida de Velázquez	Acontecimientos nacionales	Relaciones internacionales	Otros Estados	Cultura y ciencia en España	Cultura y ciencia en Europa
1611	— El padre de Velázquez y Pacheco suscriben un contrato por el que el segundo se compromete a enseñar al muchacho durante seis años.	— Muere la reina de parto en octubre.		— Suecia: muerte de Carlos IX y advenimiento de Gustavo Adolfo.		
1612		— Felipe III legitima la posición de Lerma ante los consejos.				
1613					— Cervantes: *Novelas ejemplares.*	
1614		— Fin del proceso de expulsión de los moriscos.			— Góngora: *Soledades.*	
1615		— Don Gaspar de Guzmán, conde de Olivares, es nombrado gentilhombre al servicio del príncipe.	— Se firma el Tratado de Asti, que supuso una pérdida de prestigio internacional para		— Cervantes: *El Quijote.* 2.ª parte.	

Año				
	...pe heredero. — Felipe, príncipe de Asturias, casa con Isabel de Borbón, hermana de Luis XIII, y éste casa a su vez con la infanta Ana de España.	...la Monarquía española.		
1616	— Ingresa en el mismo taller que Velázquez, Alonso Cano.		— Muerte de Cervantes.	— Muerte de Shakespeare.
1617	— Velázquez ingresa en la corporación sevillana de pintores.	— Acuerdo secreto de Graz por el que la Monarquía española se aseguraba el paso de la Valtelina.		
1618	— *La vieja friendo huevos.* — En abril casa con Juana de Miranda Pacheco, hija de su maestro.	— Lerma es nombrado cardenal, al mismo tiempo que se produce su caída como valido de Felipe III. — Comienzo de la guerra de los Treinta Años.	— *Plaza Mayor de Madrid,* de Gómez de Mora.	
1619	— *La adoración de los Magos.* Nace Francisca, primogénita del pintor.	— El rey inicia una visita a Portugal.	— González de Celorigo: *Restauración política de España.*	

Años	Vida de Velázquez	Acontecimientos nacionales	Relaciones internacionales	Otros Estados	Cultura y ciencia en España	Cultura y ciencia en Europa
1620	— Retratos de Cristóbal Suárez de Herrera y de Jerónimo de la Fuente. — Recibe como discípulo, por seis años, a Diego de Melgar.		— El marqués de Spínola ocupa el Palatinado de Renania.	— Inglaterra: el *Mayflower*.	— Lope de Vega: *El mejor Alcalde, el Rey*.	
1621	— Nace su segunda hija, Ignacia.	— Muere Felipe III, sucediéndole Felipe IV con dieciséis años.	— La Monarquía española reanuda las hostilidades con las Provincias Unidas. — Victoria católica de la Montaña Blanca.		— Zeballos: *Arte Real para el buen gobierno de los Reyes*.	
1622	— Velázquez va a Madrid acompañado de Melgar, donde retrata a Góngora, pero no logra que Felipe IV pose para él.	— Olivares pone a funcionar una Junta de Reformación modificada con respecto a la de 1618. — Se establece una Junta de Comercio.			— Gracián: *Agudeza y Arte de Ingenio*.	— Nace Molière.

— Visita las obras artísticas de los Palacios Reales. Regresa a Sevilla.		— Bernini comienza el baldaquino de San Pedro.
1623	— Segundo viaje a Madrid con su discísuegro y su discípulo Juan de Pareja, tras obtener de Olivares 50 ducados para el viaje. En agosto hace un primer retrato de Felipe IV. — También hizo el retrato del príncipe de Gales (perdido). — El 6 de octubre obtiene el nombramiento de pintor del rey, con 20 ducados de salario al mes, y se establece en la Corte con su familia.	— Llegada de Carlos, príncipe de Gales, para pedir la mano de la infanta María.
1624	— Visita oficial de Felipe IV a Andalucía. — Olivares elabora su *Gran Memorial*.	— Los holandeses ocupan Bahía (Brasil). — Francia: Richelieu entra en el Consejo Real.

Años	Vida de Velázquez	Acontecimientos nacionales	Relaciones internacionales	Otros Estados	Cultura y ciencia en España	Cultura y ciencia en Europa
1625	Realiza diversos retratos, entre ellos los de Olivares y el duque de Sanlúcar.	— Muerte de Lerma en Denia.	— Rendición de Breda.	— Inglaterra: muerte de Jacobo I y advenimiento de Carlos I.		
				— Reanudación de la guerra con Inglaterra.		
				— Recuperación de Bahía.		
1626	— Solicita uno de los cargos de pintor del rey para su suegro Pacheco.	— Proposición a las Cortes de Aragón, Cataluña y Valencia del proyecto de la Unión de Armas.	— Paz de Monzón, manteniendo el *statu quo* en la Valtelina.		— Quevedo: *Política de Dios y Gobierno de Cristo*.	
1627	— Felipe IV ordena a sus cuatro pintores —Caxes, Carducho, Nardi y Velázquez— una tela que represente la expulsión de los moriscos, prometiendo para el mejor el cargo de ujier de cámara. Ganó Velázquez, aunque la obra se ha perdido.	— Decreto de suspensión de pagos por parte de Felipe IV.			— Muerte de Góngora.	
					— Tirso de Molina inicia la publicación de su teatro.	

1628	— Devaluación del vellón.	— Intervención ordenada por Olivares, en Mantua. — El almirante holandés Heyn captura la flota en Cuba.		— Segundo viaje de Rubens a Madrid; conoce a Velázquez. — Harvey: *De motu cordis.*
1629	— Felipe IV le da licencia, en junio, para viajar a Italia. En octubre llega a Roma, donde pinta *La fragua de Vulcano*.	— Nacimiento de don Juan José de Austria, hijo natural de Felipe IV y de la actriz María Calderón, «la Calderona». — Depresión clara del comercio de Indias a partir de esta fecha.	— Las armas españolas las pierden Bois-le-Duc, en Brabante, frente a los holandeses.	
1630	— Se traslada a Nápoles. Conoce a José de Rivera, «el Españoleto».		— Se inicia la campaña de Gustavo Adolfo de Suecia en Alemania. — Los holandeses atacan Pernambuco. — España firma la paz con Inglaterra.	
1631	— En enero está ya en Madrid. — Retrato del príncipe Baltasar Carlos.	— Revueltas en Vizcaya.	— Paz de Cherasco, que pone fin a la guerra de Mantua iniciada en 1628.	— Quevedo edita las poesías de fray Luis de León.

Años	Vida de Velázquez	Acontecimientos nacionales	Relaciones internacionales	Otros Estados	Cultura y ciencia en España	Cultura y ciencia en Europa
1632			— Fin de la campaña de Gustavo Adolfo, que muere en la batalla de Lützen.		— Lope de Vega: *La Dorotea.*	— Galileo: *Diálogos.* — Rembrandt: *Lección de anatomía.*
1633	— Su hija mayor, Francisca, casa con Juan Bautista Martínez del Mazo. — Obtiene el cargo de alguacil de Corte.					— Condena de Urbano VIII a Galileo, por sospechoso de herejía.
1634	— Recibe el nombramiento de ayuda de guardarropa y transmite su puesto de ujier de cámara a su yerno Del Mazo.		— Victoria del cardenal-infante don Fernando en la batalla de Nordlingen.			
1635	— Concluye *La rendición de Breda.*		— Estalla la guerra entre Francia y España. Derrota de Namur.		— Calderón de la Barca: *La vida es sueño.*	— Fundación de la Academia Francesa.

1636		— Muere Lope de Vega.	— Inauguración del Palacio del Buen Retiro.	— Corneille: *El Cid.*
1637	— Revuelta de Evora.	— María de Zayas: *Novelas ejemplares y amorosas.*	— Descartes: *Discurso del método.*
1638	— Retrato del duque de Módena, les sobre los franceses en Fuenterrabía. — Victoria de los españoles	— Muere Vicente Carducho. El conde-duque llama a Madrid a Alonso Cano.	
1639	— Pacheco hace testamento, designando heredera universal a la esposa de Velázquez.	— Derrota de los españoles ante los holandeses en la batalla de las Dunas.	
1640	— Levantamientos de Cataluña y Portugal.	— Pérdida definitiva de Pernambuco ante los holandeses.	— Federico Guillermo, elector de Brandeburgo.	— Vélez de Guevara: *El Diablo Cojuelo.* — Saavedra Fajardo: *Idea de un príncipe cristiano.*	— Van Dyck: *Retratos de la familia de Carlos I de Inglaterra.* — Jansenius: *Agustinus.*

Años	Vida de Velázquez	Acontecimientos nacionales	Relaciones internacionales	Otros Estados	Cultura y ciencia en España	Cultura y ciencia en Europa
1641	— Se autoriza la publicación del *Arte de pintura*, de Pacheco.	— Conspiración en Andalucía del duque de Medina Sidonia.				
1642	— Murillo llega a Madrid, y Velázquez obtiene para él permiso para copiar cuadros en los Palacios Reales.	— Devaluación de un 25 por 100 de la moneda de vellón.	— Pérdida de Perpiñán ante Francia.	— Francia: muere Richelieu. — Inglaterra: se inicia la guerra civil.	— Gracián: *Agudeza y arte de ingenio*.	Rembrandt: *La ronda nocturna*.
1643	— Se nombra a Velázquez superintendente de Obras Reales. — Velázquez acompaña a Felipe IV a Fraga, donde retrata al soberano como caudillo militar. — Muere Pacheco en Sevilla.	— Olivares cae en desgracia. — Muere la reina Isabel. — Haro sustituye a Olivares en el valimiento.	— Derrota de los españoles en Rocroi frente a Francia.	— Francia: muere Luis XIII. — Advenimiento de Luis XIV en minoría. — Mazarino, primer ministro.		

1644	— Felipe IV presta juramento solemne, en Monzón y Lérida, de respetar las constituciones catalanas.			— Suspensión de la actividad teatral por orden real.
1645	— Muere el conde-duque de Olivares, retirado en Toro.			— Muere Quevedo.
1646	— Se le nombra ayuda de cámara con oficio; con ello Velázquez ocupa un puesto de relativo relieve en el ceremonial de la Corte.	— Muere doña María, hermana de Felipe IV, y su hijo y heredero Baltasar Carlos.	— Inglaterra: Carlos I, prisionero de Cromwell.	— *Estebanillo González* (anónimo).
1647	— Se le nombra veedor y contador de Obras de la pieza ochavada de Palacio.	— Nueva suspensión de pagos. — Revuelta separatista de Nápoles.		
1648	— El rey eleva su estipendio anual a 700 ducados. — Sale de Madrid, junto con Pareja, en la embaja-	— Conspiración del duque de Híjar en Aragón.	— Paz de Westfalia.	— Francia: se inicia la Fronda.	— Mueren Tirso de Molina y Rojas Zorrilla. — Calderón: *El Jardín de Falerina.* También consigue	— Pascal: sus experimentos en el Puy-de-Dôme.

Años	Vida de Velázquez	Acontecimientos nacionales	Relaciones internacionales	Otros Estados	Cultura y ciencia en España	Cultura y ciencia en Europa
	da presidida por el duque de Maqueda y de Nájera, que se dirige a Trento para recibir a Mariana de Austria, prometida de Felipe IV.				la exclusiva de los autos sacramentales en Madrid.	
1649	Segunda estancia en Italia, oficialmente para adquirir cuadros.			— Inglaterra: fin de la guerra civil.		
1650	Permanece en Italia.	— Malas cosechas. — Nuevo brote de peste, la más mortífera del siglo XVII. — Motines antifiscales en Andalucía y la Mancha. — Comienzo de la privanza de Haro.		— Holanda: muere Guillermo II de Orange Nassau.		— Francesco Borromini: iglesia de San Carlo.
1651	— Llega en junio a Madrid.	— Nace la infanta Margarita, hija de Felipe IV y Mariana de Austria.			— Gracián: *El Criticón*.	

1652	— Nombramiento de aposentador de Palacio.	— Pacificación de Cataluña. — Suspensión de pagos. — Se restablece el orden en Andalucía. — Baja de la moneda.	— Estallido de la primera guerra anglo-holandesa. — Reconquista de Dunkerque por los españoles.	— Francia: disensiones internas de la Fronda.
1655			— Los ingleses se apoderan de Jamaica. Estalla la guerra entre España e Inglaterra.	
1656	— Pinta *Las Meninas*.	— Nueva suspensión de pagos.	— Mazarino hace una oferta de paz a Felipe IV que éste rechaza. Blake intercepta la flota de tierra firme en la entrada de Cádiz.	— Pascal: *Provinciales*.
1657			— Blake ataca a la flota refugiada en Santa Cruz de Tenerife.	
1658	— Velázquez obtiene el título de caballero de Santiago. Pinta el retrato del		— Desastre terrestre de las Dunas por parte de la Monarquía española. Caen las plazas de Dunkerque,	— Inglaterra: Muerte de Cromwell.	— Muere Gracián.

Años	Vida de Velázquez	Acontecimientos nacionales	Relaciones internacionales	Otros Estados	Cultura y ciencia en España	Cultura y ciencia en Europa
	príncipe Felipe Próspero.		Audenarde, Yprés y Gravelinas. Restablecimiento de relaciones entre la Monarquía española y Génova.			
1659		— Desastre de Elvas en la guerra secesionista portuguesa.	— Firma de la Paz de los Pirineos entre Francia y España.			— Molière: Las preciosas ridículas.
1660	— En abril, Velázquez se dirige a Fuenterrabía para preparar la residencia real en la isla de los Faisanes con ocasión de la entrega de la infanta María Teresa a su prometido Luis XIV de Francia. La ceremonia se realiza el 7 de junio, y el 26 Ve-		— Tratados de Copenhague-Oliva.	— Inglaterra: restauración de Carlos II.		

lázquez está ya de regreso en Madrid. — En julio cae enfermo y muere el 6 de agosto.		
1665	— Muerte de Felipe IV y advenimiento de Carlos II en minoría.	— Comienzo de la segunda guerra anglo-holandesa.	— Molière: *Don Juan*. Newton: ley de la gravitación universal.

NOTAS

CAPITULO I

EL TIEMPO. COMO PASAN LAS HORAS, LOS DIAS Y LOS AÑOS. LA CULTURA DEL RELOJ

[1] *Comentarios del desengañado de sí mismo*, Castalia, Madrid, 1982, p. 341.

[2] Archivo General de Simancas, *Casa y Sitios Reales*, 310, fol. 3. *Cfr.* M. Herrero, *El reloj en la vida española*, Madrid, 1955, en especial su capítulo «El reloj, en la calle». Seguimos esta obra en varios puntos *infra*.

[3] Vallejo de Orellana, P., *Relox de horas cannónicas para eclesiásticos*, Ecija, 1644. La hora prima recordaba las bofetadas en casa de Caifás; la tercia, la sentencia a muerte; la sexta, la crucifixión, y las vísperas, el descendimiento de la cruz.

[4] III, p. 94, Espasa Calpe, Madrid, 1969.

[5] Atlas, Madrid, 1944.

[6] En *Novelistas posteriores a Cervantes*, Rivadeneyra, Madrid, 1854, pp. 377-443.

[7] A partir de la *Relación de un sacerdote... en la cual se da cuenta de la venida de su Majestad a Valladolid y al colegio de los ingleses*, Madrid, 1592.

[8] *Navidad de Zaragoza repartida en quatro noches*, Zaragoza, 1654, fol. 43 r.

[9] Luque, F. de, *Fiel desengaño contra la ociosidad y los juegos*, Madrid, 1603, fol. 80 v.

[10] Matos, J. de, *Muestra del ingenio en la de un relox*, S.l., S.a. (1652).

[11] Herrero M., *op. cit.*, y Hernández Perera, J., *La pintura española y el reloj*, Madrid, 1958.

[12] Sánchez Cantón, F. J., *Cómo vivía Velázquez*, CSIC, Madrid, 1942. El retrato de la rei-

na Mariana lleva el número 1191 del *Catálogo* del Museo del Prado.

[13] Cfr. Lope de Vega, *Rimas de Tomé de Burguillos*, Cupsa, Madrid, 1977, «... calendario no entendéis, cansada / de buscar en letra colorada / las fiestas que jamás habéis guardado», p. 92.

[14] *Constituciones del Arzobispado de Sevilla. 1604*, Sevilla, 1609; la cita, de las *Constituciones synodales del Obispado de Oviedo*, Valladolid, 1608. Un cálculo muy similar al de los días de fiesta de Sevilla se puede hacer a partir de estas *constituciones*

ovetenses o de las toledanas (Madrid, 1622).

[15] Citamos por *El sacrosanto y ecuménico Concilio de Trento*, Madrid, 1787, p. 422.

[16] Cédula Real, Lisboa, 29 de septiembre de 1582. Biblioteca Nacional de Madrid, Mss. 18670[6].

[17] Citado por R. del Arco, *La sociedad española en las obras dramáticas de Lope de Vega*, Madrid, 1641, p. 1941.

[18] Madrid, 1679.

[19] Santos, F. de, *op. cit.*, p. 430.

CAPITULO II

LOS HORIZONTES GEOGRAFICOS DE LOS ESPAÑOLES

[1] Chaunu, P., *Historia, ciencia social. La duración, el espacio y el hombre en la época moderna*, Ed. Encuentro, Madrid, 1988, p. 273.

[2] *Ibidem*, p. 274.

[3] Kamen, H., *La España de Carlos II*, Ed. Crítica, Barcelona, 1981, p. 17.

[4] Caro Baroja, J., «El sociocentrismo en los pueblos españoles», en *Razas, pueblos y linajes*, Madrid, 1957, pp. 263-292.

[5] Kamen, H., *op. cit.*, p. 19.

[6] Chaunu, P., *op. cit.*, p. 276.

[7] Domínguez Ortiz, A., *La sociedad española en el siglo XVII*, CSIC, Madrid, 1955, pp. 40-43.

[8] Tomás y Valiente, F., «El gobierno de la Monarquía y la administración de los reinos en la

España del siglo XVII», en *Historia de España*, dirigida por R. Menéndez Pidal, t. XXV, pp. 43-66.

[9] *Ibidem*, pp. 175-214.

[10] Herrero, M., *Ideas de los españoles del siglo XVII*, páginas 104-305.

[11] Tomás y Valiente, F., *op. cit.*, pp. 176-177.

[12] Citado por J. A. Maravall, «Estado moderno y mentalidad social», en *Revista de Occidente*, Madrid, t. I, pp. 128-129.

[13] Jover Zamora, J. M.ª, y López-Cordón Cortezo, M.ª V., «La imagen de Europa y el pensamiento político-internacional», en *Historia de España*, dirigida por R. Menéndez Pidal, t. XXVI/1, páginas. 391-392.

[14] Herrero, M., *op. cit.*, pp. 321-384.

[15] Jover Zamora, J. M.ª, y López-Cordón Cortezo, Mª. V., cit., pp. 361-382.

[16] Herrero, M., *op. cit.*, pp. 417-453.

[17] Citado por Jover y López-Cordón, *op. cit.*, pp. 433-435.

CAPITULO III

EL CAMPESINADO

[1] Yun Casalilla, *Sobre la transición al capitalismo en Castilla. Economía y sociedad en Tierra de Campos (1500-1830)*, Valladolid, 1987.

A. García Sanz, *Desarrollo y crisis del Antiguo Régimen en Castilla la Vieja. Economía y sociedad en tierras de Segovia, de 1500 a 1814*, Madrid, 1977.

A. Marcos Martín, *Economía, sociedad, pobreza en Castilla: Palencia, 1500-1814*, Palencia, 1985.

[2] B. Bennassar, *Valladolid en el Siglo de Oro*, Valladolid, 1983.

[3] V. Pérez Moreda, *Las crisis de mortalidad en la España interior (siglos XVI-XIX)*, Ed. Siglo XXI, Madrid, 1980.

[4] Sobre el tema de la *Decadencia de la agricultura y el agrarismo*, vid. J. I. Gutierrez Nieto, «El pensamiento económico, político y social de los arbitristas», en *El Siglo del Quijote (1580-1680)*, de la *Historia de España* de Menéndez Pidal, dir. J. M. Jover Zamora, Madrid, 1986, tomo XXVI, vol. I, pp. 299 ss., y del mismo autor: «De la expansión a la decadencia económica de Castilla y León. Manifestaciones. El arbitrismo agrarista», en *El pasado histórico de Castilla y León*, Burgos, 1983, vol. II, pp. 11-75.

[5] Cit. por Ricardo del Arco y Garay, *La sociedad española en las obras dramáticas de Lope de Vega*, Madrid, 1941, pp. 855-856..

[6] *Agricultura cristiana*, Biblioteca de Autores Españoles, tomo 163, pp. 253-254.

[7] Pegerto Saavedra, *Economía, política y sociedad en Galicia: La provincia de Mondoñedo, 1480-1830*, Madrid 1985, pp. 93.

[8] Ramón Lanza García, *Población y familia campesina en el Antiguo Régimen. Liébana, siglos XVI-XIX*, Santander, 1988.

[9] Francisco Chacón, *Los murcianos del siglo XVII. Evolución, familia y trabajo*, Murcia, 1986, pp. 101.

[10] R. Lanza García, *op. cit.*, p. 43, y David-Sven Reher, *Familia, población y sociedad en la provincia de Cuenca, 1700-1970*, Madrid, 1988, p. 12.

[11] R. Lanza García, *op. cit.*, p. 131.

[12] F. Chacón, *op. cit.*, p. 111.

[13] A. Marcos Martín, *Auge y declive de un núcleo mercantil y financiero de Castilla la Vieja. Evolución demográfica de Medina del Campo durante los si-

glos XVI y XVII, Valladolid, 1978.

[14] Edición de la Sociedad Económica Matritense, t. IV, pp. 133-134.

[15] M. Pérez García, *Un modelo de sociedad rural del Antiguo Régimen en la Galicia costera*, Santiago de Compostela, 1979. Por su parte, el profesor B. Barreiro ha demostrado la existencia del cultivo del maíz en la costa asturiana en la primera mitad del siglo XVII.

[16] P. Saavedra, *op. cit.*, páginas 175-178.

[17] R. Lanza, *op. cit.*, p. 107.

[18] P. Saavedra *op. cit.*, p. 182.

[19] R. Lanza, *op. cit.*, p. 109.

[20] En R. del Arco, *op. cit.*, página 881.

[21] En A. Domínguez Ortiz, *La España del Antiguo Régimen. Los Reyes Católicos y los Austrias*, Alfaguara, p. 162.

[22] *Discurso de Estado. Cómo se han de conservar los reinos y señoríos estando muy divididos*, artículo 30, Mss. de la Biblioteca Nacional de Madrid [BNM].

[23] J. López Salazar, *Estructuras agrarias y sociedad rural en La Mancha*, Ciudad Real, 1986, pp. 722 y ss.

[24] R. del Arco y Garay, *La sociedad española en las obras de Cervantes*, Madrid, 1951, p. 731.

[25] R. del Arco y Garay, *La sociedad española en las obras dramáticas de Lope de Vega*, Madrid, 1941, p. 73.

[26] N. Salomon, *Recherches sur le thème paysan dans la comedia au temps du Lope de Vega*, Burdeos, 1965, pp. 499-500.

[27] N. Salomon, p. 514.

[28] R. del Arco y Garay, *op. cit.*, p. 862.

[29] *Discurso de Estado...* Artículo 30.

CAPITULO IV

LAS CIUDADES ESPAÑOLAS

[1] Los estudios históricos globales urbanos son escasos en la primera mitad del siglo XVII, frente a la proliferación de escritos «hagiográficos» sin perspectivas historiográficas, o la gran cantidad de trabajos monográficos y parciales. Además, en los últimos años, el creciente interés por la historia local hace inabarcable, en un trabajo de estas dimensiones, la diseminada producción bibliográfica. Acaso, un buen punto de referencia sean las *Enciclopedias Autonómicas* y las revistas de los Institutos de Estudios Locales o de las universidades regionales. Ofrecemos a renglón seguido unas cuantas obras que pueden servir de punto de partida, sabiendo que son innumerables las que faltan, muchas de las cuales

quedan recordadas directa o indirectamente. No obstante, largo es aún el camino por desbrozar para conocer la trama urbana del Barroco español.

En la *Política para Corregidores...* (1.ª ed. 1597, ed. facsímil del Instituto de Estudios de la Administración Local sobre la de Amberes, 1704, en Madrid, 1978), Castillo de Bovadilla hace un repaso de cómo se ha de gobernar la ciudad.

Es antigua, pero de obligada mención, y en primer lugar, la síntesis que sobre el tema hace A. Domínguez Ortiz en *La sociedad española del siglo XVII*, CSIC, Madrid, 1963, pp. 129 y ss. De ámbito general es también el libro de J. de Vries, *La urbanización de Europa, 1500-1800*, Barcelona, 1987. Abundante bibliografía, aunque en ocasiones muy «clásica» para el caso español.

Un agradable recorrido visual de cómo serían las ciudades españolas en el XVII, aunque a través de dibujos hechos en el XVI, Van den Wyngaerde, A., *Ciudades del Siglo de Oro*, Madrid, 1986.

Resulta igualmente una importante introducción a los aspectos urbanísticos el trabajo de Bonet Correa, A., «Las ciudades españolas del Renacimiento al Barroco», en *Vivienda y urbanismo en España*, Banco Hipotecario de España, Madrid, 1982.

Los problemas que se plantean para la supervivencia de las ciudades mercantiles por culpa de la política exterior de los Austrias, y en concreto de Felipe II, pueden hallarse deductivamente en el reciente trabajo de Gómez-Centurión Jiménez, C., *Felipe II, la Empresa de Inglaterra y el comercio septentrional (1566-1609)*, Madrid, 1988. Abundante bibliografía. A través del conocimiento del comercio, entenderemos por qué Burgos sufre lo que tiene que sufrir, por ejemplo. Por otro lado, los memoriales sobre su crisis los consultamos en la British Museum Library, *Eggerton*, 346.

Las repercusiones económico-urbanas de las alteraciones de la moneda, Domínguez Ortiz, A., *Política y hacienda de Felipe IV*, Madrid, 1960, cap. V; también en «Fiscalidad y población urbana», en *Política fiscal y cambio social en la España del siglo XVII*, Madrid, 1984. Igualmente, las repercusiones en los ambientes comerciales de medidas económicas, como las incautaciones de las flotas de Indias, en el libro del mismo autor, *Orto y ocaso de Sevilla*, Sevilla, 1981 (3a.). Sobre Córdoba en esta época, la síntesis de Aranda Doncel, J., «La época Moderna (1517-1808)», en *Historia de Córdoba*, vol. 3, Córdoba, 1984, contiene abundante bibliografía. De Fortea, J. I., además de su libro referido al siglo XVI, *Córdoba en el siglo XVI...*, Córdoba, 1981, véase, por abarcar todo el período de este análisis, su «La evolución demográfica de Córdoba en los siglos XVI y XVII», en *Actas del I Congreso de Historia de Andalucía. Andalucía Moderna*, Córdoba, 1978, pp. 371-396. Es ese mismo tomo,

Bennassar, B., «Vivre en Andújar au XVII° siècle», pp. 131-144. Es de sumo interés el trabajo de Ballesteros Rodríguez, J., *La peste en Córdoba*, Córdoba, 1982.

De Avila se ha ocupado (refiriéndose al XVII, pues hemos de dejar al margen los estudios sobre el XVI), Bilinkoff, J. E., *The Avila of Saint Teresa. Religious reform and urban development (1480-1620)*, Princeton, 1983.

En cuanto a Valladolid, dejando al margen el estudio clásico para el XVI de Bennassar, sus oscilaciones de población pueden consultarse en Gutiérrez Alonso, A., «Evolución de la demografía vallisoletana durante el siglo XVII», *Investigaciones históricas*, Valladolid, 2, 1980, pp. 39-69. Medina del Campo fue objeto de la atención de Marcos Martín, A., *Auge y declive de un núcleo mercantil y financiero de Castilla la Vieja. Evolución demográfica de Medina del Campo durante los siglos XVI y XVII*, Valladolid, 1978. Del mismo autor, *Economía, sociedad y pobreza en Castilla. Palencia, 1500-1814*, Palencia, 1985, y «Medina del Campo en la época moderna...», *Historia de Medina del Campo y su tierra. Auge de las ferias. Decadencia de Medina* (vol. II), Valladolid, 1986, pp. 523-634. De Yun, B., puede consultarse *La transición del feudalismo... Economía y sociedad en Tierra de Campos...*, Valladolid, 1986.

Sobre la demografía de Madrid en el período de estas líneas, Carbajo Isla, M. F., *La población de la Villa de Madrid. Desde finales del siglo XVI hasta mediados del siglo XIX*, Madrid, 1987. Más centrado en épocas anteriores (1560-1610) y a aspectos del vivir cotidiano, la parte III de Alvar Ezquerra, A. *Estructuras socioeconómicas de Madrid y su entorno en la segunda mitad del siglo XVI*, Madrid, Universidad Complutense (reproducción facsimilar), Madrid, 1988. Véase igualmente, Gutiérrez Nieto, J. I., «En torno al problema del establecimiento de la capitalidad de la Monarquía hispánica en Madrid», *Revista de Occidente* (número especial, «Madrid, Villa y Comunidad»), Madrid, 1983, pp. 53-65.

Sobre Toledo, Weiser, M., «The declive of Castile revisited: the case of Toledo», *The Journal of European Economic History*, III (1973), pp. 614-640. Véase también la bibliografía recogida en la voz «TOLEDO. Historia Moderna», de la Enciclopedia *Madrid-Castilla-La Mancha*, vol. XI, Zaragoza, 1988, pp. 3096-3097. Montemayor, J., «Una ciudad frente a la peste: Toledo a fines del XVI», en *La ciudad hispánica durante los siglos XIII al XVI*, Madrid, 1985, vol. II, pp. 1113-1131. Sánchez Sánchez, J., *Toledo y la crisis del siglo XVII. Análisis demográfico y social. El caso de la parroquia de Santiago del Arrabal*, Toledo, 1980.

Ciudad Real, en Philips, C. R., *Ciudad Real, 1500-1750: Growth, crisis and readjustment in the Spanish economy*, Cambridge, 1979.

Sobre Extremadura, «El número de extremeños en los tiempos modernos», en la *Historia de Extremadura*, coordinada por A. Rodríguez Sánchez, vol. III, Badajoz, 1985.

El núcleo urbano gallego por excelencia está estudiado en Gelabert González, J. E., *Santiago y la tierra de Santiago, de 1500 a 1640...*, La Coruña, 1982, 8.

Los modos del abastecimiento a las ciudades quedan recogidos, además de en los trabajos citados en esta bibliografía, en Chacón Jiménez, F., «Caminos, hombres y trigo. Los problemas de aprovisionamiento y alimentación durante el siglo XVI en Murcia», *Anales de la Universidad de Murcia*, Murcia, XXXIV, 1978, pp. 5-85.

CAPITULO V

ASPECTOS DE LA VIDA DIARIA EN LA CORTE DEL REY DE ESPAÑA

[1] Sin ánimo de agotar la bibliografía existente, y ciñéndonos al máximo a lo que hemos citado en el texto, desde el punto de vista temático y cronológico, para evitar digresiones confusas, apuntamos algunos trabajos de utilidad para el lector. Poseemos varios manuscritos en los que se recoge la etiqueta borgoñona, de los que en particular la de Oliver de la March es muy importante. Recogí varios, así como enumeraciones de los individuos de Palacio en la bibliografía de *Felipe II, la Corte y Madrid en 1561*, CSIC, Madrid, 1985. Una descripción algo deslavazada de las estrictas normas palatinas y su puesta en acción, en Rodríguez Villa, A., *Etiquetas de la Casa de Austria*, Madrid, 1913. Una interpretación interesante en Pfandl, L., *Felipe II. Bosquejo de una vida y una época*, Madrid, 1942 (2.ª). Además, Botti-

neau, Y., «Aspects en la Cour d'Espagne au XVIIᶜ siècle: l'étiquette de la chambre du roi», *Bulletin Hispanique* (Burdeos) 74 (1982), pp. 138-157; Varey, J. E., «La mayordomía mayor y los festejos palaciegos del siglo XVII», *Anales del Instituto de Estudios Madrileños*, (Madrid) 4 (1969), pp. 145-168. Sobre la comida, Simón Palmer, M. del C., *La alimentación y sus circunstancias en el Real Alcázar de Madrid*, Madrid, 1982. De Hofmann, Ch., es *Das Spanische Hofzeremoniell von 1500-1700*, Frankfurt, 1985, completa relación de los puestos palatinos, que adquiere más interés al ir comparando las distintas casas reales y la etiqueta castellana con la borgoñona.

De Domínguez Ortiz, A. son *Política y Hacienda de Felipe IV*, Madrid, 1983 (1.ª ed. 1960) en esp., pp. 164 y ss., y «Los gastos de Corte en la España del siglo XVII», recopilado en *Crisis y decadencia de la España de los Austrias*, Barcelona, 1973 (3.ª ed.), pp. 73-96.

El ambiente cortesano puede analizarse y describirse de distintas formas. Desde el punto de vista artístico, la biografía del pintor de Corte por excelencia, *Velázquez*, de Brown, J., Madrid, 1986. Por otra parte, Morán, F., y Checa, F., *El Coleccionismo en España*, Madrid, 1985, y para conocer los palacios reales rurales, de los mismos autores, *Las Casas del Rey. Casas de Campo, Cazaderos y Jardines. Siglos XVI y XVII*, Madrid, 1986. Un agudo observador de la vida cortesana fue B. Pinheiro da Veiga. Sus escritos tienen, además, el interés de narrarnos la vida cortesana en Valladolid, y no sólo en Madrid. Remitimos a la edición de su «Pincigraphia», publicada por García Mercadal, J., en su antología de *Viajes de extranjeros por España y Portugal...*, Madrid, 1959, vol. II, pp. 127-156. De esta antología provienen las citas de autores no españoles que hayamos hecho en este capítulo.

Poseen indudable interés por su contemporaneidad (que nos demuestra que en el XVII las muy abundantes *Relaciones...* de sucesos tienen cierto género periodístico), las *Relaciones de las cosas sucedidas en la Corte de España desde 1599 hasta 1614*, por Cabrera de Córdoba, L., que vieron la luz en Madrid en 1857, aunque estuvieran escritas, repito, más de tres siglos antes. Sentido periodístico tendrían también los *Avi-*

sos..., de Barrionuevo, Jerónimo (1654-1658), publicados con una introducción de Paz y Melia, en la *Biblioteca de Autores Españoles*, tomos CCXXI y CCXXII, Madrid, 1968-1969, o los *Avisos históricos* de Pellicer, desde 1639 a 1644, que quedan recopilados por Valladares de Sotomayor, A., en el *Semanario erudito*, Madrid, 1790, vols. XXXI, XXXII y XXXIII, en los que se deja ver que no hay distinción entre la Corte (palacio o administración), la Villa-Corte y las noticias que se reciben en Madrid y que afectan o no a la Corte o al Imperio. La difusión de las noticias en los «mentideros» cortesanos la describió ya en el XVII Santos, F., en *Día y noche de Madrid*. Políticamente, los problemas de los palaciegos los trató Olivares intentando su reforma: Elliott, J. H. y de la Peña, J. F. (eds.), *Memoriales y Cartas del conde-duque de Olivares*, 2 vols. (en esp. vol. I), Madrid, 1978.

Los palacios urbanos, es decir, el Alcázar y el Buen Retiro, han sido estudiados, aquél por Gerard, V., en varias ocasiones, como en «La fachada del Alcázar de Madrid», *Cuadernos de Investigación Histórica*, (Madrid) 2 (1973), pp. 237-257, y éste, magistralmente, por Brown, J. y Elliott, J. H., *Un Palacio para el Rey...*, Madrid, 1981, superando las barreras de lo meramente artístico para describir la vida palaciega en el Teatro-Mundo de Olivares y su Felipe IV.

Escritos generales sobre la Corte en la primera mitad

del XVII hay varios. Además de los ya reseñados, de Elliott, J. H., «Philip IV of Spain. Prisoner of ceremony», en la obra colectiva —y útil por tanto para comparaciones— reunida por Dickens, A. G., *The Courts of Europe. Politics, Patronage and Royalty, 1400-1800*, Londres, 1977, pp. 169-190. En este libro, la de los Austrias españoles está mejor tratada que en el monográfico de la revista *Cheiron*, «La Corte in Europa. Fedeltá, favori, pratiche di governo», (Brescia) 2 (1983). Sobre la de Felipe IV, también, aunque fantasiosa a veces, Hume, M., *The Court of Philip IV*, Londres, 1907. Deleito Piñuela se deja llevar en exceso por la literatura, aunque da una lúcida visión costumbrista en sus obras, *El Rey se divierte*, Madrid, 1935, o *Sólo Madrid es Corte*, Madrid, 1953. El historiador debe volcarse más en la documentación de archivo. Del mismo problema adolece Defourneaux, M., *La vida cotidiana en la España del Siglo de Oro*, Barcelona, 1983 (1.ª ed. francesa, 1964).

Sobre el Madrid que alberga a esta Corte, me remito a la bibliografía del capítulo dedicado a las ciudades. Además, Oliver, A., y otros, *Licencias de exención de aposento en el Madrid de los Austrias, 1600-1625*, Madrid, 1982, y del Corral, J., *Las composiciones de aposento y las casas a la malicia*, Madrid, 1982.

Finalmente, nada mejor para conocer el atribulado carácter de Felipe IV que su propia correspondencia: Silvela, F. (ed.), *Cartas de la Venerable Madre Sor María de Agreda y del Señor Rey Don Felipe IV*, 2 vols., Madrid, 1885.

CAPITULO VI

VIAJES, POSADAS, CAMINOS Y VIAJEROS

[1] Es verdaderamente preocupante la falta de estudios que sobre los caminos, el correo y los transportes de la España Moderna hay en nuestro país. Sólo contamos con algunas obras, como siempre excepcionales —por su calidad y su número—, y una incomprensible dejación sobre estos temas tan importantes para el conocimiento del gran problema que es el de la «distribución» —de recursos y riquezas— en la sociedad preindustrial.

En cualquier caso, en nuestra literatura abundan referencias de viajes y todo el ambiente que los rodea, y no sólo en la picaresca, aunque los datos y situaciones narrados en ella sirven para solaz del lector. Pero hay noticias fuera de ese mundo. En tal sentido, en Del Arco Garay, R., *La sociedad española en las obras de Cer-*

vantes, Madrid, 1951, cap. I, el lector hallará referencias literarias de sumo interés. Sobre cómo se veían los españoles a sí mismos y cómo veían a los demás, según los testimonios literarios del XVII, Herrero-García, M., *Ideas de los españoles del siglo XVII,* Madrid, 1928, en cap. I, «La hospitalidad», «La ociosidad», etc. También utiliza la literatura Defourneaux, M., *La vida cotidiana en la España del Siglo de Oro,* Barcelona, 1983 (1.ª francesa, 1964).

Los relatos de los viajeros que manejamos los hemos obtenido de la antología —sobre relatos publicados (y por ello con extensa y muy erudita bibliografía) o inéditos— a cargo de García Mercadal, J., *Viajes de extranjeros por España y Portugal,* vol. II, *(Siglo XVII),* Madrid, 1959. Hay otros estudios que usan estas fuentes, como el del profesor Fernández Alvarez, M., *Aportaciones a la historia del turismo en España,* Madrid, 1956. Bibliografía en la n. 1. En ese sentido, también, Díaz Borque, J. M., *La sociedad española y los viajeros del siglo XVII,* Madrid, 1975.

En lo referido a estudios de investigación concretos, Alzola y Minondo, P., *Historia de las obras públicas en España,* Madrid, 1899, con edición moderna de Turner, Madrid, 1979. Por las referencias que hace a los momentos anteriores en la Introducción del vol. I, debe consultarse también el libro de Madrazo, S., *El sistema de transportes en Es-*

paña, 1750-1850, 2 vols., Madrid, 1984, que además contiene abundante bibliografía. Sobre los caminos en general, sólo el de Menéndez Pidal, G., *Los caminos en la Historia de España,* Madrid, 1951. Por su parte, Montáñez Matilla, M., en su clásico *El Correo en la España de los Austrias,* Madrid, 1953, dedica el cap. VIII a «Caminos, posadas y viajeros en la España de los siglos XVI y XVII». Tiene bibliografía.

No se debe cerrar esta escueta información sin citar el cap. 6 de Braudel, F., *Civilización material, economía y capitalismo. Siglos XV-XVIII. 1. Las estructuras de lo cotidiano,* Madrid, 1984, como modelo de obra sintetizadora, sin querer despreciar las demás. Para el caso español, en concreto, se puede afirmar que son clásicas aún —por la escasez de estudios— las páginas de Domínguez Ortiz, A., en *El Antiguo Régimen: los Reyes Católicos y los Austrias.*

En el Libro VII de la *Novísima Recopilación,* precisamente dedicado a «Los pueblos y su gobierno civil, económico y político», el Título 34 está dedicado a las obras públicas, el 35 a los caminos y puentes, y el 36 a las ventas, posadas y mesones.

Eludo hacer referencia en estas páginas de divulgación a itinerarios reales, aportaciones locales, etc.

Y si al lector no le satisfacieran esas obras, vuelva a disfrutar, una vez más, con *El Quijote.*

CAPITULO VII

MINORIAS Y MARGINADOS

[1] Judeoconversos existían desde las conversiones de 1391 y las que continuaron a lo largo del siglo XV. Todos estos temas quedan tratados ampliamente en la obra de Caro Baroja, Julio, *Los judíos en la España Moderna y Contemporánea*, Istmo, Madrid, 1978, 3 vols.

[2] Por ejemplo, desde 1482, la corporación de albañiles de Toledo tenía prohibida la comunicación a todo converso y descendiente de converso de los secretos del oficio, y en Guipúzcoa no podían ni siquiera instalarse.

[3] Es en el reinado de Felipe II cuando en Castilla se fomenta con más ímpetu las prevenciones hacia los conversos, convirtiéndose en sistema la discriminación del «manchado». Más información sobre este tema en Gutiérrez Nieto, J. I., «Limpieza de sangre y antihidalguismo hacia 1600», en *Homenaje al doctor don Juan Reglá Campistol*. Vol. I, páginas 496-513, Universidad, Valencia, 1975.

[4] En 1495 se produjo la aprobación papal del estatuto de limpieza de sangre de los jerónimos, y en 1525 lo hicieron los franciscanos. Dufourck, G., *La Inquisición española*, Montesinos, Madrid, 1986, p. 53.

[5] Gutiérrez Nieto, J. I., «El proceso de encastamiento social en la Castilla del siglo XVI. La respuesta conversa», *Actas del Congreso Internacional Teresiano*, Salamanca, 1987, pp. 103 y ss.

[6] La suspensión de pagos decretada en 1627 tenía como blanco claro a los genoveses. Para más noticias: Domínguez Ortiz, A., *Política y Hacienda de Felipe IV*, Pegaso, Madrid, 1983.

[7] En Portugal no había sido posible la integración conversa mediante el abandono de oficios típicos y la adquisición de hidalguías por compra, superando las averiguaciones de ascendencia con sobornos. La población conversa lusitana mantuvo su identidad y sus actividades propias, tanto en el campo mercantil como en el financiero.

[8] De su importante actividad como banquero del rey y de la labor de sus descendientes en el mismo campo, da noticia Sanz Ayán, C., *Los banqueros de Carlos II*, Universidad, Valladolid, 1988.

[9] Barrionuevo, J., *Avisos*, vol. I, p. 44, Madrid, 22 de agosto de 1655.

[10] Así lo refleja el *Censo de 1591*, publicado en Madrid por el Instituto Nacional de Estadística en 1986, pp. 109 y ss.

[11] De todo este proceso dan noticias, entre otros; Vincent, B., y Domínguez Ortiz, A., *Historia de los moriscos. Vida y tragedia de una minoría*. Alianza Ed., Madrid, 1975.

[12] La distribución de la pobla-

ción morisca fue tratada por Lapeyre, H., en su obra ya clásica y recientemente reeditada, *Geografía de la España morisca*, Madrid, 1986.

[13] Vincent, B., *Minorías y marginados en la España del siglo XVI*. Diputación, Granada, 1987. Fundamentalmente, en las pp. 7-101.

[14] García Arenal, M., *Inquisición y moriscos. Los procesos del Tribunal de Cuenca*. Madrid, 1978, pp. 14 y ss.

[15] Domínguez Ortiz, A., *Autos de la Inquisición de Sevilla (s. XVII)*. Por ejemplo, en el auto celebrado en Sevilla en 2 de marzo de 1653, de los 25 reos que salieron, siete de ellos abjuraron de mahometanos, pp. 86-87.

[16] Calderón de la Barca, P., *El tuzani de la Alpujarra*, jornada 2.ª, escena primera.

[17] Gutiérrez Nieto, J. I., en *Historia de España*. De Menéndez Pidal. Vol. XXVI (1). *El siglo del Quijote*, p. 772.

[18] Caro Baroja, J., *Las formas complejas de la vida religiosa*, Sarpe, Madrid, 1986, p. 529.

[19] Argumentaba que la tarea iniciada con los moriscos debía ser finalizada con la expulsión de los gitanos (así lo dice en el octavo discurso de *La restauración política de España*, ed. de IEF, p. 226).

[20] Morales Padrón, *Historia de Sevilla*, p. 105.

[21] Mauro, F., *Le Portugal et l'Atlantique au XVIIe siècle. 1570-1670*, París, 1960. Dedica un capítulo a los esclavos salidos de Africa, pp. 147-181. En él estudia, entre otros aspectos, las distintas razas africanas que fueron utilizadas en la trata. Aporta además importante bibliografía sobre el tema, pp. XLVI-XLVIII.

[22] La literatura de la época nos ha dejado numerosas muestras de la aplicación a trabajos domésticos de los esclavos. En el caso de la novela ejemplar de Cervantes, *El celoso extremeño*, en la que además del viejo guardián, negro y eunuco, la tierna esposa tiene a su servicio a un considerable número de esclavas.

[23] Según Morales Padrón, en 1565, los esclavos en Sevilla suponían el 6 por 100 de la población y su número total para esa fecha era de 6.327, aproximadamente. En Lisboa, para una fecha próxima, la de 1552, Joao Lucio calcula el número de esclavos en diez mil, en su obra *Epocas del Portugal económico*, Lisboa, 1929, p. 75.

[24] Domínguez Ortiz, A., «La esclavitud en Castilla durante la Edad Moderna», en *Estudios de Historia Social*, vol. II, 1952, pp. 63 y ss.

[25] De ellos nos ha dejado buena muestra la pintura de la época en obras como *El músico ciego*, de Francisco de Herrera «el Viejo», citada en Caro Baroja, «Ensayos sobre la literatura de Cordel». *Revista de Occidente*, Madrid, 1969, p. 54. Más noticias sobre pobreza y marginación, en la obra de Gutton, J. P., *La société et les pauvres en Europe (XVI-XVIII)*, PVF, París, 1974.

[26] Del que da cuenta Rodríguez Villa en *La Corte y la Mo-*

narquía de España en los años de
1636-37, p. 135; Nuevas de 25 de
abril de 1637.
[27] Las más cotizadas eran las
«tusonas», vocablo derivado de
«toisón», que sarcásticamente
pretendía dar la máxima graduación en su clase a estas mujeres.
[28] Novísima Recopilación:
Pragmática 10-II-1623. Lib. XII,
tít. 26, ley 7; en t. V, pp. 421-2.
[29] Salas Barbadillo, A. J. de,
La hija de Celestina, Akal, Madrid, p. 30.

[30] Melo, F. M. de, *Guerra de
Cataluña*, libro, 1.º párrafo 71.
[31] Calderón de la Barca, P.,
Luis Pérez el Gallego, jornada
tercera, escena primera.
[32] Se produjo esta acusación en
las Cortes castellanas de 1551.
[33] Biblioteca Nacional,
Mss. 3.884, pp. 40-41.
[34] Martines de Mata, *Memorias y Discursos*. Ed. de G. Anes,
Moneda y Crédito, Madrid, 1971,
séptimo discurso, pp. 158-159.

CAPITULO VIII

PODEROSOS Y PRIVILEGIADOS

[1] Bennassar, B., *La España del
Siglo de Oro*, Barcelona, 1983,
p. 39.
[2] Maravall, J. A., *Estatuto
moderno y mentalidad social*, vol,
2, 2ª ed, 1986, pp. 6-7.
[3] La actividad legislativa de las
Cortes, que había sido intensa
con Carlos V (490 leyes), se de-
bilitó con Felipe II (157 leyes) y
llegó a ser testimonial con Felipe III (119 leyes) y con Felipe IV
(6 leyes).
[4] Domínguez Ortiz, A., *Las
clases privilegiadas en el Antiguo
Régimen*, Madrid, 1970.
[5] El mayorazgo era una institución de origen medieval regu-
larizada durante el reinado de los
Reyes Católicos por las leyes de
Toro de 1505, y que se define
como un conjunto de bienes (tie-

rras, casas, juros, censos, derechos señoriales, etc.) indivisible,
inalienable y vinculado, que se
transmite por herencia según el
orden de primogenitura y prece-
diendo simpre el varón a la hem-
bra. No podía enajenarse por
deudas, a no ser que el rey, personalmente, otorgara un permiso
para proceder a la venta.
[6] En la práctica, una encomienda era un señorío territorial e incluso jurisdiccional, per-
teciente a la orden militar, que
ésta otorgaba a los caballeros
que pertenecían a ella para su
disfrute.
[7] Más datos sobre este crecimiento de la nobleza europea, en
Kamen, H., *La sociedad europea
1500-1700*, Madrid, 1986, pp.
101-128.

[8] He extraído estos datos a partir de la documentación procedente de las averiguaciones que desde 1759 comenzó a hacer Carlos III, en un intento por recuperar las rentas enajenadas del patrimonio real, y que no tuvo mucho éxito. Los porcentajes se han obtenido a partir de la documentación que aporta el Archivo General de Simancas (AGS) en su sección de Secretaría y Superintendencia de Hacienda, legajos 492, 493 y 495.

[9] Atienza Hernández, I., *Aristocracia, poder y riqueza en la España moderna. La casa de Osuna, siglos XV-XIX*, Madrid, 1987, p. 50.

[10] Los consejos de ámbito territorial limitado eran los de Flandes, Aragón, Italia, Portugal, Indias y el más importante, el de Castilla.

[11] Molas, P., *Consejos y audiencias durante el reinado de Felipe II*, Valladolid, 1984, p. 84.

[12] Barrios, F., *Los Consejos*, Madrid, 1988, p. 60.

[13] Richelieu es contemporáneo de Olivares, y ambos ejercen en Francia y en España, respectivamente, un papel similar. Lo mismo ocurre un poco más tarde con Mazarino y Nithard. Sobre estos paralelismos, ver el libro de Elliott, J. H., *Richelieu y Olivares*, Barcelona, 1984.

[14] Tomás y Valiente, F., *Los validos en la monarquía del siglo XVII*, Madrid, 1982, p. 32.

[15] Recordemos que aunque Lerma con Felipe III y Olivares con Felipe IV actuaron como verdaderos primeros ministros, nunca se les otorgó específicamente ese título, y que fue ya durante la regencia de doña Mariana de Austria, cuando su privado Valenzuela recibió esta denominación de modo oficial.

[16] Francisco de los Cobos con Carlos V, y Antonio Pérez o Vázquez de Leca con Felipe II.

[17] Thompson, I. A. A., *Poder y decandencia en la España de los Austrias*, Barcelona, 1981, pp. 181 y ss.

[18] Jago, Ch., «La crisis de la aristocracia en la Castilla del siglo XVII», en *Poder y sociedad en la España de los Austrias*, Barcelona, 1982, pp. 250 y ss.

[19] Fayard, J., *Los miembros del Consejo de Castilla*, Madrid, 1982.

[20] Es el caso, por ejemplo, de Sancho de Moncada y de Fernández de Navarrete. Para más noticias sobre su pensamiento, Gordon, M., *Moralidad y política en la España del siglo XVII. El pensamiento de Fernández de Navarrete*. Edición y estudio crítico de «Conservación de monarquías», de Fernández de Navarrete, y Vilar, J., *Edición y estudio crítico de restauración política de España*, de Sancho de Moncada, Madrid, 1974.

[21] González Alonso, B., *El corregidor castellano (1348-1808)*, Madrid, 1970, pp. 108 y ss.

[22] González Alonso B., «Sociedad urbana y gobierno municipal», en *Sobre el estado y la administración de la Corona de Castilla en el Antiguo Régimen*, Madrid, 1981, pp. 57-86.

[23] Maravall, J. A., *Poder, ho-*

nor y élites en el siglo XVII, Madrid, 1984, p. 166.

[24] Lope de Vega, *El premio del bien hablar*, Aguilar, Obras Completas, Madrid, tomo I, p, 1269.

[25] Casi todos los autores que se han adentrado en la evolución de los negocios de los comerciantes, han podido comprobar esta decantación al mundo de las finanzas, entre ellos, Mola, P., *La burguesía mercantil en la España del Antiguo Régimen*, Madrid, 1985, especialmente pp. 113-156.

[26] Carande, R., *Carlos V y sus banqueros*, Barcelona, 1983, vol, I, pp. 540.

[27] Ulloa, M., *La Hacienda Real de Castilla en el reinado de Felipe II*, Madrid, 1986, pp. 630.

[28] Se hacían averiguaciones mediante testigos para conocer el origen de la familia y sus actividades, lo que daba lugar a numerosas falsificaciones y testimonios «comprados».

[29] Tomas y Valiente, F., «Las ventas de oficios de regidores y la formación de oligarquías urbanas en Castilla», en *Historia, instituciones, documentos*, nº 2, 1975, pp. 525-533.

[30] Domínguez Ortiz, A., «La venta de cargos y oficios públicos en Castilla y sus consecuencias económicas y sociales», en *Anuario de historia económica y social*, nº 3, 1970, p. 114.

[31] Gutiérrez Nieto, J. I., «El sistema fiscal de la monarquía de Felipe IV», en *Historia de España* de Menéndez Pidal, vol. XXV, p. 304.

[32] Abed al Hussein, F. H., «Los mercaderes de Medina. Personalidad, actividad y hacienda», en *Historia de Medina del Campo y su tierra*, Valladolid, 1986, vol, II, pp. 159.

[33] Durante el siglo XVII la administración de los Millones y de la mayoría de las concesiones tributarias extraordinarias estaba en manos de una comisión especial en cada ciudad, compuesta por el corregidor y dos regidores elegidos por el Ayuntamiento. Más noticias en Thompson, I. A. A., «La Corona y las Cortes de Castilla 1590-1665», en *Revista de las Cortes Generales*, nº 1, 1984, pp. 32 y ss.

[34] Wright, L. P., «Las órdenes militares en la sociedad española», en *Poder y sociedad en la España de los Austrias*, Barcelona, 1984, pp. 15-56.

CAPITULO IX

LA FAMILIA, LA MUJER Y EL NIÑO

[1] Entre la abundantísima bibliografía existente acerca de la familia, cabría destacar los siguientes títulos: Burguière, A.; Klapischzuber, Ch.; Segalen, M., y Zonabend, F., *Historia de la familia*, Alianza Editorial, Madrid, 1988; Goody, J., *La evolu-*

ción de la familia y del matrimonio en Europa, Ed. Herder, Barcelona, 1986, y Flandrin, J. L., *Orígenes de la familia moderna*, Ed. Crítica, Barcelona, 1979. Respecto a la familia española, casi toda la bibliografía existente —así como una puesta al día sobre el tema— puede consultarse en vv. aa., *La familia en la España mediterránea (siglos XV-XIX)*, Ed. Crítica-Centre d'Estudis d'Història Moderna Pierre Vilar, Barcelona, 1987.

[2] Gacto, E., «El grupo familiar en la Edad Moderna en los territorios del Mediterráneo hispánico: una visión jurídica», *La familia en la España mediterránea*, pp. 36-64.

[3] Clavero, B., *Mayorazgo. Propiedad feudal en Castilla*, Ed. Siglo XXI, Madrid, 1974.

[4] Pérez Moreda, V., «Matrimonio y familia. Algunas consideraciones sobre el modelo matrimonial español en la Edad Moderna», *Boletín de la Asociación de Demografía*, IV, marzo 1986, pp. 3-51.

[5] Véase el excelente artículo de Julio Caro Baroja, «El charivari en España», *Historia 16*, n.º 47, marzo 1980, pp. 54-70.

[6] Citado por Vigil, Mariló, *La vida de las mujeres en los siglos XVI y XVII*, Ed. Siglo XXI, Madrid, 1986, pp. 20-21.

[7] *Ibidem*, p. 159.

[8] *Ibidem*, p. 158.

[9] Deleito y Piñuela, J., *La mujer, la casa y la moda (en la España del Rey Poeta)*, Ed. Espasa Calpe, Madrid, 1966 (3.ª ed.), pp. 286-289.

[10] Citado por José L. Sánchez Lora, *Mujeres, conventos y formas de la religiosidad barroca*, FUE, Madrid, 1988, pp. 50-51.

[11] *Ibidem*, p. 90.

[12] *Ibidem*, p. 84.

[13] Deleito y Piñuela, J., *op. cit.*, pp. 43-47.

[14] Véase Riquer, M. de, «Cervantes y la Caballeresca», en J. B. Avalle-Arce y E. C. Riley (comps.), Thames Books Ltd., Londres, 1973.

[15] Citado por M. Vigil, *op. cit.*, p. 62.

[16] Deleito y Piñuela, J., *op. cit.*, pp. 21-24.

[17] Bennassar, *Los españoles. Actitudes y mentalidad; desde el siglo XVI al XX*, Ed. Swan, San Lorenzo de El Escorial, 1985, pp. 168-174.

[18] Citado por M. Vigil, *op. cit.*, p. 80.

[19] Casey, J., «Le mariage clandestin en Andalousie à l'époque moderne», en A. Redondo (ed.), *Amours légitimes, amours illégitimes en Espagne (XVIᵉ-XVIIᵉ siècles)*, París, 1985, pp. 57-68.

[20] Vigil, M., *op. cit.*, pp. 78-91.

[21] López Díaz, M. I., «Arras y dote en España. Resumen histórico», *Nuevas perspectivas sobre la mujer*. Actas de las primeras jornadas de investigación interdisciplinaria organizadas por el Seminario de Estudios de la Mujer de la Universidad Autónoma de Madrid, v. I, 1982, pp. 83-98.

[22] Véase López-Cordón Cortezo, María Victoria, «La situación de la mujer a finales del Antiguo Régimen (1760-1860)», en vv. aa., *Mujer y sociedad en Es-*

paña (1700-1975), Ministerio de Cultura, Madrid, 1982, pp. 47-107.

[23] Herrero, M., *Oficios populares en la sociedad de Lope de Vega*, Ed. Castalia, Madrid, 1977.

[24] García Cárcel, R., «El fracaso matrimonial en la Cataluña del Antiguo Régimen», en A. Redondo (ed.), *Amours légitimes, amours illégitimes...*, pp. 121-132.

[25] Citado por M. Vigil, *op. cit.*, p. 142.

[26] *Ibidem*, p. 147.

[27] Pueden encontrarse abundantes noticias a este respecto en Jerónimo Barrionuevo, *Avisos (1654-1658)*, BAE, Madrid, 1968, t. 221 y 222, y en José Pellicer y Tobar, «Avisos históricos, que comprenden noticias y sucesos particulares, ocurridos en nuestra Monarquía desde el año 1639», *Semanario Erudito*, t. XXXII, Madrid, 1790.

[28] «Cartas de algunos padres de la Compañía de Jesús, sobre los sucesos de la Monarquía entre los años 1634 y 1648», en *Memorial Histórico Español*, Real Academia de la Historia, Madrid, 1861, t. XIII y XVIII, p. 88.

[29] Pérez Moreda, V., *Las crisis de mortalidad en la España interior (siglos XVI-XIX)*, Ed. Siglo XXI, Madrid, 1980, pp. 146-187.

[30] Flandrin, J. L., *La moral sexual en Occidente*, Ed. Juan Granica, Barcelona, 1984, pp. 123-142.

[31] *Ibidem*, pp. 167-239.

[32] Citado por V. Pérez Moreda, *op. cit.*, p. 186.

[33] Bennassar, B., *Valladolid en el Siglo de Oro*, Ayuntamiento de Valladolid, 1983, pp. 496-499.

[34] Sobre la exposición de niños puede consultarse, entre otros muchos, los trabajos de Teófanes Egido, «Aportación al estudio de la demografía española: los niños expósitos de Valladolid (siglos XVI-XVIII)», *Actas de las I Jornadas de Metodología Aplicada de las Ciencias Históricas*, Santiago de Compostela, 1975, v. III; y Alvarez Santaló, León Carlos, *Marginación social y mentalidad en Andalucía Occidental: expósitos en Sevilla (1613-1910)*, Sevilla, 1980.

[35] Acerca de la infancia continúa siendo básica la obra pionera de Philippe Ariés, *El niño y la vida familiar en el Antiguo Régimen*, Ed. Taurus, Madrid, 1987. Existe también traducción castellana del libro de Loyd de Mause (ed.), *Historia de la infancia*, Alianza Editorial, Madrid, 1974.

[36] Kagan, R. L., *Universidad y Sociedad en la España Moderna*, Ed. Tecnos, Madrid, 1981, pp. 47-73.

CAPITULO X

FIESTAS, DIVERSIONES, JUEGOS
Y ESPECTACULOS

[1] «Desde el monarca hasta el último villano todos cifraban en las representaciones su mayor deleite.» En Deleito y Piñuela, J., *También se divierte el pueblo,* Alianza Ed., Madrid, 1988, p. 161.

[2] Rojas, A. de, *El viaje entretenido,* Anaya, Madrid, 1965, pp. 37 y ss.

[3] «Bululú», en boca del propio Agustín de Rojas, es «un representante solo que camina a pie y pasa su camino y entra en el pueblo y habla con el cura y dícele que sabe una comedia y alguna loa, que junte al barbero y al sacristán y se la dirá, porque le den alguna cosa para pasar adelante. Y él súbese en un arca y va diciendo, agora sale la dama y dice esto y esto y va representando...».

[4] Además de los de Madrid, Sevilla y Valencia, fueron famosos en Granada La Casa del Carbón; en Toledo, a partir del último cuarto del siglo XVI, El Mesón de la Fruta, y en Valladolid, El Corralón del patio de San Lorenzo.

[5] Zabaleta, Juan de, *Día de fiesta por la tarde,* Ed. Castalia, Madrid, p. 317.

[6] Martes y jueves.

[7] Jornada II, escena 7.ª de *Tanto es lo más como lo menos.*

[8] En el Reglamento de Teatros de 1615 se dice lo siguiente: «...Que no representen cosas, bailes ni cantares ni meneos lascivos, ni deshonestos o de mal exemplo, sino que sean conforme a las danças y bailes antiguos y se dan por prohibidos todos los bailes de escarramanes, chaconas y çaravandas y carreterías y qualesquier otros semejantes a estos.» Texto recogido en Varey y Shergold, *Teatros y Comedias en Madrid: 1600-1650. Estudio y documentos.* Thames Books, Londres, 1971, p. 56.

[9] Las seguidillas no se habían regularizado todavía al patrón moderno, pero estaban en auge y además se introducían con muchísima frecuencia al final de los entremeses. Más noticias sobre este tema en Bergman, H., Estudio introductorio a su *Ramillete de Entremeses y Bailes nuevamente recogidos de los antiguos poetas de España,* siglo XVII, Castalia, Madrid, 1984.

[10] El lenguaje de germanía es el utilizado por pícaros y rufianes. Sobre la variedad y complejidad de este vocabulario, ver la obra de Alonso Herrandez, J. L., *Léxico del marginalismo en el Siglo de Oro,* Universidad, Salamanca, 1976.

[11] Varey y Shergold, *Arrendamiento de corrales de comedias en Madrid. Estudio y documentos,* Londres, Thames Books, Londres, 1987.

[12] Autor era el nombre que se daba en la época a los directores-empresarios de compañías.

[13] Archivo General de Simancas, Gracia y Justicia, leg. 993, año 1672.

[14] Sobre el resurgir de las representaciones teatrales en este período y la gran actividad de Calderón de la Barca, ver el artículo de Alcalá Zamora, «El siglo de Calderón» en *Historia 16*: *Calderón, tercer centenario*, Madrid, 1981, pp. 44-52.

[15] Vélez de Guevara, *El diablo cojuelo*, tranco VIII.

[16] Los dos «cronistas» más importantes de la Corte en el siglo XVII, Pellicer y Barrionuevo, alimentaron con frecuencia sus *Avisos* con las noticias que se comentaban en los mentideros.

[17] Citemos, por ejemplo, las personas que torearon a caballo en una corrida celebrada el 4 de mayo de 1623 en la plaza Mayor: el duque de Cea, el duque de Maqueda, el marqués de Velada, don Cristóbal de Gaviria y don Gaspar Bonifaz. De los cinco tres eran títulos, los otros dos por lo menos eran hidalgos y posiblemente caballeros de órdenes militares. Corral, José de, *La Plaza Mayor de Madrid*, Madrid, 1982, p. 83.

[18] Vega y Carpio, L. de, *El caballero de Olmedo*, jornada III, versos 2.045 y ss.

[19] Simón Díaz, J., *Relaciones breves de actos públicos celebrados en Madrid de 1541 a 1650*, Instituto de Estudios Madrileños, Madrid, 1982, p. 359: «A 25 de Iunio de 1626 uvo fiesta en la plaça Mayor de la dicha villa de Madrid de toros i xuego de cañas i estuvo la dicha plaça mui bien adereçada i con el maior concurso de gente que se a visto hasta en los texados de las casas.»

[20] Existen varios cuadros que representan estos festejos, entre ellos uno de Juan de la Corte, pintor madrileño (1597-1660), que en una de sus obras representa un torneo de cañas en plena acción que festejaba la llegada del príncipe de Gales a España en 1623.

[21] Sobre las implicaciones sociológicas de las fiestas, ver el libro de Heers, J., *Fêtes; Jeux et joutes dans les sociétés d'Occident a la fin du Moyen Age*, París, 1982, p. 77 en adelante.

[22] García Mercadal, *Viajes de extranjeros por España y Portugal*, Madrid, Aguilar, 1959, vol. II, p. 1024, Mme. D'Aulnoy.

[23] El 24 de febrero de 1649, Juan Ximeno arrendó los corrales de comedias para la actuación de volatines durante la Cuaresma por 3.500 reales de vellón; en *Bulletin Hispanique*, LXII, 1960, p. 315.

[24] Tras la clausura del Concilio de Trento en 1563, la fiesta religiosa que más se promocionó desde el papado fue precisamente ésta, ya que exaltaba 'la transustanciación del pan en el cuerpo de Cristo, uno de los dogmas rechazados por la reforma protestante.

[25] Domingo Ynduráin ha dedicado un interesante capítulo a las dificultades de escenificación de los autos sacramentales, en su

estudio introductorio al auto de Calderón, *El Gran Teatro del Mundo*, Alhambra, Madrid, 1981, pp. 36 y ss.

[26] Para el 26 de junio de 1623 se describe el siguiente espectáculo: «Batalla entre Hércules el hijo de la tierra con intervención de un caballo de fuego, toro, león, tigre, serpiente, jabalí, dragón y grifo, todos con bombas y cohetes de fuego», en José del Corral, *op. cit.*, p. 84.

[27] En el caso de Calderón de la Barca, sus primeras producciones literarias se sitúan en el certamen poético con motivo de la beatificación de san Isidro, que se celebró en 1620 en Madrid.

[28] De todos estos juegos y algunos más da buen testimonio Deleito y Piñuela en su obra *La mala vida en la España de Felipe IV*, Alianza Ed., Madrid, p. 188.

[29] Hay noticias del número de garitos que existían en algunas zonas. Por ejemplo, Rodríguez Marín señala en su edición de la novela de Cervantes *Rinconete y Cortadillo*, p. 104, que había más de trescientos garitos de juego en Sevilla.

CAPITULO XI

LA COSMOVISION DEL SIGLO DE ORO. IDEAS Y SUPERSTICIONES

[1] *Relación de las cosas más notables de los palacios y recámara del Gran Duque de Florencia*, Biblioteca Nacional de Madrid [BNM], Mss. 19698[78], *vid.* Moreno Villa, J., *Locos, enanos, negros y niños palaciegos. Gente de placer que tuvieron los Austrias en la Corte española desde 1563 a 1700*, México, 1939. Para todo este capítulo se recomienda la lectura complementaria del libro de Maravall, J. A., *La cultura del Barroco. Análisis de una estructura histórica*, Ariel, Barcelona, 1980, que seguimos en varios puntos.

[2] *Laus brevitatis. Per dictyaca de brevitate et longitudine in divinis, humanis et naturalibus*, Gratianopoli, 1649.

[3] *Singularidad histórica, la más peregrina y rara en su línea*, Sevilla, 1675.

[4] *Idem, id.*, fol. 5 r.

[5] *Vid. Monstruos, enanos y bufones en la Corte de los Austrias*, Amigos del Museo del Prado, Madrid, 1986, pp. 94 y 98. *Cfr.* Gállego, J., *Visión y símbolos en la pintura española del Siglo de Oro*, Aguilar, Madrid, 1972; y Brown, J., *Velázquez. Pintor y cortesano*, Alianza Ed., Madrid, 1986.

[6] *Vid. Agudeza y arte de in-*

genio, 2 vols., Castalia, Madrid, 1981, Discurso V.

[7] *Historia de Felipe II, Rey de España,* Madrid, 1619, p. 919.

[8] Cfr. Tillyard, E. M. W., *La cosmovisión isabelina,* FCE, México, 1984.

[9] *Vid.* el planteamiento teórico en Gurevic, A., *Le categorie della cultura medievale,* Einaudi, Turín, 1983.

[10] Sobre todo esto, y, más adelante, cuando nos ocupemos de la imagen corporativa de la sociedad, *vid.* Hespanha, A. M., *Vísperas do Leviathan,* 2 vols., Lisboa, 1986, cuya obra seguimos en ambos puntos y, en general, en este capítulo.

[11] *Vid.* Caro Bajora, J., *Las formas complejas de la vida religiosa,* Madrid, 1985.

[12] *Antiguos y modernos. La idea de progreso en el desarrollo inicial de una sociedad,* SEP, Madrid, 1966, p. 97.

[13] *Singularidad histórica...,* 3 r.

[14] Obras dramáticas completas, I, Aguilar, Madrid, 1969, pp. 385-428.

[15] Rozas, J. M., *Significado y doctrina del «Arte Nuevo» de Lope de Vega,* SGEL, Madrid, 1976, pp. 191-192.

[16] Citado por del Arco y Garay, R., *La sociedad española en las obras dramáticas de Lope de Vega,* Madrid, 1941, p. 447.

[17] Archivo General de Simancas, Estado, 2668. Marqueses de Santa Cruz, Mirabel y Castañeda, conde de Castrillo y duque de Villahermosa. La princesa debía abandonar la Corte porque su esposo —Tomás de Saboya— lu-

chaba contra Felipe IV en la guerra de los Treinta Años.

[18] *Obras,* I, Atlas, Madrid, 1946, p. 445. El subrayado es nuestro.

[19] *Octava sagradamente culta, celebrada de orden del rey nuestro señor en la octava maravilla,* Madrid, 1664.

[20] Recuérdense sus famosos versos en el soneto «Represéntase la brevedad de lo que se vive»: «...soy un fue, y un será, y un es cansado. / En el hoy y mañana y ayer, junto / pañales y mortaja, y he quedado / presentes sucesiones de difunto». *Poemas escogidos,* Castalia, Madrid, 1974, p. 52.

[21] *Locuras de Europa* es el expresivo título de un diálogo que Saavedra Fajardo escribió durante su estancia como diplomático en Münster, y que permaneció inédito hasta 1748.

[22] BNM, Mss. 8389, fol. 30 r.

[23] *Vid.* nuestro «El tiempo del príncipe en las cartas de Felipe II a sus hijas», en *Cartas de Felipe II a sus hijas,* Turner, Madrid, 1988, pp. 11-34.

[24] *Vid.* Elliott, J. H. (ed.), *Poder y sociedad en la España de los Austrias,* Crítica, Barcelona, 1982.

[25] *Vid.* Elliot, J. H., *El conde-duque de Olivares y la herencia de Felipe II,* Universidad de Valladolid, 1977; sobre Fernando II de Aragón escribieron, por ejemplo, autores tan representativos como Saavedra Fajardo o Gracián; la cita de González Dávila, *ut supra* nota 22.

²⁶ *Discurso de la verdad*, Sevilla, 1917, p. 24.

²⁷ Este es el título de un libro de Juan Caramuel Lobkowitz, *Thanatosophia nempe mortis museum*, Bruxellae, 1637.

²⁸ Caro Baroja, *op. cit.*,

pp. 142-144, da noticia de diversos tratados que describen materialmente el cielo hasta formar una ciencia de la *Empyreologia*, título de uno de los libros del jesuita Gabriel de Henao.

²⁹ *Vid.*, BNM, Mss. 7238.

CAPITULO XII

COLECCIONISTAS Y LECTORES. LA ENCICLOPEDIA DE LAS PARADOJAS

¹ El verdadero autor parece haber sido P. Alva y Astorga.

² *Pleytos de los libros...*, p. 3.

³ *Ibidem*.

⁴ Zabaleta, J. de, *El día de fiesta por la tarde*, Cupsa, Madrid, 1977, p. 111, a propósito de los libros de entretenimiento.

⁵ *Museo o biblioteca selecta del Marqués de Montealegre*, Madrid, 1677.

⁶ Suele unirse el nacimiento del personaje del doctor Fausto a la denuncia hecha a la Inquisición por el gremio de libreros de París contra J. Fust, el socio de Gutenberg, porque sólo gracias a un pacto diabólico era posible que las biblias impresas que traía de Maguncia fueran mucho más baratas que las copias manuscritas, y se hicieran con tanta rapidez.

⁷ *Cfr.* Cipolla, C. M., *La educación en Europa*, Ariel, Barcelona, vv.ee.

⁸ Cotarelo, E., *Diccionario de calígrafos españoles*, Madrid, 1913-1916.

⁹ Madrid, 1595, fol. 47 r.

¹⁰ Pérez, I., *Arte de escribir con cierta industria*, Madrid, 1599.

¹¹ *Receptorio*, BNM, Mss. 9226.

¹² Espina, J. de, *Memorial a Felipe IV*, BNM, Mss. 14075 ¹⁰. Ha sido publicado por E. Casares (ed.), *Biografías y documentos sobre música y músicos españoles*, Madrid, 1986.

¹³ *Cómo se hacía un libro en nuestro Siglo de Oro*, Madrid, 1946.

¹⁴ Publicado por Pérez Pastor, *Bibliografía Madrileña*, II, p. 51.

¹⁵ II, 62.

¹⁶ *Vid.* M. Chevalier, *Lectura y lectores en la España de los siglos XVI y XVII*, Turner, Madrid, 1976.

¹⁷ *Op. cit.*, pp. 105-123.

¹⁸ *Rimas de Tomé de Burguillos*, Cupsa, Madrid, 1977, pp. 76-77.

¹⁹ Madrid, 1631.

²⁰ *Ut supra*, nota 11.

²¹ *Ibidem*.

²² Seguimos a este respecto el

artículo, espléndido, de J. M. Morán Turina, «Los prodigios de Lastanosa y la habitación de las musas. Coleccionismo ético y coleccionismo ecléctico en el siglo XVII», *Separata* (Sevilla) 5-6 (1981), pp. 53-59; en él se aplica el término de «coleccionismo ético» para las cámaras de maravillas del Siglo de Oro, y se analiza la moral barroca de la voluntad de coleccionar.

[23] Quevedo, F. de, «Grandes anales de quince días», *Obras*, I, Atlas, Madrid, 1946, p. 209.

[24] *Idem, id.*, p. 220. *Vid.* E. Cotarelo, *Don Juan de Espina. Noticias de este célebre y enigmático personaje*, Madrid, 1908; y J. Caro Baroja, *Vidas mágicas e Inquisición*, I, Taurus, Madrid, 1967, pp. 395-420. Era hijo de María de Mesa, de la cámara de la reina Ana, y de Juan Espina y Velasco, contralor de Felipe II, natural de Ampuero; Jerónimo de Eguiluz y María de Mesa eran sus abuelos maternos; Diego Sáenz de Espina Velasco y Juana Fernández de Elguero, los paternos; tuvo dos hermanos: doña Catalina, casada con el alcalde de Casa y Corte Márquez de Gaceta, y don Diego, el mayorazgo, esposo de doña Elvira de Lezcano, hermana del conde de Bailén. Debió nacer, en Madrid, entre 1562 y 1573, puesto que en 1587, cuando muere su abuelo Eguiluz, es mayor de catorce años, pero menor de veinticinco.

[25] *Vid.* M. L. Caturla, «Documentos en torno a don Juan de Espina, raro coleccionista madrileño», *Arte español* (Madrid), 6

(1963), pp. 1-10. Un *aviso* (BNM Mss. 8177) recoge su muerte el 29 de diciembre de 1642 y lo llama «el de las tramoyas» (autómatas); también las *Cartas de Jesuitas* se hacen eco de su muerte y de su testamento, *vid. infra* n. 46.

[26] Gracián, *A Lastanosa*, Madrid, 28 de abril de 1640, en Obras Completas, Aguilar, Madrid, 1960, p. 1120; De Piña, *Casos prodigiosos y cueva encantada* (1628), Ed. Madrid, 1907, p. 286.

[27] Quevedo, F. de, *op. cit.*, p. 220. El subrayado es nuestro.

[28] *Vid.*, por todos, M. Morán y F. Checa, *El coleccionismo en España*, Cátedra, Madrid, 1985, a quienes seguiremos en varios puntos. No ha de olvidarse que ya el gusto del XVII acabará decantándose por un coleccionismo que ve en las pinturas su elemento más importante.

[29] J. Vélez de León, BNM, Mss. 7526.

[30] Felipe II, *Testamento*, Ed. Nacional, Madrid, 1982; V. Carducho, *Diálogos de la pintura*, Turner, Madrid, 1979, p. 422, y Morán, *op. cit.*

[31] A partir de J. Von Schlosser, *Las cámaras artísticas y maravillosas del Renacimiento tardío* (1908), Akal, Madrid, 1988.

[32] *Las Moradas o Castillo Interior*, 6, IV.

[33] «A la curiosa casa de D. Juan de Espina», *Obras*, Madrid, 1635.

[34] *Memorial...*, fol. 32 r. Era hija de los segundos marqueses de la Algaba, don Luis de Guzmán y doña Inés de Portocarrero.

[35] *Idem.* fol. 40 r. Espina ha-

bía aprendido a tocar con el portugués Vicente Soares, guitarra de la Real Capilla. Quevedo debe referirse a su habilidad al escribir que «había hecho capaz la lira de la verdad de la ciencia», *op. cit.*, p. 219. Caro Baroja, *op. cit.*, cita un vejamen de Antonio Coello, representado en el Buen Retiro en 1638, en que un supuesto Juan de Espina afirma que tocando la lira es capaz de hacer resucitar, pues «con ella en la mano hago yo milagros y me atrevo a hacer crecer el trigo en un cuarto de hora», p. 399. Esta y otras alusiones similares forjaron la imagen de Espina como nigromante, que es estudiada por Caro en la obra citada. La donación hecha a Felipe IV se explica bien en los términos que, por ejemplo, expresa Damián López de Haro en su *Donativo real y exhortación religiosa de los pueblos*, Madrid, 1625, donde se elogia a la infanta María de Austria por haber donado sus joyas al rey.

[36] *Vid.* M. L. Caturla, «Documentos en torno a D. Juan de Espina, raro coleccionista madrileño. El testamento de 1624», *Arte Español* (Madrid), 9 (1968), pp. 5-8. En el *Curioso y sabio Alejandro, fiscal de vidas ajenas* (1634), de Salas Barbadillo, se incluye una «Vida del tramoyero ridículo», cuyo protagonista parece recordar a Espina; como él, se divertía con autómatas, que, al final, deja, con todas sus riquezas, a los pobres.

[37] Debieron de ser de Espina los dos códices de Leonardo que custodia la Biblioteca Nacional de Madrid; desde luego, así parece al contrastar los escritos de puño y letra de Espina con algunas anotaciones del primero de los códices. La referencia al interés de Carlos I en ellos, en A. Corbeau, *Raccolta Vinciana XX* (1964), pp. 298-323.

[38] La alusión a la comodidad de la silla, en F. de Rojas, *Sales españolas*, Atlas, Madrid, 1964, p. 314; el legado al rey, *ut supra* n. 25; esta silla peregrina también aparece en el tranco VI° de *El Diablo Cojuelo* de Vélez de Guevara.

[39] Espina, *op. cit.*, Declaración de Carducho, 10-IV-1628, fol. 48 v.

[40] *Op. cit.*, pp. 219-220. Quevedo y Espina aparecen juntos en un malicioso soneto sobre la boda de aquél con la viuda Cetina: «De cuero le dio Góngora esclavina / con cara de ahorcado a medio Credo / que al mismo san Antón pusiera miedo / en la pandorga de don Juan de Espina» (J. de Alfay, *Poesías varias de grandes ingenios españoles*, Zaragoza, 1654).

[41] V. Carducho, *op. cit.*, sobre las colecciones y sus propietarios remitimos a las excelentes notas de F. Calvo Serraller, editor del texto.

[42] J. de Espina, *op. cit.*, fol. 48 r.

[43] *Ut supra* n. 36.

[44] *Singularidad histórica*, Sevilla, 1675, fol. 2 r.

[45] Publicado por M. L. Caturla, *ut supra* n. 25.

[46] *Cartas de Jesuitas* (6-I-1643), publicada por Cotarelo, *op. cit.*, pp. 25-27.

CAPITULO XIII

LA IGLESIA Y LA RELIGIOSIDAD

[1] Citado por A. Domínguez Ortiz, *Las clases privilegiadas en la España del Antiguo Régimen*, Ed. Istmo, Madrid, 1973, p. 338.

[2] La bibliografía sobre la Iglesia española del Antiguo Régimen continúa, aún hoy, siendo muy escasa. Sigue considerándose fundamental el estudio de A. Domínguez Ortiz dedicado al estamento eclesiástico en la obra citada en la nota anterior. Aparte, puede consultarse la obra dirigida por Ricardo García Villoslada, *Historia de la Iglesia en España*, en cuyo t. IV, *La Iglesia en la España de los siglos XVII y XVIII* (BAE, Madrid, 1979) colaboran algunos de los mejores especialistas en el tema. Muchos datos y noticias curiosas en José Deleito y Piñuela, *La vida religiosa española bajo el Cuarto Felipe. Santos y pecadores*, Espasa Calpe, Madrid, 1952.

[3] Archivo Histórico Nacional, Consejos, leg. 7158.

[4] Alemán, M., *Guzmán de Alfarache*, segunda parte, cap. III, p. 801. Edición de Francisco Rico, Barcelona, 1983.

[5] Citado por J. Deleito y Piñuela, *op. cit.*, p. 79.

[6] Domínguez Ortiz, A., *op. cit.*, pp. 215-271.

[7] Los estatutos de limpieza de sangre, motivo de escándalo en la Europa de la época, arraigaron paradójicamente con fuerza en la sociedad española, a pesar de su carácter radicalmente opuesto a los valores morales del cristianismo; ver Sicoff, A. A., *Los estatutos de limpieza de sangre*, Ed. Taurus, Madrid, 1985.

[8] Domínguez Ortiz, A., *op. cit.*, pp. 273-336.

[9] Sánchez Lora, J. L., *Mujeres, conventos y formas de la religiosidad barroca*, FUE, Madrid, 1988.

[10] Citado por Marcellin Defourneaux, *La vida cotidiana en la España del Siglo de Oro*, Ed. Argos Vergara, Barcelona, 1983, p. 108.

[11] Citado por J. Deleito y Piñuela, *op. cit.*, p. 110.

[12] «Aspectos sociales de la vida eclesiástica en los siglos XVII y XVIII», en *La Iglesia en la España de los siglos XVII y XVIII*, p. 44.

[13] Citado por M. Defourneaux, *op. cit.*, p. 111.

[14] Domínguez Ortiz, A., «Aspectos sociales de la vida eclesiástica...», p. 14.

[15] Sobre la religiosidad española de la época es fundamental el estudio de Julio Caro Baroja, *Las formas complejas de la vida religiosa (siglos XVI y XVII)*, Ed. Sarpe, Madrid, 1985.

[16] La bibliografía sobre la Inquisición española comienza a ser desbordante y resulta imposible de reseñar en estas páginas, aunque sólo en un intento de aproximación. Entre los estudios ge-

nerales más recientes, cabe recomendar la obra dirigida por Bartolomé Bennassar, *Inquisición española: poder político y control social* (Ed. Crítica, Barcelona, 1981), que aborda el tema desde una perspectiva actual y en la cual el lector puede encontrar abundante información bibliográfica suplementaria.

[17] Domínguez Ortiz, A., *Los judeoconversos en España y América*, Ed. Istmo, Madrid, 1978.

[18] Resulta imposible, por motivos de espacio, abordar en este capítulo los aspectos relativos a la religiosidad de la minoría morisca; véase A. Domínguez Ortiz y B. Vincent, *Historia de los moriscos. Vida y tragedia de una minoría*, Alianza Editorial, Madrid, 1978.

[19] Citado por J. Deleito y Piñuela, *op. cit.*, p. 204.

[20] *Ibidem*, pp. 207-213.

[21] *Ibidem*, pp. 296-315.

[22] Márquez, A., *Literatura e Inquisición en España*, Madrid, 1980; Pinto Crespo, V., *Inquisición y control ideológico en la España del siglo XVII*, Ed. Taurus, Madrid, 1983; «Ciencia e Inquisición», número monográfico de la revista *Arbor*, abril-mayo 1986.

[23] Deleito y Piñuela, J., *op. cit.*, pp. 214-235.

[24] *Ibidem*, pp. 236-256.

[25] Caro Baroja, J., *Las brujas y su mundo*, Alianza Editorial, Madrid, 1966.

[26] Reglá, J., *Historia económica y social de España* (dirigida por J. Vicens Vives), t. III, pp. 383-384.

[27] Domínguez Ortiz, A., *Las clases privilegiadas...*, p. 389.

CAPITULO XIV

COLONOS Y MILITARES: DOS ALTERNATIVAS DE PROMOCION SOCIAL

[1] Lockart, J., y Otte, E., *Letters and people of the Spanish Indies. Sixteenth Century*, Cambridge, 1976; Otte, E., «Cartas privadas de Puebla del siglo XVII», *Jarbuch für Geschichte von Staat, Wrischaft und Gesellchaft Lateinamerikas* (Colonia), III (1966), pp. 10-87; Ortiz de la Tabla Ducasse, J., «Emigración a Indias y fundación de capellanías en Guadalcanal, siglos XVI-XVII», *Actas I Jornadas de Andalucía y América*, Huelva, 1981, t. I, pp. 443-460; García-Abásolo, A. F., «Inversiones indianas en Córdoba. Capellanías y patronatos como entidades financieras», *Actas II Jornadas de Andalucía y América*, Sevilla, 1983, t. I, pp. 427-453; Gosálvez, J. L., «Huelva y América. La emigra-

ción onubense en las fuentes locales. Siglos XVI-XVIII», *Actas I Jornadas de Andalucía y América*, Huelva, 1981, t. I, pp. 313-314.

Sobre los peligros de la navegación en la época, Martínez, J. L., *Pasajeros de Indias. Viajes transatlánticos en el siglo XVI*, Madrid, 1983, pp. 93-110 y 126-145.

[2] Citado por Milhou, A., «El labrador casado. Teoría y práctica de un modelo social en el siglo XVI: de los moralistas a los experimentos de colonización agraria en América», *Estudios de Historia Social* (Madrid), núms. 36-37 (1986), p. 444, nota 56. La referencia de Hernán Pérez de Oliva en Elliott, J. H., *El viejo mundo y el nuevo, 1492-1650*, Madrid, 1972, p. 95.

[3] Gosálvez, J. L., *op. cit.*, pp. 286-288. Ver también las observaciones de Fernández de Oviedo, G., *Historia General y Natural de las Indias*, Madrid, 1959, BAE, tomos 117-121.

[4] Gosálvez, J. L., *ibidem*, p. 289.

[5] Elliott, J. H., *op. cit.*, p. 96.

[6] Mörner, M., «La emigración española al Nuevo Mundo antes de 1810. Un informe del estado de la investigación», *Anuario de Estudios Americanos* (Sevilla), XXXII (1975), pp. 43-131; Gosálvez, J. L., *op. cit.*, páginas 289-290. La cita de Martín de Porres en Domínguez Ortiz, A., *La sociedad española del siglo XVIII*, CSIC, Madrid, 1963, t. I, pp. 86-87.

[7] Los estudios más exhaustivos sobre la procedencia geográfica de los emigrantes del siglo XVI siguen siendo los de Boyd-Bowman, P., *Indice geobiográfico de cuarenta mil pobladores españoles de América en el siglo XVI*, Bogotá, 1964, t. I (1493-1519); México, t. II (1520-1539); «La emigración peninsular a América, 1520-1539». *Historia Mexicana* (México), XIIII (1963), pp. 165-192; «La procedencia de los españoles de América: 1540-1559», *Historia Mexicana* (México), XVIII, 65 (1967), pp. 37-71; «La emigración española a América, 1560-1579», *Studia Hispanica in Honorem R. Lapesa*, Madrid, 1974, t. II, pp. 123-147; «Patterns of Spanish Emigration to the Indias until 1600», *The Hispanic American Historical Review* (Durham), LVI, 4 (1976), pp. 508-604. Una buena síntesis de estos trabajos se encuentra en Martínez, J. L., *op. cit.*, pp. 155-179 y en Calderón Quijano, J. A., «Andalucía y Sevilla en la emigración española a Indias durante el siglo XVI», *Actas I Jornadas de Andalucía y América*, Huelva, 1981, t. I, pp. 357-404.

Otros estudios, algunos fundamentados en los Catálogos de Pasajeros a Indias, son los de Gosálvez, J. L., y Ortiz de la Tabla Ducasse, J., ya citados, o los de Barea Ferrer, J. L.; Díez-Trechuelo, L., y Cortés Cortés, V., publicados en las *Actas de las I y II Jornadas de Andalucía y América*. Para el caso canario, Castillo Meléndez, F., «La emigración de familias canarias a la isla de

Cuba en el último cuarto del siglo XVII», *Anuario de Estudios Americanos* (Sevilla), XL (1983), pp. 411-434, y «Población y defensa de la isla de Cuba (1650-1700)», *Anuario de Estudios Americanos* (Sevilla), XLIV (1987), pp. 1-87; y Morales Padrón, F., «Colonos canarios a Indias», *Anuario de Estudios Americanos* (Sevilla), VIII (1951), pp. 399-441.

[8] Salomón, N., *La vida rural castellana en tiempos de Felipe II*, Barcelona, 1973, p. 44.

[9] Vassberg, D. E., «La coyuntura socioeconómica de la ciudad de Trujillo durante la época de la conquista de América», *Revista de Estudios Extremeños* (Badajoz), XXXV, 1 (1979), páginas 165-185; Ortiz de la Tabla Ducasse, J., *op. cit.*, p. 446; Cardaillaguet, M., «Estimación de los factores de la emigración extremeña en el siglo XVI», *Revista de Estudios Extremeños* (Badajoz), XXXIV (1978), pp. 541-565. Otros autores no están tan seguros de que esto fuera así, no por lo menos en el caso de Extremadura. Ver Gerbert, M. C., *La noblesse dans le royaume de Castille. Etude sur ses structures sociales en Extremadure de 1454 à 1516*, París, 1979, y López Ruiz, J. L., *Hernández de Serpa y su hueste de 1569 con destino a la Nueva Andalucía*, Caracas, 1974. Para Huelva, Cortés Alonso, B., *op. cit.*, t. I., p. 196. La cita de Juan Alvarez Serrano en Domínguez Ortiz, A., *ibidem*, p. 86.

[10] Domínguez Ortiz, A., *ibidem*, pp. 88-90. Una buena síntesis de la coyuntura atlántica del seiscientos y del movimiento general de toneladas de arqueo de los buques, en García-Baquero González, A., *Andalucía y la carrera de Indias (1492-1824)*, Sevilla, 1986.

[11] Domínguez Ortiz, A., *ibidem*, p. 89; Baudot, G., *La vie quotidienne dans l'Amerique espagnole de Philippe II. XVIe siècle*, París, 1981.

[12] Marchena Fernández, J., «La emigración andaluza en el ejército de América», *I Jornadas de Andalucía y América*, t. I, pp. 461-491.

[13] Boyd-Bowman, P., *Indice geobiográfico de cuarenta mil pobladores españoles de América en el siglo XVI*, Bogotá, 1964, y México, 1968. Sobre la presencia de judeoconversos en América, Domínguez Ortiz, A., *Los judeoconversos de España y América*, Madrid, 1978, pp. 125-144.

[14] Friede, J., «Los estamentos sociales en España y su contribución a la emigración a América», *Revista de Indias* (Madrid), XXVI, núms. 103-104 (1966), pp. 13-30; Gómez, C., y Marchena, J., «Los señores de la guerra en la conquista», *Anuario de Estudios Americanos* (Sevilla), XLII (1985), pp. 127-189; Góngora, M., *Los grupos de conquistadores en Tierra Firme (1509-1530). Fisonomía histórico-social de un tipo de conquista*, Santiago, 1962, p. 68-90; Lockhart, J., *The men of Cajamarca. A social and bibliographical study of the first conquerors of Peru*, Austin, 1972; López Rubio, J. M., *op. cit.*;

Mena García, M.ª C., *La sociedad panameña en el siglo XVI*, Sevilla, 1984.

[15] Además de los trabajos reseñados en la nota anterior y en la 7, ver Gil Bermejo, J., «Pasajeros a Indias», *Anuario de Estudios Americanos* (Sevilla), XXXI (1974), pp. 323-384.

[16] Mc Alister, L. N., *Spain and Portugal in the New World, 1492-1700*, Oxford, 1984.

[17] Ripodas Ardanaz, D., *El matrimonio en Indias. Realidad social y regulación jurídica*, Buenos Aires, 1977, p. 323.

Estudios sobre la formación oligárquica de los primeros conquistadores, García Bernal, M.ª C., «Apuntes sobre la sociedad urbana de Yucatán en el siglo XVI», *Anuario de Estudios Americanos* (Sevilla), XL (1983), pp. 3-25; Gantes Tréllez, M.ª C., «Aspectos socioeconómicos de Puebla de los Angeles (1624-1650)», *Anuario de Estudios Americanos* (Sevilla), XL (1983), pp. 497-613. De la venta de oficios se han dedicado Muro Romero, F., «El beneficio de oficios públicos con jurisdicción en Indias. Notas sobre sus orígenes», *Anuario de Estudios Americanos* (Sevilla), XXXV (1978), pp. 1-67, y Tomás y Valiente, F., *La venta de oficios en Indias (1492-1606)*, Madrid, 1972.

[18] Ripodas Ardanaz, D., *ibidem*, p. 324; Lohman Villena, G., «Regidores andaluces del cabildo de Lima», *Actas II Jornadas de Andalucía y América*, t. I, pp. 223-272.

[19] Lohman Villena, G., *ibidem*, pp. 237-238 y 255-257.

[20] Ripodas Ardanaz, D., *ibidem*, pp. 23-24; Ortiz de la Tabla Ducasse, J., «De hidalgo a empresario colonial. Rodrigo de Salazar, encomendero y obrajero de Quito, 1510-1584», *Anuario de Estudios Americanos* (Sevilla), XLII (1985), pp. 43-126.

[21] Saignes, T., «Andaluces en el poblamiento del sur boliviano: en torno a unas figuras controvertidas, el fundador de Tarija y sus herederos», *Actas II Jornadas de Andalucía y América*, t. II, pp. 173-205; Andrien, K. J., «El corregidor de indios, la corrupción y el estado virreinal en Perú (1580-1630)», *Revista de Historia Económica* (Madrid), IV, 3 (1986), pp. 493-519.

[22] García Abásolo, A. F., *op. cit.*, pp. 443 y 446-447; Díez Trechuelo, L., *op. cit.*, páginas 129-130.

[23] Pike, R., *Aristócratas y comerciantes. La sociedad sevillana en el siglo XVI*, Barcelona, 1978, pp. 43-58 y 103-128; Domínguez Ortiz, A., *Orto y ocaso de Sevilla*, Sevilla, 1979; Lohman Villena, G., *ibidem*, p. 240; Gil, J., «Marinos y mercaderes en Indias (1499-1504)», *Anuario de Estudios Americanos* (Sevilla), XLII (1985), pp. 297-499; Herrero García, A., «La intervención de un funcionario real en el tráfico indiano y su consecuente enriquecimiento (primer tercio del siglo XVII)» *Anuario de Estudios Americanos* (Sevilla), XXXVIII (1981), pp. 147-171.

[24] Mena García, M.ª C., *op. cit.*, p. 246; Vila Vilar, E., *Histo-*

ria de Puerto Rico, 1600-1650*, Sevilla, 1974, p. 35; Macías, I., *Cuba en la primera mitad del siglo XVII*, Sevilla, 1978, p. 28; Gil Bermejo, J., *op. cit.*, p. 332; Hamilton, E. J., *El tesoro americano y la revolución de los precios*, Barcelona, 1977, apéndice VII, y «Paga y alimentación en las flotas de Indias (1503-1660)», *El florecimiento del capitalismo. Ensayos de historia económica*, Madrid, 1984, 2.ª ed., p. 116.

25 Díaz Trechuelo, L., *op. cit.*, pp. 125-129 y 131-132; Cauterla y Martín de Tovar, F., «Autos de bienes onubenses fallecidos en la empresa de América en el siglo XVI», *Actas II Jornadas de Andalucía y América*, t. I., p. 237; Pike, R., *ibidem*, p. 151; Martínez, J. L., *op. cit.*, p. 27; Gil Bermejo, J., *ibidem*, p. 332; Mena García, M.ª C., *ibidem*, pp. 295-296.

26 Puddu, R., *El soldado gentilhombre. Autorretrato de una sociedad guerrera: La España del siglo XVI*, Barcelona, 1984, pp. 151-152.

27 Contreras, A., *Vida del capitán...*, Madrid, 1956, BAE, t. XC, pp. 75-143; Cervantes, M. de, *El ingenioso hidalgo don Quijote de la Mancha*, Madrid, Castalia, 1978, parte II, capítulo XXIV. Una buena síntesis sobre la estima que gozaba el soldado en el siglo XVI, Puddu, R., *op. cit.*, pp. 176-209. Para la carrera militar y los ascensos, ver Parker, G., *El ejército de Flandes y el camino español, 1567-1659*, Madrid, 1976, pp. 201-230, y Quatrefages, R., *Los tercios espa-*

ñoles (1567-1577)*, Madrid, 1979, pp. 40-44 y 295-304.

28 Parker, G., *ibidem*, pp. 201-202; Quatrefages, R., *ibidem*, pp. 216 y 237-248.

29 BNM, Mss. 11023, fol. 31 v; Thompson, I. A. A., *Guerra y decadencia. Gobierno y administración en la España de los Austrias, 1560-1620*, Barcelona, 1981.

30 Domínguez Ortiz, A., *La sociedad española...*, pp. 93-94; Thompson, I. A. A., *op. cit.*, pp. 146-180.

31 Domínguez Ortiz, A., *ibidem*, p. 320; Quatrefages, R., *ibidem*, pp. 295-296; Thompson, I. A. A., *ibidem*, pp. 181-197.

32 BNM, Mss. 10695, fol. 86 y vol. 11023, fol. 2; *Relazioni degli Stati europeo lette al Senato degli Ambasciatori veneti*, ed. de N. Barozi y G. Berchet, Turín, 1979, p. 311; Deleito Piñuela, J., *El declinar de la monarquía*, Madrid, 1955, 3.ª ed., p. 199; Domínguez Ortiz, A., *ibidem*, p. 274 y «La movilización de la nobleza castellana en 1640», *Anuario de Historia del Derecho Español* (Madrid), XXV (1955), pp. 799-823.

33 Domínguez Ortiz, A., *La sociedad española...*, p. 93: *Vida y hechos de Estebanillo González*, ed. de N. Spadaccini y A. N. Zahareas, Castalia, Madrid, 1980, 2 tomos; Vega y Carpio, Lope de, *Obras...*, Madrid, 1970, BAE, vol. CCXXXIII.

34 BNM, Mss. 11023, fols. 8 v-9.

35 Domínguez Ortiz, A., *ibidem*, p. 94; *Relazioni...*, p. 175.

36 BNM, Mss. 18735/14,

fol. 9; Thompson, I. A. A., *ibidem*, p. 140.

[37] AGS, *CJH*, legs. 1611 y 1627; AHN, Conss. leg. 7199. Real Decreto de 2 de mayo de 1687; BNM, Mss. 18210, fol. 97; Defourneaux, M., *La vie quotidienne en Espagne au Siècle d'Or*, París, 1964, p. 254; Quatrefages, R., *ibidem*, pp. 301-304.

[38] BNM, Mss. 10422, fol. 304.

[39] Domínguez Ortiz, A., *La sociedad española...*, p. 207. Ver también BNM, Mss. 18735/14, fols. 7 v y 8-8 v.

[40] Lambert-Gorges, M., *Basques et navarres dans l'Ordre de Santiago (1580-1620)*, París, 1985, pp. 157-181; Domínguez Ortiz, A., *ibidem*, p. 205; Postigo, E., *Honor y privilegio en la Corona de Castilla. El Consejo de las Ordenes y los caballeros de hábito en el siglo XVII*, s. 1, 1988.

[41] Thompson, I. A. A., *ibidem*, pp. 94-96; Parker, G. *ibidem*, pp. 231-254 y 273-278; Sánchez Belén, J. A., «La presencia inglesa en el Estrecho a fines del siglo XVII», *Actas Congreso Internacional el Estrecho de Gibraltar*, Madrid, 1988, t. III, p. 38.

[42] Kamen, H., *La España de Carlos II*, Barcelona, 1981, pp. 405-406; Calvo Poyato, J., «Medio siglo de levas, reclutas y movilizaciones en el Reino de Córdoba: 1657-1712», *Actas II Jornadas de Historia de Andalucía. Andalucía Moderna*, Córdoba, 1981, t. II, pp. 25-41; Cortés Cortés, F., «Guerra en Extrema-

dura: 1640-1668 (ejército, financiación y consecuencias)», *Revista de Estudios Extremeños* (Badajoz), XXXVIII, 1 (1982), pp. 51 y ss. Hamilton, E. J., *Guerra y precios en España, 1651-1800*, Madrid, 1988, pp. 249-256; Thompson, I. A. A., *ibidem*, pp. 134-135.

[43] AGS, *CJH*, leg. 1611. Real Decreto de 30 de diciembre de 1692; Lantery, R., *Un comerciante saboyano en el Cádiz de Carlos II (Las memorias de 1673-1700)*, edición de M. Bustos Rodríguez, Cádiz, 1983, pp. 96-97.

[44] Parker, G., *op. cit.*, pp. 220 y 226-228; Thompson, I. A. A., *ibidem*, pp. 94-96; Puddu, R., *op. cit.*, p. 152.

[45] Parker, G., *ibidem*, pp. 226-228; Quatrefages, R., *op. cit.*, p. 183.

[46] Lambert-Gorges, M., *op. cit.*, pp. 166, 175 y 179 y 181.

[47] Domínguez Ortiz, A., *La sociedad española...*; p. 274.

[48] Domínguez Ortiz, A., «Don Antonio Pimentel de Prado, gobernador de Cádiz», *Estudios de Historia Económica y Social de España*, Granada, 1987, pp. 71-87.

[49] Puddu, R., *op. cit.*, pp. 156-159. Otros ejemplos en Quatrefages, R., *ibidem*, pp. 190-191 y 301.

[50] Puddu, R., *op. cit.*, p. 192; Cervantes, Miguel de, *op. cit.*, parte I, capítulo XXVIII.

CAPITULO XV

LA ALIMENTACION

[1] AHN Sala de Alcaldes. Libro de Gobierno núm. 1212, fol. 327 r. a 333 r.

[2] AHN, Sala de Alcaldes. Libro de Gobierno núm. 1198, fol. 66 r.

[3] AHN, Sala de Alcaldes. Libro de Gobierno núm. 1198, fol. 68 r.

[4] Lope de Vega, *La niñez de San Isidro.*

[5] AHN, Sala de Alcaldes. Libro de Gobierno núm. 1203, fol. 615 r a 624 v.

[6] Cervantes, M., *El ingenioso hidalgo don Quijote de la Mancha*, cap. XLVII.

[7] Lope de Vega, *El Sastre del Campillo.*

[8] AHN, Sala de Alcaldes. Libro de Gobierno núm. 1199, fol. 86 r.

[9] AHN, Sala de Alcaldes. Libro de Gobierno núm. 1197, fol. 49 r. a 50 v.

[10] AHN, Sala de Alcaldes. Libro de Gobierno núm. 1237, fol. 154 r.

[11] AHN, Sala de Alcaldes. Libro de Gobierno núm. 1253, fol. 58 r.

[12] R., Méndez Silva, *Población General de España*, Madrid, 1645.

[13] Lope de Vega, *Los amantes sin amor.*

[14] AHN, Sala de Alcaldes. Libro de Gobierno núm. 1212, fol. 282 r. y 282 v.

[15] AHN, Sala de Alcaldes. Libro de Gobierno núm. 1250, fol. 91 r.

[16] AHN, Sala de Alcaldes. Libro de Gobierno núm. 1203, fol. 117 r.

[17] AHN Sala de Alcaldes. Libro de Gobierno núm. 1210, fol. 732 r.

[18] Lope de Vega, *La buena guarda.*

[19] Lope de Vega, *op. cit.*

[20] AHN, Sala de Alcaldes. Libro de Gobierno núm. 1226, fol. 367 r.

[21] AHN, Sala de Alcaldes. Libro de Gobierno núm. 1198, fol. 280 r.

[22] Lope de Vega, *Relación de las fiestas que la insigne villa de Madrid hizo en la canonización de su bienaventurado Hijo y Patrón San Isidro...* Madrid, 1622.

[23] AHN, Sala de Alcaldes. Libro de Gobierno núm. 1224, fol. 371 r.

[24] AHN, Sala de Alcaldes. Libro de Gobierno núm. 1236, fol. 371 r.

[25] AHN, Sala de Alcaldes. Libro de Gobierno núm. 1200, fol. 21 r.

[26] AHN, Sala de Alcaldes. Libro de Gobierno núm. 1235, fol. 29 v.

[27] AHN, Sala de Alcaldes. Libro de Gobierno núm. 1203, fol. 139 r.

[28] AHN, Sala de Alcaldes. Li-

bro de Gobierno núm. 1203, fol. 64 v.

[29] F., Bermúdez de Pedraza, *Antigüedad y excelencias de Granada*, Madrid, 1608.

[30] Calderón de la Barca, P., *Guárdate del agua mansa*.

[31] AHN, Sala de Alcaldes. Libro de Gobierno núm. 1227, fol. 222 r.

[32] AHN, Sala de Alcaldes. Libro de Gobierno núm. 1239, fol. 505 r.

[33] AHN, Sala de Alcaldes. Li-

bro de Gobierno núm. 1215, fol. 101 r.

[34] AHN, Sala de Alcaldes. Libro de Gobierno núm. 1221, fol. 253 r.

[35] AHN, Sala de Alcaldes. Libro de Gobierno núm. 1265, fol. 68 v.

[36] Jerónimo de Barrionuevo. *Avisos*. Carta CXXX. 1656.

[37] AHN, Sala de Alcaldes. Libro de Gobierno núm. 1278, fol. 329 r. y 329 v.